다산의 마음을 찾아

다산의 마음을 찾아
—다산학을 말하다 1

초판 1쇄 발행 2023년 6월 15일

지 은 이 | 박석무
펴 낸 이 | 조미현

편　　　집 | 강옥순, 박이랑
본문디자인 | 나윤영
표지디자인 | 지완

펴 낸 곳 | 현암사
등　　　록 | 1951년 12월 24일 (제10-126호)
주　　　소 | 04029 서울시 마포구 동교로12안길 35
전　　　화 | 02-365-5051 | 팩스 02-313-2729
전자우편 | editor@hyeonamsa.com
홈페이지 | www.hyeonamsa.com

ISBN 978-89-323-2311-4 (04150)
ISBN 978-89-323-2310-7 (세트)

다산의 마음을 찾아

다산학을 말하다

1

박석무 지음

G 현암사

다산의 마음과 생각에
함께하기를 소망하며

나는 1960년대 초 대학생활을 하면서 조선 실학(實學)에 대해 관심을 기울이기 시작했다. 군 생활을 마치고 대학을 졸업한 뒤 대학원에 적을 두고 다산학 연구에 정성을 바쳐 1971년 가을 「다산 정약용의 법사상」이라는 석사학위 논문을 써서 법학석사가 되었다. 다산이 내 평생의 화두가 되리라는 거창한 꿈을 꾼 것은 언감생심이지만 비로소 다산학 연구자의 대열에 끼어 열심히 다산학에 관한 논문을 썼다.

다산의 저서는 500권이 넘는 방대한 분량인 데다 순한문으로 쓴 글이어서 일반인이 읽기가 어렵다. 더구나 다산이 워낙 박학다식해서 전문가라 해도 번역하고 풀이하기가 여간 어렵지 않다.

평생 다산학 공부에 노력을 기울여 온 나는 번역하고 풀이하는 일을 통해 다산의 학문을 일반인에게 알리는 일에 정성을 바치고 싶었다. 다산학이야말로 수기(修己)와 치인(治人)을 통해 사람다운 사람이 나라다운 나라를 만드는 이론과 방법을 담은 명실상부한 실학이라는 확신을 가졌다. 다산에게 배운 그 간절한 애국심으로 나라다운 나라가 되는 데 나도 조금 도움이 되는 역할을 하고 싶었다.

이러한 소명을 감당하기 위해 뜻을 같이하는 사람들과 2004년 사단법인 다산연구소를 설립했다. 애초 우리는 '다산으로 깨끗한 세상을!'이라는 구호를 내걸었다. 부정과 부패로 얼룩진 세상을 다산의 가르침을 통해 바로잡겠다는 목표였다. 다산을 주목한 것은 그가 근본적으로 민중을 역사발전의 주체로 간주하고, 백성 사랑의 인도주의에 기초를 두고 있으며, 제도개혁과 의식개혁의 병행을 통한 부패 척결을 사회발전의 요체로 역설하였기 때문이다. 연구소가 설립된 지 어언 20년 가까운 세월이 흘렀고, 우리 연구소는 학술대회, 실학 기행, 강좌, 칼럼 등을 통해 깨끗하고 청렴한 세상을 만들어야 한다는 다산의 뜻을 널리 알리고 있다.

나는 연구소의 태동과 더불어 '풀어 쓰는 다산 이야기' 연재를 시작했다. 그 글을 통해 탐관오리의 착취와 탐학에 시달리는 일반 백성의 고통과 아픔에 함께했던 다산을 알리는 일에 힘썼다. 강자는 누르고 약자는 들어올리며, 출신 지역이나 성씨 때문에 차별당하는 세상을 바로잡고, 기득권층과 특권층의 발호를 막아 만민이 평등하게 살아가자던 다산의 정책도 꼼꼼히 찾아내 글로 풀어냈다. 청렴한 공직자를 그렇게도 희구했던 다산의

간절한 마음을 전하고, 어떻게 해야 공정하고 청렴한 공직자가
되는가를 힘주어 역설했다.

그렇게 한 자 한 자 써 내려간 글이 어느덧 1,200회를 넘기
고, 1만 매에 달하는 엄청난 원고가 쌓였다. 출판사의 호의에 힘
입어 이 글을 간추리고 재구성하여 두 권의 책으로 펴내게 되었
다. 다산의 전체 저작을 뒤져 소재를 찾고 그의 뜻을 헤아리며
오늘에 어떻게 적용할까를 고심한 결과물이므로 그야말로 다산
의 전모를 다룬 책이라고 자부하고 싶다.

1권의 대주제는 '다산의 마음'으로 잡았다.

정치적 사회적 혼란이 극에 달했던 조선 후기, 다산이 크나큰
역경을 겪으며 살아내야 했던 시대상황을 그의 시를 통해 살펴
보았다. 정조와 다산의 특별한 인연을 소개하고, 가족에게 보낸
편지글을 통해 환란 속에서도 결코 굴하지 않았던 다산의 굳은
의지를 펼쳐 보였다. 다산이 스승으로 삼았던 인물, 교유했던 사
람, 오늘 우리 사회에서 다산의 뜻을 기려 실천적인 삶을 살았
던 인물도 소개했다. 무엇보다 굴곡진 인생 속에서도 사회정의
를 끊임없이 외쳤던 다산의 마음을 깊이 들여다보았다.

'다산의 생각'을 대주제로 잡은 2권과 함께, 각 권 각 부별로
주제가 선명하게 드러나는 산문집으로 탄생한 이 책을 통해 독
자들이 다산과 더욱 가까워지기를 기대해 본다.

책을 펴내는 현암사에 감사드린다. 원고를 꼼꼼히 정독하여

경어체의 편지글을 평어체로 바꾸고, 중복되는 부분을 정리해 같은 소재는 하나의 글로 묶어 재구성하는 등 수고를 아끼지 않은 편집자 강옥순 씨에게도 감사의 인사를 드린다.

2023년 5월 다산연구소에서

박석무

1부

다산의 시와
그의 시대

시를 배움에 있어 그 뜻을 헤아리지 않는 것은 썩은 땅에서 맑은 샘물을 걸러 내는 것 같고, 냄새나는 가죽나무에서 특이한 향기를 구하는 것과 같아서 평생 노력해도 얻지 못할 것이다. 그렇다면 어떻게 해야 하는가. 하늘과 인간, 본성과 천명의 이치를 알고 인심(人心)과 도심(道心)의 구별을 살펴서 찌꺼기를 걸러 맑고 참됨이 발현되게 하여야 한다.

풍광 좋은 두물머리

⋯⋯⋯⋯ **남한강을 따라 흐르며 시를 짓다**

조선왕조 후기, 세도정치가 판을 치고 탐관오리가 날뛰던 시절
을 살았던 다산 정약용은 시를 읊어도 나라를 걱정하고 세상을
아파하면서 부정과 비리에 분노하는 시를 많이 지었다. 그러나
마음이 한가하고 안온한 기분에 젖어 아름다운 경치를 만날 때
는, 세상의 누구보다도 아름답고 뛰어난 서정시나 서경시도 수
없이 읊었다. 특히 자신의 고향인 풍광이 뛰어난 두물머리 일대
에 대한 시들은 정말로 아름답고 실물경치를 구경하는 듯한 묘
사가 넘쳐난다.

북한강 남한강의 물이 겹쳐 흐르는 곳   汕濕交流處
마을 이름이 두물머리네   邨名二水頭

| 마을 입구의 점방 주인 늙은이가 | 當門一店叟 |
| 버티고 앉아 가는 배를 보내네 | 堅坐送行舟 |

배를 타고 부모님의 산소가 있는 충주를 찾아 성묘를 가던 강행시(江行詩) 75수 중의 한 수이다. 18년의 귀양살이를 마치고 57세의 중늙은이로 고향에 돌아온 다산, 그다음 다음 해에 형님을 모시고 오랫동안 찾지 못한 부모님의 산소를 찾아 남한강을 따라 충주로 가던 때의 시다.

고향에서 충주까지는 물길로 300리, 강을 따라 널려 있는 아름답고 기이한 경치를 하나도 놓치지 않고 75수의 시로 멋지고 아름답게 읊었다. 곳곳의 지명에 얽힌 설화도 인용하고, 이름난 마을의 유래나 역사적 인물에 대한 이야기도 빠짐없이 거론하면서 경치도 읊었지만 역사적 사실도 읊은 역사기행의 시이기도 하다. 출발하던 고향마을 근처의 경치를 빠짐없이 시에 담았고, 300리 뱃길이 끝나는 충주에 이르러 하담(荷潭)이라는 곳에 있는 부모님 산소에 올라 지은 「어버이 묘에 이르다(上墓)」라는 시로 끝냈다.

벼슬살이하던 때에도 틈만 나면 고향에 찾아와 여러 형제들과 함께 천진암에서 노닐었고, 수종사에도 올라 형제간의 정을 나누었지만, 둘째와 셋째 형이 이미 세상을 떠났고, 오직 큰형님 한 분이 노인으로 생존하여 함께 배를 타고 가던 성묫길은 쓸쓸하면서도 잊을 수 없는 여행이었다. 묘소에 올라 느끼는 감회 또한 우리를 슬프게 한다.

묘소 주변의 나무는 싱싱하게 자라는데 자식들은 나무보다 못하여 세상에 버림을 받는 신세가 되었다고 한탄하는 대목에 다산의 서러움이 배어 있다. 그렇다 해도 다산의 강행시 75수는 어느 것 하나 놓칠 수 없이 아름다워 다산이라는 시인의 면모를 짐작하기에 충분하다. 요즘은 양수리(兩水里)라고 부르지만, 다산이 두물머리(二水頭)라고 표현한 부분도 의미가 있다.

################ 아름다운 봄노래

춘분이 지났으니 이제 분명 봄은 왔다. 나이가 들수록 추위가 싫어 빨리 봄이 오기를 그렇게도 기다렸건만 봄은 올 듯 말 듯 하고, 꽃샘추위까지 엄습하여 따뜻한 봄이 더욱 그리웠다. 그러나 아무리 동장군의 힘이 세더라도 시절은 어찌할 수 없는 것, 이제는 완연한 봄볕이 대지 위에 가득 내려쪼인다. 이쯤이면 우세휼민(憂世恤民)의 세상 걱정도 조금 내려놓고, 움츠렸던 몸을 쭉쭉 펴면서 봄맞이하는 기분을 가져 보면 어떨까.

조그만 마을에 배꽃이 하얗건만	村小梨花白立
깊은 산에는 진달래 붉었네	山深杜宇紅然
천천히 돌비탈 풀길을 따라	徐從石磴樵路
안개 낀 강으로 낚싯배 다시 찾네	還訪煙磯釣船

「검단산의 꽃구경」이라는 제목의 6자(六字) 시 한 편이다. 다산의 고향마을 소내(苕川)와 가까운 검단산(黔丹山)으로 봄꽃을 구경 간다는 내용의 시다.

모정에 모두 모여 봄 술잔 기울일 제　　　　茅亭會酌春酒
버들 언덕은 작은 다리 곁에 있구려　　　　柳岸前臨小橋
비에 젖은 이파리 노란 듯 푸른 듯　　　　雨葉如黃似綠
안개 속 나뭇가지 고요타 다시 흔들리네　　　　煙條乍靜還搖

이 시는 「수구정(隨鷗亭)의 버들 구경」이라는 봄노래이다. 나라를 개혁해야만 망하지 않는다고 국가와 사회 전체를 통째로 고치고 바꾸자던 개혁가 다산, 사상가이자 실학자이던 그는 시심이 발동하면 순정의 서정시도 무척 많이 읊었다. 타락하고 부패한 탐관오리들의 횡포에 시달리던 불쌍한 백성들의 삶에 분노를 금치 못할 때에는 격정을 못 이겨 혹독한 비판시를 서슴없이 읊었던 다산, 때로는 그렇게 아름답고 고운 시를 읊기도 했다.

일반적으로 한시(漢詩)는 5자(五字)나 7자(七字) 시가 주를 이루는데, 다산은 색다르게 4자 시, 6자 시를 지어, 자신의 감정과 자연의 모습을 실감나게 읊기도 했다. 「소천사시사(苕川四時詞)」라는 제목으로 고향 마을 근처의 풍광을 '상심낙사(賞心樂事)'로 여겨 13수의 시를 읊었다. 봄에서 겨울까지의 4계절에 맞춰 시절에 맞는 풍경을 곱고 아름다운 시어로 노래했다.

1962년 다산 탄생 200주년을 맞아, 북한에서는 다산을 기념하는 학술대회가 열렸고, 그때 여덟 명의 학자가 여덟 분야로 나눠 다산의 학문과 사상을 조명한 일이 있다. 그때 신구현이라는 북한 학자가 「다산 정약용의 창작과 문학적 견해」라는 논문을 발표했는데, 그 논문에서 신구현은 "시성(詩聖) 정약용의 고상한 사상"이라는 표현을 사용하여 다산에게 '시성'이라는 명예로운 호칭을 부여했다.

일반적으로 중국의 시인들에게 명예로운 호칭을 붙이면서 두보는 시성(詩聖), 이백은 시선(詩仙)이라는 경우는 있었지만, 우리 조선의 시인으로 그런 호칭을 받은 사람이 없는데, 유독 다산에게 '시성'이라는 호칭을 부여했던 것은 그만큼 다산의 시가 훌륭했다는 의미로 해석할 수 있다. 이론(異論)이 있겠으나 분명 다산은 뛰어난 시인이었다.

「소천사시사」는 다산의 나이 25세 무렵의 시로 보이는데, 서울에서 과거 공부에 힘쓰다가 봄날 고향 마을을 찾아 아름다운 풍광에 마음을 기울이고, 순수무구한 마음으로 봄의 경치를 읊었던 점이 참으로 싱싱하게 느껴진다. "비에 젖은 이파리 노란 듯 푸른 듯"이 얼마나 멋있는 표현인가.

호연지기를 나누는 지도자

.... **원님은 시를 짓고, 감사는 비평하고**

인격과 학문을 두루 갖춘 인물도 실무능력까지 지녀야만 남들
이 따라 주고 믿어 주는 지도자가 될 수 있다. 조선시대에도 벼
슬하는 선비란 기본적으로 학문에 밝아 글도 잘하고 시도 잘 지
어야만 기본을 갖춘 교양인의 대접을 받으면서 남들 위에서 아
랫사람을 지도하는 지도자라고 말했다. 오늘의 세상에서도 옛
날과 마찬가지로 인격을 제대로 갖추고 학문에도 어느 정도 조
예가 있어야 남들의 지도자가 됨은 매우 당연한 일이다.

　다산 정약용은 30대 초에 당상관에 올라 벼슬로도 남의 지도
자가 되는 반열에 올랐지만, 글 잘하고 시 잘 짓는 선비로서도
부족함이 없고 인격도 높아 임금의 신망을 두텁게 받던 신하였
다. 그러나 천주교 문제로 반대파의 비방과 모함에서 벗어나지

못해 벼슬길이 순탄하지 못했다. 마침내 당상관보다는 아래 등급인 황해도의 곡산 도호부사로 좌천되어 고을살이를 나갔다. 목민관이 되어 백성들을 위하여 일할 기회를 얻었음은 또 그런대로 다행한 일이었다.

그 시절의 이야기이다. 관청 주변에 있는 지각(池閣), 즉 못 가운데 있는 누각에 올라 한가롭게 쉬면서 시를 한 수 읊었다.

수면에는 훈풍 불고 작은 난간 열리니	池面和風小檻開
헤엄치는 물고기 나는 새와 함께 휘도네	泳鱗游翼共徘徊
이곳에서 사또가 부지런히 함양한다면	使君於此勤涵養
공당에도 서서히 만물이 찾아오리라	徐應公堂萬物來

「지각(池閣)」이라는 제목으로 가볍게 읊은 시이다. 따뜻한 봄바람이 불자 못 안의 물고기가 뱅뱅 돌고 새들은 못 위에 날면서 평온한 봄날을 보여 주는데, 그런 곳에서 자신의 심신을 수양하다 보면 더 많은 사람이나 짐승들이 찾아와 봄을 즐기게 되리라는 경관을 읊은 시이다.

이때 황해도의 목민관을 통솔하는 지도자는 글 잘하고 시 잘 지으며 능력까지 뛰어난 이의준(李義駿, 1738~1798)이라는 황해 감사였다. 다산의 시를 읽어 본 이의준은 잘 되었다고 칭찬하면서 글자 한 자는 고치는 것이 좋겠다는 의견을 제시했다.

"함양이라는 말 앞에 근(勤) 자를 두는 것은 좋지 않네. 함양을 지나치게 부지런히 하다 보면 '잊지도 말고 조장하지도 말라는 뜻에 어긋나네.(非勿忘非助長之意)'"라고 하면서 수(須) 자로 바꾸자고 하더라는 것이다. 그래서 그분의 말씀이 매우 훌륭하여 그대로 따랐다는 내용이 다산의 저서 『혼돈록(餛飩錄)』에 나와 있다.

다산 같은 학자이자 대시인의 시 작품에 한 글자를 고칠 수 있는 지도자의 수준, 그런 수준에 이르러야 모든 목민관이 따르며 지도를 받을 수 있으리라는 것은 너무나 당연하다.

『맹자(孟子)』의 「호연(浩然)」 장에, 호연지기란 미리 딱 정해 놓지도 말고 마음으로 잊지도 말고 억지로 조장하지도 말아야 자연스럽게 함양된다는 경전의 뜻을 알고 있던 이의준이었기에 그런 멋진 표현을 찾아낼 수 있었을 것이다. 실무능력도 인문학도 인격도 턱없이 부족한 우리의 지도자들, 한번쯤 생각해 볼 일이다. 의도적인 근(勤)보다는 저절로의 수(須)라는 글자가 자연스럽다는 뜻이니 얼마나 바른 지적인가.

######### 시는 시대 상황을 담아야

다산의 저서는 500권이 넘는 방대한 분량이다. 경학(經學), 즉 철학 관계 저서도 230권이 넘지만 경세학(經世學) 관계 저서도 참으로 많은 분량을 남겼다. 여기에 그치지 않고 다산은 매우 많은 시를 지어 문학적 감동을 고조시키는 문학가로서의 업적도 남겼다. 그의 시론으로 세상에 널리 알려진 내용은 우국(憂

國)·상시(傷時)·분속(憤俗)·권징(勸懲)·미자(美刺)의 시가 아니면 시라고 할 수 없다는 주장이었다.

나라를 걱정하고 근심해야 한다는 우국, 시대를 아파하는 상시, 속된 일에 분개해야 한다는 분속, 착함을 권장하고 악함을 징계해야 한다는 권징, 아름다운 것을 아름답다 하고 미운 것을 밉다고 꼬집는 미자가 아니고는 시라고 할 수 없다니 현실성을 떠난 관념의 시야 시로 여기지 않는다는 다산의 시론이었다. 2,500수가 넘는 다산의 시는 대체로 그런 시론에 근거하여 지었다. 병든 세상에 대한 치유책이면서 아파하고 고통받는 민중들의 비참한 삶에 대한 대변이자 억울함을 풀어 주려는 호소에 가까운 내용이 가득한 시가 대단히 많다.

자신의 뛰어난 제자이자 선승·학승·시승인 초의선사(草衣禪師)에게 내려준 권면의 글 가운데 시란 어떤 것이고, 어떻게 해야 그런 시를 지을 수 있는가를 자세히 설명해 준 내용이 있다.

시란 뜻을 말하는 것이다. 뜻이 본디 야비하고 더러우면 억지로 맑고 고상한 말을 하여도 조리가 이루어지지 않는다. 뜻이 본디 편협하고 비루하면 억지로 달통한 말을 하여도 사정(事情)에 절실하지 않게 된다. 시를 배움에 있어 그 뜻을 헤아리지 않는 것은 썩은 땅에서 맑은 샘물을 걸러 내는 것 같고, 냄새나는 가죽나무에서 특이한 향기를 구하는 것과 같아서 평생 노력해도 얻지 못할 것이다. 그렇다면 어떻게 해야 하는가. 하늘과 인간, 본성과 천명의 이치를 알고 인심(人心)과 도심(道心)의 구별을 살펴서 찌꺼기

를 걸러 맑고 참됨이 발현되게 하여야 한다. 「초의선사 의순에게
주는 글(爲草衣僧意洵贈言)」

다시 말하면 유교 철학의 핵심 내용을 제대로 이해하고, 인심
과 도심의 미묘한 한계를 명확히 구별하는 높은 수준의 철학적
사고와 해박한 인간론에 대한 공부가 되어야만 시라는 예술의
높은 경지에 도달한다는 논지를 폈다. 중국 진나라 때의 위대한
시인 도연명과 당나라 때의 두보 같은 시인을 예로 들면서 그런
철학적 경지와 인품의 수준에 이르러야만 세상에서 인정받는
시를 지을 수 있다고 말했다.
다산의 결론은 엄중하다.

도연명과 두보 아래에 속한 여러 시인에게도 모두 당할 수 없는
기상과 모방할 수 없는 재사(才思)가 있다. 이는 타고난 것이요,
더구나 배워서 가질 수 있는 것은 아니다.

수많은 시인에게 고하는 다산의 경고이다. 아무나 시를 쓰고
시인이 될 수 없다는 말이다. 예술가는 타고나야지 노력만으로
최고에 이르기는 불가능하다는 이론, 한 번쯤 새겨야 할 이야기
가 아닐까.

발길 닿는 곳마다 시가 피어나

◇   ◇

·············· 시에 담은 우리 옛 역사

다산을 공부하다 보면 대단한 다산의 시문학(詩文學)에 깜짝 놀
랄 때가 한두 번이 아니다. 『여유당전서』의 시문집을 읽으며, 금
정도 찰방으로 근무했던 5개월 동안 그곳에서 지었던 다산의
시를 살펴보니 60여 수가 훨씬 넘는다. 연작시가 많아 60편이
실제로는 100수가 넘을 정도이다.

청양·보령·홍성 등 그 지방의 아름다운 강과 산에 대한 시가
많고, 명승지의 누각이나 정자에 올라 읊은 시도 있으며, 온양의
봉곡사에서 학회를 열어 학술대회를 개최할 때에도 친구들에
게 시를 지어 증정하였으니, 그 지역의 명승·인물에 대한 내용
이 많아 역사자료로서의 가치가 높다. 더구나 그곳에서 만나 친
구로 지내던 오국진(吳國鎭), 권기(權夔) 두 사람이 전해 준 환

곡정책의 비리와 부패에 대한 이야기를 듣고 분노를 참지 못해 지은 「오·권 두 벗이 공주 창곡의 부패한 행정 때문에 백성들이 제대로 살아가지 못하는 실정을 크게 외치기에 그런 내용으로 장편 삼십 운을 짓는다」라는 긴 제목의 시는 다산시의 대표작 중 하나이다. 다산시의 진면목이 보이는 시다.

또 기행 형식의 시문을 통해서 그가 살았던 행적을 찾아내기가 어렵지 않다. 부여를 지나면 「부여회고」, 개성을 지나면 「송도회고」, 금정에 있을 때에는 「금정회고」를 읊어 역사와 문화와 지역과 인물에 대한 내용을 가득 담았다.

「금정회고」는 금정이라는 샘물에 대한 역사적 사실을 읊은 내용이다. 제목 바로 아래 주를 달았다. "금정은 청양현 북쪽에 있다. 이 샘은 백제의 임금이 마시던 우물이었다."라고 말하여 의자왕이 마셨다는 전설이 전하고 있음을 사실로 확인해 주는 글이다.

그 시절 좋은 샘물 왕궁으로 바칠 적에	當年玉溜進王宮
백마강 깊은 물에 서린 기운 웅대했네	白馬江深伯氣雄
말에 탄 수군 장수 멀리 먼지 날리고	一騎飛塵調水遠
만조백관 술을 내려 모두 함께 술잔 들었네	百官揚觶賜沾同
무지개 갠 우물벽 이끼 자라 파랗고	虹銷古甃莓苔綠
비에 씻긴 낡은 우물 담쟁이풀 불그스름	雨洗荒甃薛荔紅
자온대 아랫길에 머리 돌려 바라보니	回首自溫臺下路
저문 연기 속에 도르래소리 끊기네	轆轤聲斷暮煙中

의자왕이 마셨다는 금정 샘물, 우물벽에 이끼가 끼고 담쟁이 넝쿨이 얽혀 있음은 오늘 보는 금정 그대로의 모습이다. 의자왕이 앉아서 휴식을 취했다는 자온대(自溫臺), 그런 역사적 사실이 모두 우리의 옛 역사여서 더욱 재미가 있다.

············ 천 권 책 독파하고 대궐에 들어갔건만

천하의 절경이라는 보령 충청수영성 안에 있던 '영보정(永保亭)'에 대해서는 시도 여러 편이지만 기행의 글도 있다. 많은 시 중에서 자신의 신세를 읊은 짤막한 시는 우리의 마음까지 아프게 하는 내용이다.

「홀로 웃는다(自笑)」라는 시다.

웃노라 내 인생 흰머리도 나기 전에	自笑吾生鬢未班
험악한 태항산 길로 수레 모는 격	太行車轍苦間關
천 권 책 독파하여 대궐에 들어가고	破書千卷入金闕
산속이지만 집 한 칸 장만해 두었는데	買宅一區留碧山
몸과 그림자 함께 바닷가로 내려오고	形與影隣來海上
명성 때문에 일어난 비방 세상에 가득했네	謗隨名至滿人間
비 피하려 누각에 베개 높여 누웠으니	小樓值雨成高臥
찰방이라는 말직 벼슬 온종일 한가롭네	似是馬曹終日閒

문과에 급제하여 보람 있는 벼슬에도 오르고, 서울 산비탈에 집도 한 칸 마련하여 살만한 처지인데, 이름 조금 났다고 비방에 휩싸여 미관말직인 찰방 벼슬살이 신세를 한탄하는 내용이 애처롭다. 중상모략으로 괜찮은 인재들이 고난에 휩싸이는 일은 예나 이제나 같은 일, 언제쯤 그런 세상에서 벗어날 날이 올까.

고향 연가

◇

.... **백 가지 꽃도 우리 집 꽃보다는 못하네**

"아무리 허름하고 보잘것없는 집이지만, 온 세상에 우리 집 같은 곳은 없다네." 이런 내용을 영어로 읊으며 배우던 중학생 시절이 생각난다. 여행을 다니는 경우나 오래 집을 떠나 살아가는 경우, 세상에서 그립고 간절하게 생각되는 곳은 자신이 살아가던 집이다. 부모 형제가 있고 처와 자식들이 있는 그곳, 집이야말로 인간의 영원한 안식처가 아닐 수 없다. 더구나 귀양살이를 하거나 감옥살이를 하는 경우라면 더더욱 그립고 그리운 곳이 집일 수밖에 없다.

백 가지 꽃 다 따다 보아도 　　　　　折取百花看
우리 집 꽃보다는 못하다네 　　　　　不如吾家花

그거야 꽃이 달라서가 아니라   也非花品別

오로지 우리 집에 있는 꽃이어서라네   秖是在吾家

「귀양살이의 여덟 가지 취미(遷居八趣)」라는 시 중에 꽃을 읊은 시이다.

얼마나 고향이 그립고 집 생각이 간절했으면 객지에서 유배살이하면서 보는 어떤 꽃도 예쁘지 않고 우리 집에서 보던 꽃보다는 못하다고 했을까.

또 다른 시는 더욱 우리 가슴을 아프게 한다. 「밤(夜)」이라는 시 한 편이다.

병이 낫고 나니 봄날이 가 버렸고   病起春風去

근심이 많다 보니 여름밤도 길기만 해   愁多夏夜長

잠깐잠깐 눈을 붙였다가도   暫時安枕簟

바로 금방 고향 생각에 잠긴다네   忽已戀家鄕

불을 붙이면 솔 그을음이 침침하고   敲火松煤暗

문을 열면 대나무가 시원하게 느껴지네   開門竹氣凉

멀고 먼 우리 마을 소내 위에는   遙知苕上月

달그림자가 서쪽 담을 비추련만   流影照西墻

경상도 바닷가 장기라는 외딴 지역에서 귀양 살던 유배 초기의
다산시에서 다산의 사향(思鄕)·연가(戀家)의 쓰라린 마음을 읽
을 수 있다.

　1801년 신유년 귀양살이를 시작한 이래, 1818년 57세의 나
이에 해배되어 고향으로 돌아올 때까지 "흑산도에 귀양 사는 정
약전, 강진에 귀양 사는 정약용 형제를 잡아와 엄히 국문하자는
상소를 장령 한영규(韓永逵)가 올렸다."라는 기록이 『승정원일
기』 순조 2년 1월 18일 자에 나온다.

　이런 기록은 18년 귀양살이에 끊임없이 이어지고 있었으니,
다산은 참으로 귀양살이 동안에도 하루인들 죽음의 그림자 사
신(死神)의 무서운 공포에서 벗어나지 못하고 살아갔다. 그래서
집에서 온 편지를 받을 때마다 기쁘고 반갑기 그지없으면서도
행여나 불길한 내용이 들어 있을 것을 걱정하여 편지를 받고 싶
지 않을 때도 있었다는 기록이 있다. 그처럼 서울 소식은 듣고
싶지 않을 때가 많았음을 토로했다.

　여기에서 우리는 위대한 학자 다산을 만나게 된다. 참으로 억
울하게 아무런 죄 없이 긴긴 유배살이를 해야 하고, 집 생각 고
향 생각에 한없는 그리움을 안고 살아야 했고, 무서운 죽음의
공포를 떨쳐내지 못하면서도 그렇게 많은 책을 읽고 그렇게 많
은 저술을 해냈으니 도대체 다산은 어떤 사람일까. 그의 강인한
의지와 굳은 신념에 탄복을 하지 않을 수 없다. 극한의 고통을

이겨 내고 탄압에 굴복하지 않을 때에만 학문이 높아지고 역사
가 창조된다는 것을 다산을 통해 알게 된다.

고유한 민족 정서를 담아내다

############## **농가의 풍경이 살아서 움직이는 듯**

김소월의 시를 읽으면 우리 고유의 정서가 어떤 것인가를 조금은 느낄 수 있다. "엄마야 누나야 강변 살자!" 더 읽지 않아도 우리네 마음에 무엇인가 잔잔한 동요가 일어난다. "나보기가 역겨워 가실 때에는 죽어도 아니 눈물 흘리오리다." 이런 구절에서는 애절한 마음속에 가벼운 흔들림이 일어난다.

시란 참으로 묘한 것이다. 오죽했으면 공자는 자기 아들에게 시를 읽도록 권유하면서, 시를 모르면 벽에 얼굴을 붙이고 있는 것처럼 앞길을 전혀 모르게 된다고까지 경고를 했을까.

다산 정약용에게는 학자 · 사상가 · 실학자 · 정치가 · 경제학자라는 많은 호칭이 가능하지만, 그는 또 탁월한 시인의 한 사람이었다. 얼마나 시가 좋았으면 정조대왕이 다산의 시를 읽을 때마다 "기재(奇才)로다!"라는 말을 연발했겠는가.

　1801년 40세의 나이로 초봄에 귀양 간 경상북도 포항 곁의 장기에서 지은 시들은 정말로 고통 속에서 피어난 아름다운 꽃이자 조선의 정다운 민족 정서였다.

병아리 새로 깨니 어린아이 주먹 크기　　　　鷄子新生小似拳
연노랑 고운 털빛 너무도 사랑스러워　　　　嫩黃毛色絶堪憐
누가 말하랴 어린 딸년 밥이나 축낸다고　　誰言弱女糜虛祿
마당가에 앉아서 솔개를 쫓는걸　　　　　　堅坐中庭看嚇鳶
_「장기농가(長鬐農歌)」

　가녀리고 섬세한 시어들이 잔잔하게 우리의 마음속을 흔들어 준다. 18세기 후반 조선의 농촌 풍경이 그대로 살아나고 있다. 밥이나 축낸다는 딸년은 병아리 잡아채는 솔개를 쫓고 있다니, 이런 것을 관찰하는 다산의 눈이 매섭다.

어저귀 초벌 순 베어 주고 숫삼밭 김매느라　　檾麻初剪牡麻鋤
시어머니 헝클어진 머리 밤에야 빗질하네　　公姥蓬頭夜始梳
일찍 잠든 영감을 걷어차 일으켜서　　　　　蹴起憸知休早臥
풍로에 불 붙이고 물레도 손봐야지　　　　　風爐吹火改繰車
_「장기농가(長鬐農歌)」

　농가의 농부들 삶이 살아서 움직이고 있다. 나이 든 농부 부부의 생활, 어떻게 이런 표현이 가능했을까. 사물의 깊은 내면을 통찰하는 안목이 없고서야 이런 묘사가 나왔을까.

'첨지(僉知)'란 벼슬 이름인데, 나이 든 농부들에게 그냥 '첨지'라고 부르는 말이어서, 그런 말과 같은 '영감(令監)'으로 바꿔서 번역했다. 정3품 당상관 벼슬에 오른 사람을 '영감'이라 부르는데, 농촌에서는 나이 든 노인을 '영감'이라고 부르고, 특히 나이 든 아내가 남편의 호칭으로 부르는 통상의 말투였다.

아낙네란 역시 얼굴에 로션이라도 바르고 머리에 빗질이라도 해야 하는 거지만, 온종일 일하느라 어느 사이에 그런 몸단장을 했겠는가. 일을 마친 밤이 되어서야 머리에 빗질이라도 하는 건데, 이미 남편인 영감은 곯아떨어져 잠이나 자고 있다. 그래서 발로 걷어차 일으켜서는 내일 농사 준비를 시킨다는 것이니, 조선시대의 농촌 생활이 몸에 밴 사람이 아니고는 도저히 표현할 수가 없는 구절이다.

2,500수가 넘는 다산의 시, 어느 것 하나인들 그런 핍진한 표현이 아닌 것이 없고, 민족의 고유한 정서들이 살아서 숨 쉬는 내용이 아닌 것이 없다. 역시 내 것, 우리 것을 아끼고 사랑해야만 훌륭한 시인이 된다는 것을 깨닫게 한다.

먼 산 바라보던 도연명의 마음 같아라

먼 산 바라보던 도연명의

정조로부터 시의 귀재라는 칭호를 받은 다산

4월도 하순이 지나 5월이 되었다. 계절로는 늦봄인데 조석으로는 겨울 추위를 모두 떨구지 못했다. 쌀쌀함이 봄을 느끼지 못하게 한다. 그래도 역시 봄은 봄이어서, 봄꽃이 만개하고 신록이 한창 우거지기 시작했다. 이런 봄날에 시라도 한 수 읊조리지 않아서야 되겠는가. 젊어서는 정조대왕으로부터 시의 귀재라는 칭호를 받았던 다산의 시를 한 편 정도는 읽을 때가 바로 요즘이 아닐까. 백성과 나라를 걱정하느라 아름다운 산천초목에 대한 시를 절제했지만, 역시 다산은 뛰어난 시인이기에 그가 읊은 서정시·서경시는 너무나 좋은 것이 많다.

조각 구름 맑아서 궂은 하늘 씻어내고　　　　片片晴雲拭瘴天

냉이밭 나비들 하얗게 훨훨 나누나 　　薺田蝴蝶白翩翩
집 뒤의 나무꾼 길 우연히 따라가다 　　偶從屋後樵蘇路
들머리 보리밭까지 지나오고 말았네 　　遂過原頭穧麥田
땅끝 바다에서 봄이 되니 늙어감 알겠고 　　窮海逢春知老至
황량한 시골 벗 없어 중이 좋음 깨달았네 　　荒村無友覺僧賢
먼 산만 바라보고 도연명의 뜻 알만해서 　　且尋陶令流觀意
한두 편 산경을 놓고 중과 함께 얘기하네 　　與說山經一二篇
_「봄날 백련사에서 노닐며(春日游白蓮寺)」

이 시는 다산이 귀양살이 8~9년째이던 시절, 다산초당에 은
거해 한창 학문연구에 몰두하던 시기로, 초당에서 멀지 않은 백
련사를 찾아가 지은 시인 듯하다. 전라도 강진의 유배지에서 다
산이 가장 많이 찾았던 절은 강진읍 뒷산에 있던 고성사(高聲寺,
일명 보안산방)와 백련사이다. 백련사는 다산과 친하게 지냈던
혜장선사가 계시던 곳이어서 유독 자주 찾아가 시를 짓고 차를
마시던 곳이다.

궁벽한 바닷가에서 봄을 맞으니 세월이 빠름을 느끼며 늙어
감을 알아차리고 황량한 시골에 벗조차 없어 다정한 스님이 더
욱 반가웠음을 토로한 시에서 그의 외로움과 쓸쓸함을 느낄 수
있다.

냉이밭에는 하얀 나비가 날고, 맑은 조각구름으로 하늘이 열
린 바닷가 풍경이 봄날의 향수를 간절하게 느끼게 해 주니, 외로
운 나그네이자 유배객인 다산의 심사가 그대로 드러나 보인다.

다정하게 지내는 친구 하나 없이, 유학자와는 자주 어울릴 수 없던 다산으로서는 스님들이 그렇게 반갑고 다정했다니 아픈 그의 마음이 저리게 느껴진다.

"국화 따던 동쪽 울타리 아래서 유연하게 남산이나 바라본 다."던 도연명의 시구가 생각나서, 쓸쓸함을 견디려고 스님과 마주 앉아 산의 지세나 산맥을 가르쳐 주는 '산경'이나 함께 읽 는다는 대목이 더욱 처연한 분위기를 자아낸다.

.... 만경창파 끌어다가 이 풍진 세상 닦으리라

다산은 긴긴 유배생활 동안 하루도 편히 쉬거나 마음 편하게 지 내지 못했으며, 글을 읽고 시를 지으며 나라와 세상을 걱정하는 일도 멈추지 않았다. 갈수록 타락하고 비리와 부패가 들끓던 그 당시의 조선, 다산은 산속의 아름다운 풍광을 노래하면서도 풍 진의 번뇌를 떨쳐 버리지 못했다.

꽃이 진 다리 밑 사람은 안 보이는데	花落溪橋不見人
숲 사이로 솟는 달이 수레바퀴 같구나	隔林新月似車輪
저 먼 만경창파의 금물결 끌어다가	思將百頃金波水
풍진의 온갖 먼지 쓸어 버리고 싶어라	滌盡閻浮萬斛塵

산속에 숨어 살면서도 이런저런 감흥에 못 이겨 읊은 「산거잡

홍(山居雜興)」이라는 20수나 되는 장편 연작시 중의 한 수이다. 봄이 가느라 꽃은 다 지고 다리 밑에는 사람 하나 없다. 새로 솟은 달의 모양새가 그렇게 아름답건만, 달의 아름다움보다는 온갖 부정과 비리로 가득한 풍진세상의 더러운 먼지를 씻고 싶다는 다산의 '상시분속(傷時憤俗)'과 '애민우국(愛民憂國)'의 시 정신이 그대로 드러나 있다.

그렇게도 부패한 세상이 싫고 밉던 다산, 200년이 지난 오늘에도 부정과 부패는 사라질 줄 모르니 이 얼마나 답답한 세상인가. 감독기관이 제대로 일하고, 인재를 바르고 정당하게 등용해도 이런 부정과 비리가 계속될까. 고양이에게 생선을 지키게 하지 말고, 정직한 파수꾼을 제대로 세워 생선을 지키게 해도 이런 세상이 계속될까. 그렇게도 마음에 들지 않던 세상이기에, 다산은 불교 이론에는 찬성하지 않으면서도 인간세상이 싫어 "남은 인생 불교의 교리 배우는 노승이나 되고 싶네(餘齡要學老頭陀)"라고 20수의 마지막 시 끝 연에서 읊었다.

다산은 이 시의 해제를 이렇게 썼다. "중과의 관계로 지은 시여서 선어(禪語)를 썼다. 불교가 가는 길이 좋아서가 아니라 세상 일에 대해 보기도 싫고 듣기도 싫어서 그랬다." '염부(閻浮)'나 '두타(頭陀)'는 모두 불교용어이다. 부패한 세상이 싫기만 하던 다산의 심정이 요즘 시절에도 느껴진다.

다산의 인간 사랑

사회적 모순이 고스란히 담긴 시

참으로 세월이 빠르다. 추워서 벌벌 떨던 날씨가 엊그제 일 같
은데, 개나리, 진달래가 순서도 잊고 함께 피더니, 아카시아와
장미도 함께 피며 신록이 짙어져 봄인가 했더니, 며칠 사이에
자외선을 조심해야 할 한여름 날씨가 되어 버렸다. 춥다에서 덥
다로 말이 바뀌고, 의복도 며칠 사이에 여름옷으로 바꿔 입고
말았다.

　이렇게 덥던 여름날, 다산은 강진에서 유배 사느라 땀을 뻘뻘
흘려야 했다. 목도 마르고 속도 말라 텁텁한 막걸리 몇 잔을 마
시자, 슬금슬금 술기가 올라 시를 읊었다. 취중진담이듯 기막힌
시이다.

산악의 기운 인재들 배출할 때	山嶽鍾英華
본디 씨족의 귀천이야 가릴 리 없네	本不揀氏族
한 가닥 도기는 결단코	未必一道氣
최노의 집안에만 찾아가진 않으리	常抵崔盧腹
송나라 때 한기(韓琦)·범희문(范希文)은	魏公起叱嗟
비천한 집 출신이자 의붓아비 밑에서 자랐네	希文河葛育
오로지 성골만 골라서 등용하니	唯收第一骨
나머진 노예와 같은 신세라네	餘骨同隷僕
평안도 황해도 사람 언제나 찡그린 얼굴	西北常摧眉
서얼들은 원통해 통곡 소리 드높네	庶孽多痛哭
약한 사람 몸뚱인 강한 사람 밥이라	弱肉强之食
대여섯 호족들만 살아남아서	豪門餘五六
이들만이 경상 되고	以玆爲卿相
이들만이 판서나 도백 되고	以玆爲岳牧
이들만이 승지 되고 감찰 되고	以玆司喉舌

_「여름날 술을 마시며(夏日對酒)」

가슴이 터질 것만 같은 시다. 그래서 시의 마지막 구절은 더욱 가슴 쓰린 내용이다.

깊이깊이 생각하니 애간장이 타들어	深念焦肺肝
부어라 다시 또 술이나 마시자	且飮杯中醁

다산 시 연구로 일가를 이룬 송재소 교수는 이 시를 매우 의미 깊게 평했다.

1,600자에 달하는 방대한 장편 고시로, 다산의 대표작이라 할 만하다. 전정·군정·환곡의 난맥상을 통박하고, 과거제와 신분제의 조선 후기의 사회적 모순이 남김없이 묘사되어 있다. 자기 시대를 철저히 고민했고 이 고민을 바탕으로 보다 나은 사회로 개혁하려고 했던 경세가(經世家) 다산의 번민과 울분이 유감없이 발휘된 시라 하겠다.

아주 적은 몇 줄만 인용했지만, 신분제로 묶인 세상의 비참상을 여실히 보여 주면서 강력히 신분제 타파를 주장하는 시이다. 다섯 편 연작시로 된 이 장문의 시는 조선 후기 패악한 시대에 분노하면서 하늘이 그렇게 시킨 적도 없고, 중국에도 없는 그런 신분·지역·문벌의 차이로 인재가 고갈되어 가는 세상을 한탄하면서 속이 타들어 가는 아픔을 노래한 시이다.

관리야말로 승냥이와 이리 아니던가

천애의 외딴 바닷가 마을, 강진은 조선의 땅 끝에 위치한 벽지였다. 그런 외지고 힘든 고장에서 18년의 귀양살이를 지낸 다산, 그런 고단한 삶에서도 자신보다 더 어렵게 살아가던 백성들이 당하던 참상에 가슴아파하던 그의 인간 사랑의 정신을 접하면 가슴이 막히는 느낌을 받을 때가 많다.

되돌아보면 나야 죄지은 몸으로 귀양 와 엎드려 지내니 '인류의 대열에도 끼지 못하는 신세(未齒人類)'여서 흉년의 구황식품이라도 나라에 바칠 길이 없고, 백성들의 참상을 그림으로 그려서라도 상소하는 '유민도(流民圖)' 한 장 바칠 수 없다.

다산은 이렇게 탄식하면서 북받치는 마음을 달래려고 백성들이 당하는 참상을 시로 읊는다고 했다.

이런 처지에서 읊었던 다산의 시는 당대의 절창이라는 높은 평가를 받았던 「전간기사」라는 시첩으로 묶였다. 1809년은 기사년, 귀양살이 9년째로 다산초당에서 지내던 때인데, 그해는 극심한 가뭄이 들어 백성들이 살아갈 길이 막막하던 때였다. 탐학한 관리들은 그런 속에서도 착취를 일삼고 있었기에 분노한 다산은 보고 느낀 그대로 시를 읊었다.

「승냥이와 이리 3장(豺狼三章)」이라는 시는 제목부터 가슴을 쓰리게 한다. 관리들을 승냥이와 이리떼에 비유하여 착하고 순한 짐승들을 잡아먹는 탐학상을 폭로하였다.

우리의 논밭을 바라보시게, 얼마나 지독한 참상인가요
視我田疇 亦孔之慘
백성들 이리저리 떠돌다가 구덩이 속을 가득 메우네

流兮轉兮 塡于坑坎

부모 같은 사또님이여! 고기랑 쌀밥이랑 잘도 드시며

父兮母兮 粱肉是啖

방안에는 기생 두어 연꽃처럼 곱고 예쁘네　房有妓女 顔如菌萏

　유리걸식하는 굶주린 백성들은 구렁텅이에 빠져 숨져 가는
데, 백성들의 부모라는 사또는 주지육림(酒池肉林)으로 태평성
대를 구가하며 즐기고 산다는 마지막 구절의 대결 구도가 너무
나 극명하게 묘사되어 있다. 가난과 흉년에 못 견디던 백성들은
탐학한 관리들의 횡포까지 겹쳐 죽는 일 말고는 다른 길이 없
는데, 백성을 먹여살릴 책임이 있는 사또는 예쁜 기생이나 안고
고기와 쌀밥으로 삶을 즐긴다는 모순된 사회구조, 그런 양극화
현상은 언제쯤 해결될 날이 있을까.

　이 시에 다산이 직접 쓴 해설은 너무 기막힌 사연이어서 옮
기기조차 두렵다. 관검(官檢)으로 당할 피해가 두려워 마을주민
자체적으로 치사사건을 해결했건만, 뒤늦게 관(官)에서 알고 마
을에 들이닥쳐 3만 냥의 거금을 토색질해 가는 통에 두 개 마을
전체가 완전히 몰락해 버리는 슬프고 서러운 사실을 시로 읊었
노라고 다산은 설명했다.

　처참한 흉년에 한술 더 떠서 승냥이나 이리처럼 양민을 괴롭
히는 관의 횡포에 분노한 다산, 그의 분노가 우리의 가슴을 저
리게 한다. 어쩌나, 오늘날 우리 사회도 양극화의 간극이 커져만
가고 있다.

죄인으로 산다는 것

제비도 고향 찾아 날아가건만

1801년은 다산의 나이 40세, 참으로 왕성한 나이에 천하라도 요리할 온갖 지혜와 능력을 지닌 유능한 관료였건만, 다산은 역적 죄인이 되어 멀고 먼 경상도의 바닷가 마을 포항 곁의 장기(長鬐)라는 벽촌에서 귀양 살고 있었다. 보통 사람으로서도 가을이 되면 마음이 서러워지기 마련인데, 천리타향 외로운 신세로 얽매여 지내는 죄인의 가슴이야 오죽했을까. 이 시절이야말로 다산 생애에 가장 비참하고 가장 괴롭던 시절이어서 이때에 지은 다산의 시는 절창(絶唱)도 많지만 애간장 타는 압제인의 비애와 슬픔이 역력히 드러나는 시가 많다.

「가을 노래(秋懷)」라는 여덟 수의 시는 어느 것 하나 애절한 내용 아닌 것이 없지만, 외로운 유배객이 벗 삼아 지내던 제비들이 강남으로 떠난다는 구절에서는 유배지에 혼자 남아 슬퍼하는 다산의 모습이 눈에 선하게 떠오른다.

제비가 새끼와 함께 멀리 날기 익히더니	燕母將雛習遠飛
고향에 가고파서 검은 옷을 입혔네	七分歸思著烏衣
비비배배 지껄임이야 모두가 헛소리지	喃喃刺刺皆瞞語
가을바람만 불어오면 날 버리고 가려면서	纔得秋風棄我歸

얼마나 외롭고 쓸쓸했으면 처마 밑에 집을 짓고 새끼를 낳아 열심히 먹이 날라다 먹이던 제비를 벗 삼아 시름을 달랬을까. 제비는 다 커 버린 새끼를 까만 색깔로 옷을 입히고, 파닥파닥 날기에 힘쓰더니 공중으로 나는 연습에 더욱 박차를 가했을 것이다. 더운 여름이 가고 가을바람이 불자 새끼들 모두 어미로 크더니 고향생각 잊지 못하고 떠나가는 모습을 바라보면서 자신의 처량한 신세에 참을 수 없는 슬픔을 느꼈다는 이야기이다. 제비들은 벗 삼았던 유배객도 팽개치고 고향을 찾아가는데, 얽매인 몸으로 자유를 잃은 다산은 어떡해야 했을까.

제비들은 수만 리 먼 강남으로 떠날 수 있건만 천 리도 안 되는 고향을 찾아가지 못하는 다산의 가슴은 서러움을 이길 수 없었나 보다. 본디 가을이란 서글픈 계절이어서, 가을빛, 가을 소리 모두가 인간의 원초적 향수를 자아내게 한다. 이외 7수의 시에는 노오란 탱자 이야기, 가을 바다에서 잡히는 꽃게, 계절을 알리는 풀벌레인 후충(候蟲) 이야기가 등장한다. 낚시질 나가려는 마을 영감이 애들에게 귀뚜라미를 잡아오란다는 이야기까지 구성지게 시에 옮겼다. 사물이나 물태(物態)까지 핍진하게 묘사하는 다산의 시 솜씨는 언제 읽어도 우리를 감동시키기에 충분하다.

서럽고 슬픈 가을날이나 멀고 먼 타향의 귀양살이에도 다산은 시를 쓰고 저술에 독실하느라 끝내 비애의 함정에 빠지지 않고 "몸이 더욱 곤궁해질수록 학문은 더욱 정밀했다(身益窮 學益精)"는 위당 정인보의 말처럼 학문의 대업을 완성해 내는 위대한 인간으로 다시 설 수 있었다.

백련사에 노닐다

1805년은 을축년으로, 다산의 나이 45세의 좋은 때였다. 강진 내에서 귀양살이 5년째를 맞았는데, 그 무렵부터 가까이 지내던 10세 연하의 뛰어난 선승(禪僧) 혜장선사(惠藏禪師)와는 하루가 멀다 여기며 자주 만나 차를 마시고 술을 마시면서 시를 읊었다. 다산의 기록을 살펴보면 허술하고 비좁은 주막집인 '사의재(四宜齋)'라고 명명한 토담집에서 살아야 했지만, 혜장의 도움으로 강진 내 뒷산의 고성사(高聲寺)라는 보은산방(寶恩山房)에도 자주 들렀고, 혜장의 거처인 백련사에도 찾아가 노니는 때가 많았다.

그러던 어느 여름날, 다산이 혜장에게 '산거잡흥(山居雜興)'

이라는 제목으로 시를 지으라고 권유했으나, 시를 지어 보내지 않자 자신이 시 20수를 짓고 말았다. 스님에게 지으라고 요구한 시였기에, 주로 선어(禪語)를 구사하여 지은 것인데 20수 어느 것 하나 절창이 아닌 시가 없다. 고달픈 귀양살이의 서러움과 괴로움도 잊고, 아름다운 산골의 여러 가지 흥취를 그림처럼 선명하게, 곱고 아름다운 시어를 한껏 동원하여 참으로 멋있고 품격 높게 그려 냈다.

제비집의 새끼 제비 깃이 점점 돋아나고 　　　燕家兒子漸生翎
어미 제비 가끔 와서 불경 소리 듣는다네 　　　燕母時來亦聽經
아무리 독경 소리 들어도 불성이 없는 터라 　　終是天機非佛性
그냥 날아가서 잠자리 낚아채네 　　　　　　還飛去捕綠蜻蜓

뛰어난 시인이 아니고서야 어떻게 이런 섬세한 묘사가 가능하겠는가. 불경·천기(天機)·불성(佛性)이 모두 불교 용어인 선어(禪語)이니, 불경에 대한 깊은 이해가 없이는 짓기 어려운 시임이 분명하다.

한 폭의 그림이면서도 시이고, 시이면서도 그림인 것을 이런 시에서 알아볼 수 있다. '쇠귀에 경 읽기'라는 말이 있듯이, 소에게 독경을 해 준다고 알아들을 리가 없듯이, 제비에게 불경을 읽어 준다고 불심이 살아날 이유가 있겠는가. 어린 새끼 제비들에게 먹이를 주어야 한다는 본능만이 살아 있기에, 불경 읽는 소리는 아랑곳하지 않고 곧바로 날아가 잠자리를 낚아채는 어

미 제비의 모습이 눈에 선하기만 하다. 살생을 금하라는 불경의
내용을 듣고도 제비는 잠자리를 붙잡아야 했으니 딱하기만 하
다. 산골마을의 여름날 풍경이 다산의 솜씨로 제대로 살아나 보
인다.

홀로 웃노라

.... **마음을 내려놓다**

말을 주고받을 상대도 없이 홀로 방에 앉아 책이나 읽고 글이
나 써야 했던 외롭고 쓸쓸했던 귀양살이, 웃음이 나와도 혼자서
아무도 몰래 웃어야만 했던 신세타령의 시 제목이 「홀로 웃노
라(獨笑)」이다. 긴긴 여름의 낮과 겨울의 밤, 18년의 세월을 유
배살이로 보냈던 다산, 말이 하고 싶고 색다른 생각만 떠오르면
그냥 시로 읊곤 했다.
　옛 경서(經書)에도 "시는 뜻을 말함이다.(詩言志)"라고 하여,
말하며 함께 웃고 즐기거나 서럽고 외로운 신세를 함께 한탄할
상대가 없을 때, 시를 짓는 선비들의 심정을 이해할 만하다. 다
산의 시는 대체로 그런 처지와 심정에서 지은 시가 많다.

자식 없는 집안 곡식 있어도 먹을 사람 없고	有粟無人食
자식 많은 집안이야 배고파 걱정이라네	多男必患飢
고관대작이야 꼭 우둔해야 한다면	達官必憃愚
재주꾼들 써먹을 곳 없겠네	才者無所施
어느 집인들 온갖 복 갖춘 집 적고	家室少完福
너무 높이 오르면 내리막길 그냥 오지	至道常陵遲
아비가 인색하면 자식은 늘상 방탕하고	翁嗇子每蕩
아내 지혜 많으면 사내는 꼭 어리석다네	婦慧郎必癡
만월에는 구름이 자주 가리고	月滿頻值雲
꽃이 한창이면 바람이 그냥 두지 않네	花開風誤之
세상만사 모두가 그런 것이기에	物物盡如此
홀로 웃어 보지만 아는 사람 없다네	獨笑無人知

1804년에 지었다는 시의 묶음 속에 들어 있는 시이니, 그 무렵에 지었음이 분명하다. 다산의 나이 43세 때이고 불편하기 짝이 없던 강진 읍내에서 생활하던 때의 시이다.

풀려날 기약 없는 무한정의 귀양살이, 깊은 사념에 잠기면 가슴이 찢어지는 비탄의 생각만 떠오르고, 아내가 그립고 자식들이 보고 싶을 때, 그런 모든 시름을 이길 수 있는 방법은 시로 울적한 마음을 풀어 버리는 일이다. 행복만 계속되는 집안이 어디 있으며, 부귀만 계속 누리는 집안이 어디에 있는가. 행복이 있으면 불행이 찾아오고, 불행하다 보면 언젠가 행복할 때도 있는 것이지라고 마음을 먹을 때 근심은 풀린다고 여겼던 사람이 다산이다. 고관대작의 지위를 유지하려면 조금 어리석은 듯해야만 된다는데 그렇다면 재주꾼의 할 일이 없다는 데에 다산의 슬픔이 있다. 달이 차면 구름이 가리고, 꽃이 만개하면 바람이 또 그냥 두지 않는다는 데서 자신의 비애를 이길 힘을 얻을 수 있었다.

정조가 한창 치세를 이루던 시절에 다산은 얼마나 잘나갔으며, 얼마나 양양한 미래가 눈앞에 있었던가. 높은 지위에 오르고 보면 쇠퇴하기 마련, 40세의 나이에 귀양살이가 시작되어 비애와 슬픔을 맛보던 다산, 세상만사가 다 그렇고 그럴 수밖에 없다는 넉넉한 마음을 지녀야 그런 어렵고 괴로운 시절을 이겨 낼 수 있다는 지혜를 터득한 사람이 다산이었다.

꿈속에서 얻은 시

.... 수심을 어이하며 늙음을 어이하리

귀양살이 4~5년째인 1804년경, 강진읍의 동문 밖 샘거리에 있
던 주막집에서 지내던 다산은 고독과 슬픔에 잠겨 있을 때가
많았고, 한탄과 걱정으로 가득 찬 시를 많이 지었다. 시 제목에
서부터 그런 느낌이 물씬 풍긴다. 「새벽에 혼자 앉아서(曉坐)」,
「홀로 웃노라(獨笑)」, 「걱정이 밀려오다(憂來)」, 「걱정을 떨구다
(遺憂)」, 「궂은 비(久雨)」, 「8월 19일 꿈에 얻은 시(八月十九日夢
得一詩)」 등이 모두 그런 시이다.

오는 수심 어떡하며 오는 늙음 어이하리   爭奈愁何奈老何
구슬픈 가을 하늘 물결만 더 일렁이네   秋天憀慄水增波
막걸리 더 가까이 하느라 소주는 멀리하고   漸交濁酒排燒酒

혼자서 장가 지어 단가와 함께 부르지	自作長歌和短歌
백발이 아직 검은 머리보다야 적고	白髮尙於玄髮少
악인보다야 끝내는 호인이 많다네	好人終比惡人多
저처럼 맑은 풍월이 창밖에 있는데	一窓風月淸如許
구구하게 제비집 생각할 게 뭐라던가	豈必區區慕燕窠

주막집 골방에 '사의재'라는 이름을 걸고, 수심·근심·걱정·한탄을 가슴에 품고서도 『상례(喪禮)』와 『주역(周易)』 공부에 심혈을 기울였던 귀양살이, 사색과 학문 연구로 외로움을 극복해 가던 다산의 모습과 심정이 잘 드러나는 시이다.

다산은 이 시에 대하여 여러 가지 설명을 했다. '일창풍월(一窓風月)'이라는 네 글자와 마지막 구절의 '연과(燕窠)'라는 글자는 꿈에서 얻은 글귀라고 스스로 말하였는데, 모두 의미가 깊은 글귀이다. '풍월'이야 만인이 주인이기 때문에 독차지하려는 욕심을 부릴 이유가 없고, '제비집(燕窠)'이란 백낙천의 「감흥시(感興詩)」에 나오는 대로 안온하게 살아갈 자신의 소유인 집의 뜻이었으니, 비록 유배지의 허름하고 비좁은 골방이지만 마음 비우고 편하게 여기니, 풍월의 주인도 되고, 제비집 따위 부러워하지 않고 그냥저냥 살아가노라는 소박한 마음이 담겨 있다.

이마가 벗어질 듯했던 여름의 더위, 여름은 결코 물러가지 않을 것처럼 맹위를 부린 찜통이었지만, 계절은 숨기지 못한다. 입추가 지나고 처서가 지나자 가을이 성큼 오고 말았다. 풍월이 그처럼 맑고 깨끗하며 '추수공장천일색(秋水共長天一色)'인 듯 가을 물과 높고 먼 가을 하늘은 같은 색깔이라는 말이 그렇게 부합된다. 태풍과 폭우가 그렇게 지구를 할퀴고 갔지만, 살아남은 사람들은 역시 가을을 즐기며 그런대로 살아간다.

밀려드는 수심을 어떻게 막으며, 저절로 늙어가는 늙음을 누가 막으리오. 막걸리를 즐기다 보니 소주는 멀어지고, 검은 머리가 그래도 흰머리보다야 많으니, 아직 꼬부랑 늙은이가 아니라는 뜻이다. 옛날 노인들은 40에 일로(一老)라고 하여 마흔이면 한 번 늙는다 했으나, 그때 나이 44, 45세이던 다산, 아직은 정정했다. 고독과 애수와 싸우며 다산은 더 늙기 전에 위대한 학문적 업적을 이룩해 내고 말았다. 학문적 열정으로 고독을 극복했기 때문이다.

############## 산에 사노라니 신선이 다 되었네

18년의 귀양살이 동안 다산은 참으로 많은 시를 지었다. 궁액에 빠진 자신의 신세를 한없이 한탄하는 시도 많지만, 세상을 걱정하고 나라를 염려하면서 불쌍하고 가난한 농민들의 아픔에 무한한 동정과 연민의 정을 토로한 시도 매우 많았다. 꼬박 10년의 세월을 보낸 다산초당의 삶에서 뜻깊은 시를 많이 지었는데 한편으로는 경학(經學) 연구에 온 정성을 바치다가도 조금이라도 쉬는 시간이면 끝도 없이 시를 지었다.

다산초당 곁 동쪽에는 동암(東菴), 서쪽에는 서암(西菴)을 따로 짓고 동암은 자신이 거처하는 집으로, 서암은 학생들의 거소로 삼았는데, 동암의 다른 이름으로 '송풍루'라는 운치 있는 이름을 사용했다. 그러니 「송풍루잡시(松風樓雜詩)」라는 제목의 16편의 시는 바로 송풍루에 기거하면서 여러 가지 글제로 읊은 시이다. 지금 가 보아도 동암 곁에는 큰 노송이 버티고 서 있는데, 그때도 그런 소나무가 서 있고, 바람이 불면 솔바람 소리가 또렷이 들려서 송풍루라는 이름을 지었던 것으로 보인다.

산에 사노라니 일마다 청빈이 몸에 배어	山居無事不淸貧
물욕일랑 사라지고 내 몸 하나뿐이라오	物累消除只一身
타향은 내 땅 아니란 말 못 믿겠고	未信他鄕非我土
평지에 지내면서도 신선처럼 산다네	好從平地作仙人
약 찧는 절구 이끼 낄 새 없이 자주 찧으나	頻舂藥臼煩無蘚
차를 자주 못 달여 화로에 먼지 끼네	稀煮茶鑪靜有塵
법희를 아내 삼으니 그것도 좋으니	法喜爲妻洵可樂
부처 말씀 모두 틀려도 그것은 진리라네	佛言皆妄此言眞

외롭고 쓸쓸하기 그지없는 귀양살이, 산속의 서러운 독방에서 혼자 살며 온갖 생각에 괴로움이 없으랴만, 모든 물욕 버리고 타향을 고향으로 여기고 살아간다면서 자신을 위로하는 내용이 애처롭다. 신선세계가 아닌 땅 위에서 지내지만 마음은 신선과 같고, 몸이 아파 약 달이는 날이 없지 않아 약절구야 번질거리지만 차 끓이기는 쉽지 않아 화로에 먼지만 낀다니 삶의 모

습이 보이는 듯하다.

『유마경(維摩經)』이라는 불경에 "법희는 아내로 삼고, 자비(慈悲)는 딸로 삼는다."라는 말이 있다. 불법을 듣고 희열을 느낀다는 '법희'를 아내로 삼는다니 불법이 높은 도승이야 당연하지만 속인의 한 사람인 다산이 법희를 아내로 삼고 살아간다니 얼마나 곤궁하고 궁색한 이야기인가. 그렇게 해서라도 외롭고 궁함을 극복하고 그렇게 큰 학문적 업적을 이룩한 다산의 모습이 보이기도 한다.

다만 이 시에서 다산의 불교관이 보이는 점은 따져야 한다. 다산의 여러 글에는 불교에 대하여 찬성하지 않는 내용이 기록으로 남아 있다. 스님들에 대하여 글을 쓰는 경우 "이런 훌륭한 사람이 왜 하필이면 불교에 빠졌는가?"와 같은 내용이 있다. 불경에 대하여 높은 지식을 지녔고, 큰 학승(學僧)들과 가까이 지냈으면서도 불교의 진리에는 견해를 달리했던 다산의 생각을 이런 대목에서 보게 된다.

서늘한 밤의 노래

매미 소리 그치고 풀벌레 우네

시절은 속일 수 없다고 밤이면 제법 청량한 기운이 돌면서 여름 더위에 고생하던 우리를 조금은 편하게 해 준다. 코스모스도 피어나고 국화도 머물면서 고추잠자리와 해바라기꽃도 제철을 준비하지 않을 수 없을 것이다. 이제는 조금 숨을 길게 쉬면서, 다산의 가을시 한 편을 읽어 보면 어떨까. 「서늘한 밤(夜涼)」이라는, 세월을 읊은 노래이다.

올해는 지루한 무더위 길기만 하더니	今歲支離溽暑長
달밤에 서쪽 문으로 서늘한 바람 처음 맞았네	西門月夕始迎涼
매미 소리 누가 말린 듯 갑자기 뚝 그치고	蟬聲猝遇衛枚氏
온갖 풀벌레 응원 받은 듯 마구마구 울어 대네	蟲語如循協律郎

눈 비비고 마을 앞길 바라보니 훤히 트였는데　　前路拭眸淸世界
회고해 보니 괴롭던 더위일랑 생각이 안 나네　　苦緣回首冷思量
가을 꽃에 가을 열매 시절은 좋기만 한데　　碧花紅穗時光好
도처에서 날 부르며 주책없는 늙은이 돌봐주네　到處携吾恕老狂

　정확한 연대는 명기되어 있지 않아 지은 때가 언제임을 알 수 없지만, 대강 앞뒤를 살펴보면 임진년(1832) 추석 무렵의 시로, 다산이 70세이던 때로 보인다. 매미가 함매씨(銜枚氏)를 만났다거나, 가을 곤충들이 협률랑(協律郎)을 따른다라는 표현은 모두 고사(故事)를 인용하였는데 번역은 그냥 풀어서 했다.
　함매씨는 주(周)나라 때의 벼슬로 소리 내지 못하게 규율하는 관리이고, 협률랑은 소리가 제대로 나도록 조율해 주는 주나라의 관리였으니, 매미소리를 그치게 하고, 벌레들이 제대로 소리를 내게 도와주는 사람으로 쉽게 풀어서 해석했다.
　녹음이 칙칙 우거진 늦여름에 제 목소리를 내는 매미는 찬바람이 나면 소리가 약해지고, 여름내 매미에 치어 소리를 제대로 내지 못하던 풀벌레들이 서늘한 바람을 맞아 제 목소리를 낸다는 다산의 관찰력이 돋보이는 시다. 서늘한 밤공기에 여름의 더위 고통을 모두 잊는다는 표현도 좋다.
　세상이 제발 조용해져 대문호 다산의 시를 감상하는 때가 많아지기를 기대해 본다. 시는 심성 도야에 큰 도움이 된다고 다산이 말했다.

올해의 추석은 참으로 맑고 깨끗한 가을 하늘에 쉬는 날도 길어
매우 좋았다. "더도 말고 덜도 말고 추석날만 같아라."던 옛날 어
른들의 말씀이 정말로 실감 나는 그런 날씨였다. 온 천지에 보
름달이 밝아서 모두가 달구경에 마음이 상쾌했는데, 다산의 가
을 시를 읽어 보니 보름달보다는 그다음 날인 열엿새날의 달빛
이 가장 밝은 달이라고 했다.

달구경은 둥근 보름달만이 아니라네	看月非關十五圓
구름 없는 밤이라야 그때가 가을 하늘이지	絶無雲處始秋天
넘실대던 강물 남아 금물결 넓고 넓어	漲痕未落金波闊
더운 기운 모두 사라져 우주가 선명하네	炎襫全消玉宇鮮
인간 세상에 몇 차례나 이런 즐거움 돌아올까	人世幾回能此樂
아름다운 밤 한번 만났으니 기이한 인연이로세	良宵一遇是奇緣
산의 절에서 지내자도 단풍잎은 아직 없으니	且留山寺遲紅葉
호수 위의 정자에 올라 시나 읊겠네	會向湖亭擘彩牋

_「팔월 십육일 달빛이 가장 맑다(八月十六夜月色最淸)」

가장 둥글고 밝은 달이 보름달임을 모르는 사람은 없겠지만,
그날 혹시 약간의 구름이라도 일어 완전무결한 추석의 달이 아
닐 수도 있다. 마침 그다음 날인 열엿새날에야 구름 한 점 없이
맑고 쾌청한 하늘이었다면 그날의 달빛이 가장 밝고 깨끗함은

당연한 일이다. 또 어떤 경우 하늘의 조화로 보름날의 달보다 오히려 그다음 날인 16일의 달이 가장 둥글고 가장 맑을 때도 있다. 추석 무렵이어서 아직 산에 단풍은 들지 않아 절에서 지내는 것보다는 여름 물이 아직 남아 넘실대는 호수에나 올라 시를 짓겠다는 다산의 마음이 참으로 한가롭게 느껴진다.

이 시를 지은 연대는 정확히 알 수 없으나 시집을 점검해 보면, 이 시보다 먼저 지은 시에 임진년의 기록이 있는 것으로 보면 1832년 다산 71세 추석으로 여겨지는데, 노경에 추석을 맞는 다산의 심사를 읽을 수 있는 시이다. 그 무렵 지은 「서늘한 밤」이라는 시에 "올해는 지루한 무더위 길기만 하더니, 달밤에 서쪽 문으로 서늘한 바람 처음 맞았네."라는 구절을 보면, 우리의 올해처럼 덥고 지루하면서 길었던 여름이 가자, 참으로 쾌청한 가을 하늘이 아름답게 전개되었으니, 170여 년 전의 그 무렵 날씨가 올해 날씨와 비슷했겠다는 생각을 해 보았다.

올해 가을은 오랜만에 가을다운 날씨가 이어졌다. 덥다가 추워 버리고, 춥다가 더워 버리는 변덕스러운 날씨에 속상하던 때가 많았는데, 올해는 한창 덥던 여름에서 9월 중순을 지나자 정말로 아름다운 본래의 가을 날씨가 전개되었다. 낮 동안에는 다소 따가운 햇볕이 없지 않았으나 조석으로는 가을을 느끼기에 좋은 날씨가 계속되었고, 추석 무렵까지 이어지면서 여름 동안 고달팠던 백성들의 몸과 마음을 생기가 돌도록 해 주었다.

하늘과 땅이 이런 자연을 베풀어 주었으니 인간이 하는 일들도 잘 풀리기를 기대해 본다.

시 쓰는 즐거움

·········· 더위 견디는 놀이

덥다 덥다 해도 요즘처럼 더웠던 적은 많지 않았다. 밤이나 낮을 가리지 않고 35~6도를 오르내리는 더위에 숨이 막힐 지경의 무서운 더위였다. 산밑 고층 아파트에 사는 우리 집이 그렇게 무더웠는데, 더 열악한 조건의 가정에서는 얼마나 힘든 여름을 보냈을까를 생각하니 더욱 더위를 크게 느끼게 된다. 그래도 조금 가진 사람들이야 여러 방법을 동원하여 겨우겨우 이겨낼 수가 있겠지만, 극심한 추위나 더위는 역시 없는 사람들을 더더욱 힘들게 만든다. 오늘처럼 냉동시설이나 에어컨 장치가 없던 다산의 시절에는 어떻게 더위를 이기며 여름을 보냈을까.

「더위를 견디는 여덟 가지 일(消暑八事)」이라는 다산의 시는 바로 더위를 이기며 뜻있게 지낼 수 있는 여덟 가지 방법을 제시하는 내용이다. 여덟 가지의 더위 이기는 놀이를 세 가지 방법으로 즐겼으니, 24종류의 놀이이다. 또 다른 종류의 여덟 가지 놀이를 두 가지 방법으로 더위를 이기도록 시 작품을 썼으니 도합 16가지 방법으로 40종류의 놀이법을 담은 내용이다. 63세 노인이던 갑신년(1824) 여름에 지은 시이다.

그해도 얼마나 더웠으면 더위 이기는 방법을 연구해서 그런 멋진 시로 남겼을까. 그 많은 방법에서 한 가지 방법을 소개한다. 「대자리 깔고 바둑두기(淸簟奕棋)」라는 제목의 시인데, 그 의미는 시원한 대자리에 앉아 바둑을 두면서 더위를 이긴다는 뜻이다.

뜨거운 날 졸음에 겨워 책 읽기 싫어서	炎天瞌睡厭攤書
손님 모아 바둑 구경 괜찮은 방법이로세	聚客看棋計未疏
대추씨로 요기함이야 해자의 괴담이거니	棗核療飢諧者怪
귤 속에서 세상 피한 건 진실인가 거짓인가	橘皮逃世理耶虛
뜨거운 햇볕 잊었는데 어찌 주미를 휘두르랴	已忘火傘寧揮麈
생선회 생각 간절해 또 고기 내기를 해야지	思切銀絲且賭魚
대국자나 구경꾼이나 똑같이 배부르니	對局旁觀均一飽
욕심 끊고 한가로운 이야기 나눔이 어떠한가	息機閒話復何如

고사 인용이 많아 시가 매우 어렵다. 대추씨만 입에 머금고 5년, 10년을 먹지 않고 살았다는 옛날 고사가 있고, 해자(諧者)의 괴담(怪談)이란 장자 「소요유」에 나오는 '제해(齊諧)'의 이야

기인데, 여기서는 '해자'를 괴담 잘 하는 사람으로 해석하였다고 여겨진다. '주미(塵尾)'란 고라니 꼬리로 만든 먼지떨이인데, 옛날 진(晉)나라의 청담꾼들이 청담을 하면서 그것을 손에 쥐고 휘두르면서 이야기를 했다는 것에서 따다 쓴 내용이다.

대추씨만으로는 요기를 할 수 없고, 귤 속에서 세상 피함도 거짓이니, 제발 생선회를 먹을 수 있게 내기바둑을 두어 옆에서 구경하는 사람들까지 배부르게 먹고 한담이나 하면서 더위를 이겨야 한다는 내용이다. 바둑 구경으로 더위를 이기고, 생선회를 먹어 배가 부르면 실컷 떠들면서 허튼 소리로 시간을 보내라는 피서법의 하나였다.

늙은 노인이어서 유쾌하구나

75세로 세상을 떠난 다산은 그 시대로 보면 장수를 누린 복 받은 노인이었다. 다산의 시집을 보면 70세 이후에 지은 시들이 참으로 많다. 젊은 시절 친하게 지냈던 친구들이나 함께 벼슬살이했던 동료들과 오래 이별했다가 다시 만난 삶이어서 더욱 다정하고 정이 넘쳤던 때문인지, 함께 늙어가던 옛 지인들과 어울려 지내면서 지은 시가 유독 많다. 특히 송파에 살던 송옹(松翁) 윤영희(尹永僖)나 양근에 살던 현계(玄溪) 여동식(呂東植) 같은 분들과 주고받은 시가 매우 많은데, 사는 곳이 멀지 않아 자주 어울리면서 풍류를 즐겼다는 것을 알게 된다.

그 무렵 지은「노인네의 한 가지 유쾌한 일(老人一快事)」이라는 6수의 시는 늙은 노인이기 때문에 유쾌한 일이 생긴다는 역설적인 내용을 시로 읊어 다산의 번뜩이는 시재(詩才)를 알게 해 준다. 늙어 가면서 머리가 모두 빠져 민둥머리로 변해 머리 손질하는 불편이 없어져 유쾌하다, 이가 모두 빠지니 치통의 고통을 당하지 않아 유쾌하다, 시력이 약해져 어려운 책을 읽을 수 없으니 책 읽는 고통에서 벗어나 또 유쾌하다 했다. 네 번째로는 청력이 약해져 귀가 어두우니 듣기 싫은 소리를 안 들어서 유쾌한 일의 하나라고 읊었다.

노인네의 한 가지 유쾌한 일	老人一快事
귀먹은 것이 그다음이로세	耳聾又次之
세상 소리는 좋은 소리 없고	世聲無好音
모두 온통 시비 다툼이로다	大都皆是非
거짓 칭찬 하늘까지 치켜올리고	浮讚騰雲霄
가짜 모함 구렁텅이로 떨어뜨리네	虛誣落汚池
격조 높은 예악은 이미 황무지되고	禮樂久已荒
약고 경박한 뭇 아이들 세상, 슬픈지고	儇薄嗟群兒

다섯 번째는 나이 먹어 글 짓는 격식에 구애받지 않아 그냥 내키는 대로 글이나 시를 지을 수 있음을 유쾌한 일이라 여겼고, 마지막에는 늙은이는 바둑을 두어도 반드시 이겨야 할 필요가 없어 하수들만 상대하게 되니 그것도 유쾌한 일이라고 했다.

이런 것들 모두가 노인의 여섯 가지 유쾌한 일이라는 해학적인 시이다.

여섯 수 모두 재미나는 시이지만, 예문으로 제시한 네 번째의 귀머거리 시가 그중에서도 마음을 기울이게 해 준다. 좋은 소리는 들리지 않고 온갖 막말과 속된 말들이 세상에 가득 차 어떻게 해야 저런 소리의 해악에서 벗어날까를 걱정하고 살아가는데, 귀가 어두우면 유쾌해진다는 다산의 역설이 마음에 와닿는다.

지금 나는 다산의 75세보다 더 많은 나이를 먹어 청력도 약해지고 시력도 매우 낮지만, 그래도 안경으로 글도 읽고, 소리도 대부분 들을 수 있어 전혀 유쾌하지 않으니 어찌해야 할까.

정치적 경쟁자가 아니라 죽여 없애야 할 적으로 여겨 입만 열면 시비를 따지고, 온전한 이성적 인간이 아닌 사람까지 하늘에 닿게 치켜올리는 일에 주저하지 않고, 아무리 바르고 옳은 사람도 자기 진영 사람이 아니면 거짓과 가짜로 모함하여 진구렁이로 밀어 넣고만 있으니, 이런 모습, 이런 소리를 안 들을 방법은 없고 어찌해야 할까. 격조 높은 언어로 경쟁자와 경쟁하는 모습을 보여 줄 수는 없을까.

귀를 막고 눈을 가릴 방법이 없는데, 다산은 그래도 유쾌하게 여겼다니 막힌 귀와 어두운 눈을 부러워할 수밖에 없다.

노년이 아름다워야

세상을 관조하다

만약 다산이 세상에 대한 걱정을 하지 않아도 되는 좋은 세상에 살았다면 학자나 경세가의 처지가 아니라 순수한 서정시인으로 활동하고 말았을 것이다. 아름다운 풍경이나 사물의 미세한 모양까지를 절절하게 읊는 수법은 너무도 사실적이고 그림 같은 표현이 많다. 탁월한 묘사와 표현 수법이 놀라울 정도의 시가 많기도 하다.

강위의 마른 뇌성 은은히 소리 울리니	江上空雷隱有聲
구름 끝에 몇 점 빗방울 후두둑 떨어지자	雲頭數點落來輕
진짜 비오는 걸로 착각한 개구리란 놈	蝦蟆錯認眞消息
깊숙한 숲속에서 지레 개골개골 울어대네	徑作林坳閣閣鳴

「여름날 전원의 여러 흥취를 범성대와 양만리 두 시인의 시체를 모방하여 24수를 짓다(夏日田園雜興效范楊二家體二十四首)」라는 길기도 한 제목의 시 가운데 한 수이다. 중국 송나라의 시인 범성대(范成大)와 양만리(楊萬里) 두 사람의 시체를 본받아 짓는다는 내용인데, 24수 어느 것 하나 생생한 묘사력을 지니지 않은 것이 없다.

그중에서도 여름날 마른 뇌성에 몇 방울의 비만 떨어져도 지레 비를 피해 숲속 깊이 숨어서 개골대는 개구리의 울음을 어쩌면 그렇게 멋지고 사실적으로 표현할 수 있었을까. 사람보다는 동물적 감각으로 낌새를 먼저 느끼는 개구리의 생태를 면밀히 관찰하여 그런 표현이 가능했을 것이다. 역시 다산의 시재(詩才)는 대단했다고 말할 수 있다. 정말로 대단하다.

내기 활 쏘고 취해서 비틀거리며 귀가하는 길　　醉步之玄賭射歸
석양에 사람 그림자 멀리 들쑥날쑥하여라　　夕陽人影遠參差

이런 멋진 표현도 있다. 갈지자걸음으로 비틀거릴 때, 석양에 사람 그림자가 멀리서 들쑥날쑥하는 모습, 여름날의 시골 활터의 모습이 그대로 그려져 있다. 내기 활쏘기에서 딴 돈으로 한잔 들이켰으니 기분이야 얼마나 좋았으며, 비틀거리는 걸음걸이가 석양빛에 그림자로 보이는 풍경, 과연 누가 이런 멋진 모습을 시어로 담을 수 있을까.

부패한 세상에 분노하고, 세도정치에 진절머리를 느끼며 국가 개혁에 온통 정신을 쏟던 다산, 한가한 노년기에는 이런 멋진 서정·서경의 시를 짓고 세월을 보내면서 세상을 관조하였다. 시를 지은 해가 신묘년이니 1831년인 70세 때의 시다. 그런 노인에게 어떻게 그런 시심이 우러났으며, 그런 묘사력이 있었을까. 사물을 정확히 관찰하고 정밀하게 분석하는 힘이 있었기에 그의 학문도 대체로 정확하고 정밀함에서 벗어나지 않았을 것이다.

일평생을 잘 마치려면

사람에게는 누구나 노욕(老慾)이 있기 마련이다. 나이가 많아지고 여생이 많지 않을수록 헛된 욕심에 사로잡히고 이것저것 탐하는 추태를 보이는 경우가 많다. 먹을 것을 탐하고 명예를 탐하는 노인들을 흔히 볼 수 있다. 참으로 곱고 아름답게 늙어 가는 노인이려면 우선 그런 노욕에서 벗어날 수 있어야만 가능하다. 그러나 그런 일이 결코 쉽지 않다. 젊은 날에야 옳고 바르게 살았고 모두의 존경을 받았던 분도 늘그막에 욕심에서 헤어나지 못해 모두를 실망시키는 경우가 많다. 그래서 인간은 만절(晩節)이 가장 어렵고 중요하다고 말한다.

18년의 귀양살이를 마치고 고향에 돌아와 다시 또 18년을 살면서 학문을 마무리하고 많은 학자들과 학문이론에 대한 숱한 토론을 전개했던 다산의 노년기는 너무도 곱고 아름다웠다. 그의 짤막한 시 한 수가 그걸 여실히 보여 준다.

어둑어둑 강가 마을이 저무는데	黯黯江村暮
성긴 울타리엔 개 짖는 소리 걸렸네	疏籬帶犬聲
차가운 물결에 별빛은 고르지 못하나	水寒星不靜
먼 산의 눈빛은 되려 밝아라	山遠雪猶明
끼니 잇는 일에야 좋은 계책 없건만	謀食無長策
독서 즐김에야 등잔불이 있다네	親書有短檠
깊은 근심에 마음 졸임 그치지 않으니	幽憂耿未已
어떻게 해야 일평생을 제대로 마칠까	何以了平生

「밤(夜)」이라는 제목의 시 한 편이다. 길고 긴 겨울밤의 정경을 그리고, 가난한 삶이야 크게 바꿀 아무런 계책이 없건만 등잔불이 비춰 주니 책 읽는 데는 지장이 없노라는 이야기가 실감이 난다. 늙어 가는 몸이니 욕심이나 채우고 끝내자는 일반 노인들과는 다르게 깊은 시름에 잠기면서, 어떻게 해야 얼마 남지 않은 여생을 가치 있고 유용하게 보낼 것인가를 걱정하는 그의 뜻이 너무나 높다.

강물 위에 별빛이 비추고 먼 산에 눈이 가득 쌓인 겨울밤, 근심과 걱정으로 잠 못 이루는 노인 다산의 모습이 보이는 듯하다. 우주와 천하를 걱정하면서 늙을수록 수심이 깊은 그의 태도가 멋지기만 하다. 제 한 몸의 안위나 다지고 제 배만 배부르게 채우는 것을 최대의 욕심으로 여기는 소인배와는 다른, 한 차원 높은 다산의 늙음 보내는 삶을 우리는 행여 흉내내지 못할까?
부럽기만 하다.

2부

정조와 다산의 만남

그때 정조는 여타의 합격자는 그냥 지나치면서도 유독 다산이 앞에 오자 "얼굴을 들라! 나이가 몇 이냐?"라고 물었다. 다산은 이 첫 번째의 대면을 풍운지회(風雲之會), 즉 성군(聖君)과 현신(賢臣) 의 만남이었다는 기록을 남겼다. 일반 백성과 임 금의 대면이 이뤄졌음은 그렇게 특별한 일이었다 는 것을 알게 해 주는 내용이다. 이러한 첫 대면 이래 정조와 다산의 뜨거운 학문적 만남이 이어 진다.

성군과 현신의 풍운지회

············· **군신이자 동지 사이**

다산은 정조를 만난 이후 정조가 세상을 뜨기까지 임금과 신하
의 만남이 18년이라고 했다. 귀양살이가 시작된 1801년에서 해
배되어 돌아온 1818년까지가 또 18년이다. 고향에 돌아와 18년
을 살아가다가 다산은 세상을 떠났다. 그렇게 18년의 숫자는 다
산과 인연이 끈끈했다.

첫 번째 해우는 정조가 32세, 다산이 22세이던 1783년 봄이
었다. 그때 세자 책봉을 경축하기 위한 증광감시(增廣監試, 경
사가 있을 때 기념으로 진사·생원을 뽑는 과거)에 합격하고 사은(賜
恩)의 자리에서 정조와 다산의 첫 만남이 이뤄졌다.

그때 정조는 여타의 합격자는 그냥 지나치면서도 유독 다산
이 앞에 오자 "얼굴을 들라! 나이가 몇이냐?"라고 물었다. 다산

은 이 첫 번째의 대면을 풍운지회(風雲之會), 즉 성군(聖君)과 현신(賢臣)의 만남이었다는 기록을 남겼다. 일반 백성과 임금의 대면이 이뤄졌음은 그렇게 특별한 일이었다는 것을 알게 해 주는 내용이다. 이러한 첫 대면 이래 정조와 다산의 뜨거운 학문적 만남이 이어진다.

다산은 진사(進士)로서 성균관에 입학할 자격을 얻어 8도의 인재들과 어울리며 학문에 열중하였다. 다산과 대면한 이후 정조는 바로 다산의 인품과 학문적 수준을 알아보려고 성균관 학생을 자주 불러 학문을 토론하는 기회를 가졌다.

해가 바뀐 1784년, 23세의 다산은 『중용(中庸)』에 대한 80여 조항의 질문서에 대해 답변해 올리라는 임금의 명을 받았다. 그 첫 번째 질문이 '사칠이기(四七理氣)의 변(辨)'을 논하라면서, 퇴계와 율곡이 논한 바의 차이점에 대해서 답변하라는 것이었다.

성균관에는 동재(東齋)와 서재(西齋)의 큰 거소가 있는데 동재에는 남인, 서재에는 서인이 거처했다. 동재의 학생들은 모두 퇴계의 사단이발설(四端理發說)이 옳다고 답했는데, 남인인 다산은 율곡의 기발설(氣發說)이 곧바로 통하여 막힘이 없다고 생각하여 율곡의 설이 옳다고 주장하는 답변을 올렸다. 당연히 동재 사람들의 비방이 빗발치게 일어나고 말았다. 그러나 학문이 높고 깊은 정조는 크게 칭찬을 아끼지 않았다.

그가 진술한 강의는 일반 세속의 흐름에서 벗어나 오직 마음으로만 헤아렸기 때문에 견해가 명확할 뿐만 아니라, 그의 공정한 마음도 귀하게 여길 만하니 마땅히 정약용의 답안을 첫번째로 삼는다.

한 가지 중요한 사실은, 다산은 비방이 있을 것을 예상하면서도 율곡의 학설이 옳다고 했으니, 얼마나 양심적인 학자이고 공정한 사상가인가. 반대파의 논리도 옳으면 옳다고 주장하는 다산의 공심, 오늘에도 그런 학자들이 많이 나오면 얼마나 좋을까. 『사암선생연보』에서는 이것이 다산이 정조에게 학문으로 인정받은 첫 번째 일이요, 두 사람의 학문적 만남이 최초로 이뤄졌노라고 기술하고 있다. 다산의 기록에 의하면, 뒷날 알게 된 사실이지만 학자군주 정조는 이미 「사칠속편(四七續編)」이라는 논문을 썼는데, 다산처럼 율곡의 학설이 옳다고 여겼기 때문에 더욱 다산을 칭찬하고 격려하는 말을 하였다고 한다. 같은 결론을 도출한 학문적 이론 때문에 그 두 사람은 군신이자 동지의 사이가 되기에 이르렀다.

백 년 만에 얻은 재상감이로다

임금님 앞에서 여러 번 응시했으나	屢應臨軒試
마침내 포의(布衣) 벗는 영광 얻었네	終紆釋褐榮
하늘의 조화란 깊기도 해서	上天深造化
하찮은 사람 후하게 키워 주셨네	微物厚生成

둔하고 졸렬해 임무수행 어렵겠지만　　　　鈍拙難充使

공정과 청렴으로 지성껏 봉사하리　　　　公廉願效誠

임금님의 격려말씀 많기도 해서　　　　玉音多激勵

그런대로 나이든 아버님 위로되셨네　　　　頗慰老親情

_「정월 27일 문과에 급제한 뒤 희정당에서 임금을 뵙고 물러나와 짓다

(正月十七日賜第 熙政堂上謁 退而有作)」

초시(初試)나 반시(泮試, 성균관 생도들에게 보이는 시험) 등에서 여러 차례 수석으로 합격했으나 전시(殿試, 임금이 친히 참석한 시험)에는 끝내 응할 수 없었던 다산, 마침내 28세의 1월 27일 임금이 직접 참관한 과거시험에서 갑과(甲科) 2등으로 급제하였다. 일등인 장원이 결격사유로 급제가 취소되었으니 실제로는 다산이 장원급제한 셈이다.

국가의 인재를 얻었다는 기쁨에 합격자인 다산보다도 더 좋아한 사람이 바로 정조임금이었다. 백 년 만에 처음으로 한 사람의 재상이 태어난 날이라고 흐뭇해하면서 자상한 격려의 말씀을 아끼지 않았다. 임금이 이렇게 기뻐하였다면 합격자인 본인은 얼마나 기쁘고 즐거웠겠는가. 22세에 진사과에 합격한 뒤 성균관에 들어가 갈고닦은 실력이 6년이 지난 이때에서 발휘되었으니 본인의 영광이자 가문의 자랑이기도 했다.

이런 즐거움과 기쁨을 표현한 시가 바로 앞의 시이다. 하늘의 조화가 깊었던 이유로 자신 같은 하자 많은 사람이 급제할 수 있었다고 하늘의 뜻에 영광을 바치고, 여러 차례 수석을 하고도

마지막 시험에는 응할 수도 없었지만 하늘은 자신을 버리지 않고 합격시켜 주었다고 기쁨을 표했다. 그러면서 둔하고 졸렬한 사람으로 국가에 봉사할 능력이 없다고 겸손해하면서, '공렴(公廉, 공정과 청렴)'을 기본으로 삼아 정성을 다해 나라에 봉사하겠다는 각오를 표명했다.

다산은 과거급제 이후 10년 가까이 공직생활을 했는데, 모든 직책에서 참으로 공정·청렴이라는 덕목으로 온갖 정성을 바쳐 공무에 임했다. 내직(內職)에 있을 때 지평(持平)이라는 벼슬로서 무과(武科) 시험의 감독관이 된 적이 있는데, 시골의 이름 없는 가문 출신이지만 능력 있는 이들을 합격시켜 세상에 없는 공정한 결과를 드러내기도 했다.

암행어사로 농촌 지방관의 업무 현황과 실상을 파악하는 데도 공정하고 청렴한 활동으로 탐관오리들을 무섭게 징치한 적도 있다. 황해도 곡산 도호부사인 목민관으로 나가서는 공렴에 기본하여 그 조그마한 군을 유토피아로 만들었다. 형조 참의로서 형사사건을 엄정하고 정확하게 처리하여 억울한 죄수가 없도록 온갖 지성을 바쳤다. 다산은 일생 동안 공렴, 이 두 글자를 실천하며 살았다.

######### 임금과 신하의 학문 토론

세상에는 아름다운 일이 많기도 하다. 그중에서도 가장 아름다운 일 가운데 하나는 최고의 통치자가 자기를 보좌하는 벼슬아치들과 정치·경제·철학·예술에 대한 학문적 토론을 통해 진리에 접근하는 열정적인 모습이다.

요즘 세상에야 천하의 학자들을 초빙하여 통치자가 마음을 열고 학문적 토론을 진지하게 진행한다는 이야기는 듣기 어렵지만, 옛날 왕조시대에는 그런 일이 허다했다. 특히 학문에 밝은 제왕이 왕위에 오르면 '경연(經筵)'이라는 제도가 있어, 궁궐에서 임금과 유신(儒臣)들이 모여앉아 수시로 경사(經史)에 대한 열띤 토론회를 가졌다. 본뜻을 살려 제대로만 운영한다면 그 이상 좋은 제도가 또 어디 있겠는가.

세종대왕이 집현전 학자신하들과 자주 열었던 경연, 정조대왕이 규장각의 초계문신들과 모여앉아 경학과 사학(史學)을 강론하고 토론하던 일은 천추에 아름다운 모습 중의 하나였다. 다산은 28세에 문과에 급제하여 초계문신이 되자 그다음 해인 29세에 경연에 초대되어 39세의 뛰어난 학자임금과 정말로 깊숙한 학문적 토론을 벌였다.

다산의 「십삼경책(十三經策)」이라는 임금과 신하의 토론문을 보면, 이 두 학자의 학문적 수준이 어떤 경지에까지 이르렀나를 금방 짐작하게 된다. 그 당시의 학계는 '성리학'이 주조로서 여타의 새로운 학문이나 학설은 큰 파란을 일으킬 수도 있었건만, 마음을 열고 학자의 주장을 경청하던 정조대왕의 큰 배려 때문에 다산은 천고에 없는 독창적인 학설을 새롭게 주창하였다.

13경이란 역경·서경·시경·주례·의례·예기·춘추3전·논어·

효경·이아·맹자 등 열세 가지 경으로, 유학의 기본경서이다. 그러나 정조시대만 해도 주자학, 즉 성리학이 학문세계를 지배하던 때여서 주자가 정리한 '칠서대전(七書大全, 시·서·역·대학·중용·논어·맹자)'만이 경(經)으로 행세하고 나머지는 학문 취급도 받지 못했다. 다산은 정조대왕 앞에서 과감하게 주장했다.

지금의 학자들이 칠서대전만 있는 줄 알고 13경에 대한 주석서가 있는 줄은 모르고 있습니다. 이거야말로 학계의 대환이자 세상의 교화에 미치는 가장 급한 일입니다. 徒知有七書大全 不知有十三經注疏 此誠斯文之大患 世敎之急務也

주자의 경전 해석만 경학으로 여기고 다른 학문은 거들떠보지도 않는 당대의 학문에 거대한 거부를 선언한 다산의 주장이다.

오늘날 이처럼 아름다운 토론회가 재현된다면 어떨까. 대통령이 학자를 초빙하여 전통문화의 발양책이나 인문학 부흥책 같은 것을 공개적으로 토론하여 정책의 방향을 시정할 수 있다면 얼마나 좋을까. 교육정책이나 문화정책, 경제정책 등 제대로만 토론되어 합리적인 결론이 도출된다면 이 나라가 더 나은 선진국으로 가지 않겠는가.

임금과 신하의 아름다운 소통

.... 화창한 봄날 부용정에서

인류의 이상사회라는 요순시대는 특별한 정책을 펴서 이룩된 세상이 아니었다. 그처럼 높고 권위가 대단하던 황제가 엄하고 강한 위풍을 짓지 않고 자기를 낮추고 겸손한 마음으로 천한 농부들에게도 의견을 묻고 진심 어린 대화를 나누는 일에서 요순 정치는 출발했다. 그래서 『시경』에는 '순우추요(詢于芻蕘)'라는 구절이 나오고, 『논어』에는 그 구절을 인용하여 요순이 요순인 이유가 거기에 있노라고 설명해 주었다. 꼴 베고 나무 베는 백성들의 의견을 제대로 들어서 그들이 원하고 바라는 대로 정치를 한다면 요순시대가 오는 것이라고 했다.

일반 백성들의 의견을 모두 수렴하는 일이야 쉽지 않기 때문에, 궁중에서 함께 벼슬하는 신하들의 진실한 의견을 제대로 받아들여서 하는 정치라도 해야 한다는 생각을 했던 사람이, 조선 후기의 위대한 성군(聖君) 정조대왕이었다. 정조대왕의 신하로는 훌륭한 신하가 많기도 했지만, 역시 다산 정약용이라는 신하가 특별했다. 신하들과의 아름다운 소통을 위해 온갖 노력을 기울이던 정조의 의중을 제대로 알아차린 다산은 곳곳에서 정조의 그 훌륭한 소통정신을 자세하고 아름다운 기록으로 남겼다.

1795년은 정조 재위 19년으로 34세의 다산 정약용은 정3품 당상관인 통정대부의 위계에 오르고 승정원 동부승지에 제수되어 임금과 머리를 맞대고 국정을 논하던 참으로 잘나가던 시절이었다.

그해 봄 화창한 날씨에 온갖 꽃이 만발한 어느 날, 정조는 궁중의 아름다운 누각 부용정(芙蓉亭)에서 군신상하가 함께 어울려 즐기는 연회를 베풀었다. 고관대작인 정승 판서 등 귀인들만 초청한 자리였지만, 특별히 사랑을 받던 다산은 비록 3품의 벼슬아치였지만 임금의 초청으로 참석할 수 있었다. 이 연회에 참석한 뒤, 다산은 모임의 아름다운 광경과 그때 주고받은 군신 간의 대화를 상기시키려는 뜻으로 「부용정시연기(芙蓉亭侍宴記)」라는 명문의 산문을 남겼다. 임금을 모시고 베풀던 잔치여서 '시연(侍宴)'이라는 용어를 사용했다.

지금의 임금 19년(1795) 봄에 임금께서 상화조어연(賞花釣魚宴, 꽃구경과 낚시질을 즐기는 잔치)을 베풀었는데, 내가 규영부 찬서로 글씨 쓰는 노고가 있다고 하여 특별히 명하여 잔치에 참석하게 하였다. 이때 대신 · 각신(閣臣)으로 잔치에 참석한 사람이 10여 명이었다. 임금이 여러 신하들을 돌아보고 "내가 이곳에 온 것은 안일하게 유희나 즐기려고 하는 것이 아니다. 오직 경들과 함께 즐김으로써 마음을 서로 주고받아 천지의 조화에 응하고자 함이다."라고 하셨다.

임금과 신하의 관계는 하늘은 높고 땅은 낮은 것과 같다고 하였으나 임금의 도가 너무 굳세기만 하고 마음씨가 미덥지 못하면 모든 정사가 좀스러워지고 육기(六氣)가 어긋나게 되어 재앙과 이변이 일어나게 된다.

우리 임금께서는 평소에 뜻이 공손하고 검소해 여색을 좋아하지 않으며 진신사대부 중에 문학과 경술에 밝은 사람을 좋아하여 그들과 함께 잔치를 베풀어 즐긴다. 음식을 내려주고 온화한 얼굴빛으로 대해 주어서 친한 이를 친하게 대함이 마치 집안사람이나 부자(父子) 사이와 같아서 신하들도 각각 자기가 하고 싶은 말을 다 털어놓지 않음이 없다.

그리하여 민생의 질고와 여항의 말 못할 답답한 사정을 모두 환히 들을 수 있었다. 경(經)을 말하고 시를 이야기하는 사람도 의아하거나 두려운 마음 없이 질정하고 변석하는 데 성심을 다할 수 있었다. 아아! 이것이 이른바 군자의 도가 생성하고 소인의 도가 소멸하는 것이 아닌가.

군신 간의 원활한 소통을 통해 정도가 펴나가고, 사특한 소인의 도가 소멸하는 광경을 다산은 참으로 실감나게 표현하였다.

그러한 군신 간의 소통 없이 구중궁궐에 갇혀 사는 임금이 어떻게 백성들의 고락을 알며, 나라의 온갖 형편을 파악할 수 있겠는가. 바로 정조와 같은 정치가 소통의 정치요, 군자의 도가 펴나가던 정치이며, 태평성대를 이룩하는 정치였다.

참다운 소통이란

정조의 위대한 소통정신과 그것을 제대로 알아본 신하 다산의 뛰어남이 합해져 어떻게 소통하는 일이 진정으로 민심을 제대로 파악하고 세상의 질고가 무엇인가를 바르게 알아낼 수 있는 소통인가를 훌륭하게 설명해 주고 있다. 보여 주기 위해서, 소통을 잘 한다는 말을 듣기 위한 수단으로 진정성 없이 아무나 만나서 지나가는 식으로 듣고, 해결책은 건성으로 대답해 버리는 소통이 아니라, 진정으로 묻고 진실한 마음과 간절한 뜻으로 답하는 소통이라야 참다운 소통임을 정조가 보여 주고 다산은 기록으로 남겼다. 특히 술을 마시며 마음을 가라앉히며 하고 싶은 말을 부모나 가족에게 하는 것처럼 할 수 있는 분위기가 조성된 뒤, 민생과 국계(國計)를 위한 어떤 이야기도 거리낌없이 대화할 수 있는 소통, 그런 소통만이 참다운 소통임을 알려 준 사람이 다산이었다.

훌륭한 임금과 어진 신하의 만남을 '풍운지회(風雲之會)'라고 다산은 기록했다. 바람과 구름이 만나야 이슬이 되거나 비가 되거나 눈이 되는 조화가 일어나기 때문에, 역사 발전의 새로운 기회가 될 수 있는 회동(會同)을 그렇게 표현했던 것으로 보인다. 다산이 22세 때 진사과에 급제하여 임금께 사은(謝恩)하던 자리에서 만난 '풍운지회'로부터 성균관에 들어가 공부하던 학생 시절에 임금의 하명을 받아 학문과 정사(政事)에 온갖 지혜를 바치면서 임금과 신하가 마음이 맞아 새로운 역사 창조가 시작되고, 28세 때 마침내 다산이 문과에 급제하여 정식으로 벼슬길에 오르면서 다산의 지혜는 국가경영에 큰 역할을 하게 된다. 임금과 신하가 뜻이 맞아 긍정적인 역사 창조가 진행될 때 두 사람 사이를 흔히 '어수지계(魚水之契)'라고 표현하여 임금이라는 물을 만나 신하인 물고기가 자유롭게 활동할 공간을 얻었음을 상징하는 뜻으로 풀이할 수 있다.

정조 시절의 어진 정치는 임금과 신하의 막힘 없는 '소통'이 가장 큰 몫을 했던 것으로 보인다.

1793년(32세)의 대정(大政) 며칠 전에 임금이 채제공에게 비밀스럽게 묻기를, 남인 중에서 대통(臺通)에 급한 사람이 누구냐고 하시고는 아울러 이가환·이익운·정약용 등에게 말해서 자신들의 소견을 피력하게 하였다. _「자찬묘지명」

다산은 남인 가운데 소장 벼슬아치 28명의 이력을 제대로 밝혀 이들을 우선적으로 대통시켜야 한다고 임금께 아뢰었다. 그랬더니 노론 세상이던 정권에서는 겨우 한 차례 대정(大政, 매년

6월과 12월에 실시하던 인사발령)에서 남인 한 명이 겨우 끼었는데, 그해의 대정에서는 8인의 남인이 대통되었고, 며칠 사이에 또다시 대통자가 나오고 몇 년이 지나지 않아 28명 모두가 대통되는 성과가 나왔다고 다산은 기록했다.

대통이란 대관(臺官)의 직책, 즉 사간원이나 사헌부의 관원이 되는 길이 열리는 것인데, 문벌 센 집안의 자제가 아니면 거의 불가능했다. 그런데 정조의 소통정치로 몇 년 사이에 남인이 28명이나 대통이 되었다니 얼마나 획기적인 인사정책의 변화였는가. 전제군주 국가이던 조선이라는 나라에서 임금과 신하의 소통으로 편파적인 인사정책이 시정되고, 올바르고 능력 있는 인재들이 요직을 차지하게 되는 실례를 보여 주는 대목이다.

편파적이고 독단적인 인사정책의 시정, 그것이야말로 정조시대의 위대한 선정(善政)이었다. 공정하고 공평하며 청렴하기 이를 데 없는 채제공·이가환·정약용 등의 의견에 전적으로 동의했던 인사였으니, 그만하면 임금과 신하의 소통은 넉넉하고, 인사정책도 정상궤도에 오르게 되었다고 할 수 있겠다.

이처럼 원칙에 따라 수많은 벼슬아치가 각 분야의 직책을 맡아 온갖 재능을 다 발휘하고 모든 정성을 바쳐 일할 때에만 제대로 된 나라가 될 수 있다. 그러나 인재는 한정되어 있고, 옳고 바른 인재를 고르는 일도 결코 쉬운 일은 아니다. 때문에 어떤 직책에 적임자를 찾아내는 일은 인사권을 지닌 통치자의 필수적인 임무이다.

일국을 통치하는 데도 반드시 국가적인 쓸 만한 인재가 발탁되어야 하지만, 군현을 맡은 목민관 또한 목민관을 돕고 보좌할 쓸 만한 인재를 발탁하는 일이 참으로 중요하다.

언제나 하는 말이지만 그 나라에 능력과 인격을 갖춘 통치 자가 나오는 일은 무엇보다도 중요하다. 성군(聖君)이 나와야 만 성인의 통치가 가능한 것은 너무나 당연한 일이다. 우리 조 선 오백 년 동안 몇 분의 훌륭한 임금이 나왔던 것이 얼마나 다 행한 일인가. 조선 초기에 세종대왕이요, 조선 후기에는 역시 정 조대왕이었다. 세종대왕은 법제를 개혁하여 집현전이라는 인재 재교육기관을 설립하여 참으로 많은 인재를 양성해 세종 치세 를 이룩했다. 한글을 창제하고 측우기를 발명하여 문자와 과학 기술의 시대를 열 수 있었다.

정조대왕 또한 규장각이라는 인재 재교육기관을 설치하여 정 약용을 비롯한 수많은 인재를 배출시켜 치세를 이룰 수 있었다. 역대 임금의 통치를 살펴보면 그때마다 쓸 만한 인재 한두 명은 반드시 있었다. 임진왜란 때 이순신 같은 장수가 없었다면 조국 의 현실이 어떻게 되었겠는가. 선조·광해·인조 연간의 어려운 시절에 이원익 같은 어진 재상이 없었다면 어떤 세상이 되었겠 는가. 모략과 중상에 시달리면서도 정조의 정약용 발탁이 없었 다면 한강에 배다리가 놓이고, 수원 화성이 그렇게 적은 경비로 축조될 수 있었겠는가. 정약용이 없었다면 기중기·거중기 등의 발명도 없을 터이니, 그 정도로 견고하고 아름다운 화성 축조가 가능했겠는가. 역시 쓸 만한 한 사람의 인재가 해낸 역할이 얼 마나 컸던가를 금방 짐작할 수 있다.

그래서 다산은 『목민심서』에서 이원익이 했던 말을 인용하여 자신의 생각도 그와 같다고 고백했다.

내가 딱 한 사람의 인재를 얻어 좌수(座首)로 삼았다. 모든 일을 그에게 물어서 행하면 되지, 내가 할 일이 무엇이겠는가. 결재만 할 뿐이다. 我得一人爲座首 凡事問而行之 吾何爲哉 畫諾而已

70년 벼슬살이에 40년 가까이 정승으로 지냈지만, 청렴하고 공정한 정사를 폈던 이원익은 젊어서 안주 목사(安州牧使)를 역임한 바 있다. 그 시절에 이원익이 안주를 다스리며 고을의 좌수 한 사람 쓸 만한 사람으로 충당했더니 자신은 할 일이 없다고 했다는 말이다.

그렇다. 오늘의 정치도 마찬가지이다. 모두가 인재이고 모두가 쓸 만한 인재라면 좋겠지만, 최소한 한 사람의 진짜 인재는 있어야 한다는 말이니 인사권자라면 깊이 새겨들어야 할 이야기이다. 단 한 사람이라도 반드시 찾아내야만 한다.

어진 신하들과 충분하게 소통하는 임금, 신하들의 사심 없는 추천에 전적으로 동의하던 임금의 결단, 그런 인사가 나라를 바르게 세웠다. 오늘의 우리나라 인사정책도 그런 훌륭한 소통을 통해 바르고 공정하고 공평하며 청렴한 인재들이 등용되는 길이 열리기를 기원해 본다.

새 정부가 들어서자 '소통'이라는 이름으로 여러 가지 일이 벌어지고 있는데, 과연 정조처럼 진정한 소통을 위한 소통인가를 되돌아봐 주기를 바라고 바랄 뿐이다. 대면보고는 가능한 줄이고, 함께 어울리며 화락하게 담소하고, 질정과 변석하는 기회는 아주 없어진 오늘의 임금과 신하 사이는 너무나 멀고 먼 듯하다. 전제군주 시대이던 왕조의 정치도 그랬거늘, 항차 민주주의 공화국이라는 나라의 임금과 신하가 그렇게 되어서야 나랏일이 제대로 되겠는가. 정조시대가 부럽고 부러우며 그리울 뿐이다.

정조의 생명 사랑

죄 없는 사람을 건져 내야

조선 500년의 역사에서 그래도 '백성이 나라의 근본'이라는 생각을 실제 정치에서 실천하려고 노력했던 임금 두 사람을 꼽자면 전기에는 세종대왕이고 후기에는 정조대왕이다. 유교정치의 기본이 민본(民本) 사상에 있다면, 백성들의 아픔을 조금이라도 덜어 주려 온갖 힘을 기울인 임금이 바로 세종과 정조였다. 백성들이 뜻을 펴고자 해도 문자를 알지 못해 글로 표현할 방법이 없는 것을 안타깝게 여겨 한글을 창제하는 위업을 이룩한 점을 생각하면 세종의 뜻을 알 수 있다.

다산의 글을 읽다 보면 곳곳에서 정조대왕의 훌륭함과 높은 학문에 대하여 기술한 대목을 발견한다.

돌아가신 정조대왕의 훌륭한 덕과 위대한 업적은 책으로는 다 기록할 수 없을 정도인데, 형벌 내리기를 가엾게 여기고 옥사(獄事)를 신중히 하는 일에 임금께서 더욱 깊은 관심을 가졌다. 「상형고 초본의 발문(跋祥刑攷艸本)」

형벌을 내리는 일에 극히 신중하면서 어떻게 해서라도 진실에 부합하는 알맞은 벌을 주려는 임금의 뜻이 너무나 인도주의적임을 말해 주고 있다. 다산 같은 뛰어난 사상가이자 학자였던 사람이 칭송해 마지않았던 정조의 애민정신을 살펴보면 역시 정조는 탁월한 민본정치가였다. 다산이 형조 참의라는 벼슬에 있으면서 정조와 형사재판에 관한 의논을 하며 나눈 대화를 보면, 정조가 얼마나 백성들의 억울한 재판을 공정하고 바르게 고치려는 노력을 기울였나를 쉽게 이해할 수 있다.

대체로 착한 것을 좋아하고 악한 것을 싫어하는 것은 의(義)이고 지(智)이다. 큰 죄악이 있어 반드시 죽여야 할 사람을 보고서도 그를 끝없이 살리려고만 한다면 이는 인의예지(仁義禮智)의 사덕에서 의와 지는 빠뜨린 것이다. 그런데 어떻게 덕이 되겠는가. 나는 대체로 한 사람이라도 죄 없는 사람을 죽이는 일을 하지 않으려는 것이지, 내가 살리기만을 좋아하는 사람은 아니다. 조정의 관료들은 몇 해를 두고 나를 섬겼으면서도 나의 뜻은 모르고 언제나 나를 보고 살리기만 좋아한다고들 말하니, 이는 내가 가장 듣기 싫어하는 말이다. _위의 글

이러한 임금의 말을 들은 다산은 "아아, 성대하도다. 성인의 말씀이여!(嗚呼盛矣 聖人之言也)"라고 감탄을 연발하면서 정조 대왕의 호생지덕(好生之德), 즉 인명을 존중하고 사람을 살려내려는 위대한 덕에 찬탄을 아끼지 않았다.

'선선(善善) 오악(惡惡)', 착한 사람을 착하게 여기고 악한 사람을 미워함이야 너무나 당연한 일, 사람 살리기를 좋아한다는 칭찬에 겨워 착한 사람도 살려내고 반드시 죽여야 할 악한 사람도 살려 준다면, 호생(好生)의 덕이 아니라 불의한 일이고 지혜롭지 못한 일이다. 이를 잘 알면서도 한 치라도 억울한 죽음이 있어서는 안 된다는 뜻에서 가능하면 살려 주는 쪽으로 재판에 임해야 한다는 정조의 뜻이 참으로 위대하기 때문에 다산은 그런 정조의 덕에 감복할 수밖에 없었다.

공정한 수사와 재판

정조는 시간만 나면 전국의 재판 서류를 가져다가 친히 고찰하면서 의문을 일으키고 논란을 제기하여 두 번 세 번 심사숙고한 다음 억울한 사건을 밝히고 어지러운 사건을 면밀히 분석하였다고 다산은 말했다. 그런 결과로 확정된 판결이 의심스러운 판결로 바뀌고, 의심스러운 판결이 억울한 판결로 바뀌어 하루아침에 형틀에서 벗어나게 됨으로써 춤을 추며 하늘에 감사하면서 감옥에서 풀려 나오는 사람이 줄을 이었으니, 천하에 그보다 더 큰 인덕(仁德)이 있겠는가.

재판이란 실체적 진실을 밝혀내는 매우 어려운 일이다. 고의범(故意犯)과 과실범(過失犯)을 제대로 구별하고, 적법한 수사와 재판과정을 거쳐 진범과 죄인을 찾아내 형벌을 내림이야 너무나 당연한 일이지만, 무조건 사람을 살려 주려는 의도가 아니라 정당한 벌로 정당하게 죄인을 다스리려는 정조의 뜻은 역시 위대한 인도주의자의 면모를 여실히 보여 주고 있다.

수사와 재판의 공정, 민주주의 국가가 이룩해 내는 참으로 뛰어난 통치술이다. 이러한 정조의 뜻을 받들던 다산은 생애 말년에 『흠흠신서(欽欽新書)』라는 탁월한 저서와 『목민심서』의 「형전(刑典)」 편을 통해서 부당한 수사와 오판을 막고 진실을 찾아내는 수사와 재판을 해야 한다는 주장을 펼쳤다.

권위주의 시대의 수없이 많은 억울한 재판이 수십 년이 지난 오늘에야 재심을 통해 무죄로 확정되는 일이 허다한 현실을 보면서 정조와 다산의 인도주의 정신이 간절하게 그립다.

말 그대로 법치주의는 엄격해야 한다. 죄를 지으면 죗값을 치르고, 악을 행하면 악의 대가를 받아야 한다. 지금 이 나라는 탄핵이다, 특검이다, 재판이다로 온통 들썩거리며 요지경 속이다. 그깟 일로 무슨 탄핵이냐고 크게 소리치는 사람도 있지만 반드시 탄핵하여 나라를 바로 잡자는 사람이 더 많다. 누구라도 죗값은 치러야 하므로 행여나 '용서'나 '호생(好生)'을 빙자하여 법망에서 벗어나는 범법자가 있어서는 안 된다는 것도 국민의 뜻이다.

'의'와 '지'에서 벗어나는 덕(德)은 덕이 아님을 알아 정의를 세우는 계기가 이번에는 반드시 오도록 국민의 힘을 모아야 한다. 범법자가 빠져나가는 불의와 무지는 반드시 막아야 한다.

그의 실력과 재주는 세상에 드물다

··········· 하룻밤 새 100운의 시를 짓다

평생 동안 다산 관련 책을 읽고 있지만 어떤 때는 여러 번 읽어
본 글 속에서도 새삼스럽게 이런 대목이 있었구나라는 생각을
하면서 다시 음미하는 경우가 있다. 다산은 세상을 떠나기 전에
자신의 일생을 보여 주는 기록을 몇 가지 남겼다.

18년의 긴긴 유배살이를 마치고 돌아온 4년 뒤인 1822년은
61세로 회갑을 맞은 해였다. 죽을 날이 멀지 않다는 생각을 하
면서 자신의 파란만장한 일생을 기록으로 남겼으니 바로「자찬
묘지명(自撰墓誌銘)」집중본과 광중본이다.

다음으로는 『다산연보(茶山年譜)』라는 책이 있고, 다산이 세
상을 떠난 오랜 뒤인 1921년 현손(玄孫) 정규영(丁奎英)이『다
산연보』를 보완하여 새롭게 『사암선생연보(俟菴先生年譜)』라

는 책을 엮었는데, 다산의 일생과 업적을 가장 잘 담은 책이다. 다산에 관한 글을 쓸 때마다 열어 보는 책인데, 오늘 새삼스럽게 그 책을 읽다가, 아! 또 이런 대목이 있구나라는 느낌을 말해야 할 대목에 이르렀다.

1795년은 다산의 나이 34세로 정조와 다산이 조선의 문예부흥기를 이뤄 가던 참으로 멋진 시기였다. 연보는 기록하고 있다.

> 정월 17일 사간(司諫, 종3품)에 제수되었다가 바로 이어 정3품 당상관인 통정대부 동부승지에 제수되었다.

한 달 뒤인 2월 17일 다산은 병조 참지에 제수되었다. 때마침 회갑을 맞은 혜경궁 홍씨를 모시고 살아 있으면 회갑을 맞을 사도세자의 묘소를 찾아가 화성에서 성대한 회갑연을 여는 잔치가 열려, 다산은 병조 참지로서 임금을 호위하는 위치에 있었다. 임금의 최측근으로 그 큰 잔치에서 다산은 임금의 총애를 독차지하면서 시를 짓고 글을 지었다.

잔치를 마치고 궁중에 돌아온 어느 날 임금은 다산의 실력과 재주를 시험해 보려고 시를 지어 바치라는 명령을 내렸다. 칠언배율(七言排律) 100운(韻)의 시를 지으라고 했으니 최소한 1,400자 이상의 시를 지어야 했다. 3경 1점에 시작해서 5경 3점에 마쳐야 했으니 6시간 정도의 밤 사이에 지어야 했다. 시를 완성한 뒤 다산의 시를 읽어 본 정조와 문신들 모두가 깜짝 놀라 감당할 수 없는 평가를 내렸다.

문장이 원만하고 구절이 매끄러운 데다 경구(警句)도 아주 많았다. 오늘 이 사람의 작품은 신속한 점으로는 시부(詩賦)보다 낫고 법도에 맞는 점으로는 표책(表策)에 못하지 않으니 이런 사람은 참으로 실력과 재주가 보기 드문 경우이다.

당시 대표적 문장가인 3제학(提學)으로 규장각 제학 심환지, 예문관 제학 이병정, 홍문관 제학 민종현이 임금의 분부로 평가를 했는데 그들도 감동적인 평가를 내렸다. 심환지는 '문원의 기재(文苑奇才)'라는 용어까지 사용했다. 감동한 임금은 그때 다산에게 귀한 선물인 대녹피(큰 사슴가죽) 한 벌을 하사하기도 했으니, 다산의 영예와 평가가 어느 정도인가를 알게 해 준다.

그러나 세상은 간단하지 않다. 그런 문원의 기재가 뒷날 비방과 중상모략으로 인하여 18년의 귀양살이 고초를 당했으니 이런 불공정한 세상이 어디에 또 있을까.

정조의 시험

『논어고금주』라는 40권의 방대한 책은 『논어』에 대한 다산의 주석서이다. 이름 그대로 논어에 대한 고금의 주석을 모아 그것의 옳고 그름을 분별하고, 자기 자신의 새로운 주석을 보태 새롭게 해설해 놓은 책이다. 참으로 창의적인 내용이 많기도 한데 요순시대의 정치가 왜 요순시대 정치였던가를 밝히는 다산의 참신한 해석은 음미해 볼수록 깊은 뜻이 있다. 사람을 참으로 잘 골라 적소에 배치했고, 그들 또한 자신의 책임을 제대로 실천해 냈기 때문에, 요순은 크게 힘들게 일하지 않은 것 같아도 천하가 올바르게 돌아가는 이상국가를 이룩할 수 있었다는 것이다.

모르는 사람들이 '하는 일 없이도 세상이 저절로 다스려졌다.(無爲而治)'는 엉뚱한 주장을 하기도 하지만 그렇지 않고 인재 등용을 제대로 했기 때문에 요순시대가 왔다는 것이 다산의 주장이었다.

그렇다. 용인(用人), 사람 쓰는 일보다 더 중요한 일은 없다. 정치가 잘 되려면 인재 등용이 올바르지 않고는 절대로 불가능하다. 학자군주 정조대왕이 얼마나 큰 정성을 들여 인재를 고르고 또 훌륭한 인재로 키우기 위해 얼마나 성심껏 인재를 양성했던가를 살펴보면 좋은 사례를 얻을 수 있다.

경술년(정조 39세, 다산 29세, 1790) 겨울에 임금의 명에 따라 궁중에서 『논어』를 읽고 있는데 갑자기 규장각의 아전이 와서 쪽지 하나를 보여 주며 말했다.

"이건 내일 강독할 논어의 장(章)입니다."

"이런 걸 어떻게 강독할 사람이 얻어 볼 수 있는가?"

"염려할 것 없습니다. 임금께서 지시하신 것입니다."

"그렇지만 미리 엿보는 일은 할 수 없다. 마땅히 논어 전편을 읽어 보리라."

이렇게 말하자 아전이 웃으면서 돌아갔다.

_「자찬묘지명」

이런 일이 있던 다음날 경연에서 임금과 신하들이 모여 강독회를 열었는데, 임금의 특별지시로 각신(閣臣)이 다산에게는 미리 알려준 장이 아닌 다른 장을 강하도록 했다는 것이다. 성실하고 정직했던 다산이었기에, 이미 논어 전체를 공부했던 탓으로 다른 장도 막힘없이 강할 수 있었다. 그랬더니 임금이 "과연 전편을 읽었구나!"라고 웃으면서 말했다는 이야기이다.

학문에 게으르지 않고 훌륭한 인재를 고르고 양성하는 일에 물샐틈없던 정조, 다산처럼 가깝고 믿음을 주던 신하에게까지 행여라도 허점이 있을까 봐 자세하게 관찰하던 임금의 태도에 칭송을 올리지 않을 수 없다.

내가 어찌 그를 버리겠는가

.... **물과 물고기 같은 그 임금에 그 신하**

다산의 저서를 읽다 보면 탁월한 임금이자 뛰어난 학자인 정조
대왕에 대한 이야기가 참으로 많이 발견된다. 그렇게도 학문을
좋아하고 그렇게도 많은 독서를 했던 정조와 호학(好學)하고 호
고(好古)하던 다산은 생각이 같고 마음까지 통해 물과 물고기의
만남과 같다는 수어지계(水魚之契)의 군신 관계였다.

다산의 인생을 연대기로 기록한 『사암선생연보(俟菴先生年
譜)』의 다산 38세(1799) 때의 기록이니, 그해 7월 26일 형조 참
의 벼슬에서 사직하여 벼슬에 있지도 않을 때의 이야기이다. 그
때 정조는 48세로 참으로 많은 선정을 베풀던 시기였다.

12월에 임금의 특별명령으로 '세서례(洗書禮, 책 한 권 읽기를 마치

며 여는 간단한 잔치)' 때의 어제시(御製詩)에 화답하는 시를 지어 올렸다. 이때에 임금은 온갖 나라의 기무(機務)를 살피는 여가에 독서하기를 그치지 않았다. 매번 경서 한 권 읽기를 마칠 때마다 태빈(太嬪, 정조의 어머니)이 음식을 장만하여 세서례를 하였는데, 민간의 아동들이 하는 습속을 따랐다. 이해 겨울에 임금이 『춘추좌전』을 다 읽었으므로 태빈이 또 이 예(禮)를 베풀었다. 이에 다산이 불리어 들어갔다. 임금이 특별히 어제시를 내려주며 화답의 시를 올리라고 하였다.

이 내용은 많은 이야기를 담고 있다. 나라의 만기(萬機)를 살펴야 할 막중한 책임과 한 치의 여가도 내기 어려운 바쁜 임금의 일정에서 틈만 나면 책을 읽는 군왕 정조의 학문 좋아하는 모습을 발견할 수 있다. 그런 자신의 마음을 제대로 알아주고 이해하는 사람이 신하 중에는 다산이라 믿고 화답하는 시를 올리라고 했으니, 정조와 다산의 관계가 어떤 사이였음을 금방 알 수 있다.

이로부터 때때로 규장각의 아전을 보내 어떤 때는 어제(御製)를 써서 올리라고도 하고, 어떤 때는 화답하는 시를 지어 올리라고도 하였다. 어제시가 한 달이면 두세 차례나 이르도록 끊이지 않았다.

시를 지을 때마다 다산의 평가를 받고 싶어 하던 정조의 마음을 알 수 있다. 그런 임금에 그런 신하, 역시 '시군시신(是君是

臣)'이 바로 정조와 다산이었다.

천주학쟁이라는 비방

수천 글자에 이르는 「비방에 대해 변명하고 동부승지를 사직하는 소(辨謗辭同副承旨疏)」라는 상소문은 1797년 6월 22일 올린 글이니 다산의 36세 때의 글이다. 정조는 이 상소문을 읽어보고 깜짝 놀라며 다산의 글 솜씨와 공명정대한 마음에 감격했다고 말했다.

> 상소를 자세히 살펴보니 착한 마음씨의 싹이 온화하여 마치 봄바람에 만물이 자라는 것과 같이 종이에 가득 펼쳐져 있으니 말한 내용을 감격스럽게 들었다.

정조만이 아니라 당시 상소문을 읽은 조정의 고관들 모두 감동하여 칭찬하지 않은 사람이 없을 정도였다. 뒤에 다산을 탄압한 벽파의 영수 영의정 심환지는 "상소문이 매우 좋고 그의 심사도 광명스럽다."라고 평했고, 이만수 같은 고관은 "천고(千古)의 명상소"라고까지 극찬했다는 기록이 있다. 이 상소 때문에 그동안 '천주학쟁이'라고 온갖 비방을 받으며 벼슬살이가 매우 순탄치 못했는데 "이후로 정약용은 허물이 없는 사람 될 것이다."라는 결론이 내려져 정조는 바로 곡산 도호부사라는 목민관 벼슬을 주어 임지로 떠나게 해 주었다.

정조의 재가로 다산은 천주학쟁이가 아니라는 국가적 판결이 내려졌지만, 반대파는 언제나 옛 허물을 들춰 정략적으로 이용해 먹었다. 요즘도 마찬가지로 법률적 · 역사적 · 정치적 판단이 확정된 사안도 또 들고 일어나 온갖 비방을 일삼으니, 어쩌면 그렇게도 닮았을까. 죄는 먼 곳에 있지 않다. 자신들과 반대파가 집권했기 때문에 집권한 쪽이 긍정적으로 보는 것은 무조건 반대하는 악습이 꺼지지 않아서 일어나는 일이다. 상소문의 일부를 읽어 본다.

신이 엎드려 생각건대 천도(天道)는 가득한 것을 싫어하고 인정(人情)은 궁하고 굽히는 것을 애석하게 여깁니다. 오늘날 신이 침체되고 막히는 것이 오래 되고 보면 사람들이 "아무개는 실상 사악한 짓을 한 적이 없는데, 해를 입고 폐해짐이 이 지경에 이르렀으니 또한 가련한 일이다."라고 할 것이니, 이것이 신에게는 복이요, 경사이며, 살아남을 수 있는 일입니다. 지금 신이 옛날처럼 날아오른다면 사람들은 반드시 "아무개는 옛날 사악한 짓을 한 적이 있는데 저와 같이 좋은 벼슬을 하니, 또한 가증스러운 일이다." 할 것이니, 이것이 신에게 있어서는 화(禍)요 재앙이며 죽음의 길입니다.

참으로 기가 막히는 내용이다. 그러면서 정3품 당상관인 동부승지 벼슬에서 물러가게 해 달라고 애원했다. 먼 시골 곡산 도호부사 자리는 명백한 좌천이다. 그러나 그의 좌천은 살길이었고 복이었으며 경사였다.

남이 자신보다 높은 자리에 있는 것이 가증스러워 증오에 찬 막말을 해대는 정치인들, 남들만 꾸짖지 말고 자신을 성찰하면서 조금이라도 격조 높은 언어를 사용해 보면 어떨까. 역지사지하는 지혜를 발휘할 때가 지금이 아닌가 싶다. 자신들이 잘나갈 때 그렇게 막말을 하면 참고 견딜 수 있을까.

.... **신유옥사는 역사의 비극**

지나간 역사를 읽다 보면 비분강개의 마음을 참을 수 없을 때가 많다. 중종 시절, 기묘사화만 일어나지 않았어도 조광조 같은 개혁적인 학자가 국정을 쇄신하고 국가의 기강을 바로 세워서 나라를 바로잡아 나라다운 나라가 되었을 텐데, 모략과 중상에 휘말려 38세로 사약을 받고 죽어야 했던 일이 너무나 가슴 아프다.

정조 시절, 다산 같은 개혁적인 대학자가 소신껏 일할 수 있는 정치 환경이 조성되었다면, 나라가 얼마나 발전할 수 있었을 것인가에 대한 안타까운 마음도 떨칠 수 없다. 신유옥사 때문에 실학자요 경학자요 과학자였던 다산이 제대로 능력을 발휘하지 못한 그 역사의 비극, 생각만 해도 가슴이 저리다.

둘째 형 정약전은 다산의 『주역사전』이라는 책의 서문을 썼는데, 귀양살이라는 고난의 세월과 궁한 때를 만났기에 다산학이라는 위대한 학문이 탄생할 수 있었다면서, 권력욕에서 벗어나고 긴긴 겨를을 얻어 마음껏 연구하고 독서할 수 있었기 때문에 그만한 대저를 남겼다고 귀양살이를 오히려 다행한 일로 평가하기도 했다. 그렇게 생각할 수도 있지만, 그래도 그런 고통스러운 삶에 대한 연민의 마음은 묻어 둘 수가 없다.

강재언(姜在彦) 교수의 오래 전 논문 「정다산의 서학관」이라는 글을 읽다 보니, 서학(西學)과 천주교를 분리해서, 서양의 학문과 과학기술 등을 서학이라 정의하고, 이가환·정약용·정약전 등 서학에 밝은 학자들이 정조의 정치를 보좌하여 서양의 학문과 과학기술을 제대로 연구해서 실제 생활에 활용할 수만 있었다면 당시 나라가 어떻게 발전되었을 것인가를 안타깝게 생각하면서, '신유옥사'라는 비극 때문에 19세기 초에서 1880년대까지 80여 년 동안 서양 학문이 조선에 발을 붙일 수 없게 되었던 사실을 나라의 패망과 연결하고 있다.

노론 벽파와 공서파가 공모하여 서양의 과학사상에 밝은 학자들을 천주학쟁이라고 매도하여 파멸시켜 버림으로써 19세기의 조선은 망국의 길로 접어들었노라고 강 교수는 개탄했다. 공감하지 않을 수 없다. 정조야말로 참으로 개명한 군주요 혁신을 주장하던 군왕이었다. 어느 날 정조가 당시 최고로 서학에 밝던 이가환을 불러 '수리역상지언(數理曆象之原)'을 밝히기 위한 편서(編書)를 위하여 북경에서 책을 사 와야 하지 않느냐고 자문을 구했다.

시속의 무리가 식견이 워낙 어두워 수리가 어떤 학문인지 교법(敎法, 西敎)이 어떤 법술인지 알지 못하고 혼동하여 꾸짖고 호통치는데 이제 이 책을 편찬한다면 저에게 더욱 비방의 소리가 일어날 뿐만 아니라 장차 위로 임금님의 덕에도 누를 끼칠 것입니다.

만약 그때 이가환의 서학 실력이 모아져 그런 책을 간행하여 서양의 수리학이나 역상학의 원리가 제대로 밝혀져 과학기술 연구에 도움을 받았다면 나라의 발전이 어느 정도에 이르렀을까. 그래서 천주교의 탄압이 서양의 과학사상에까지 확대된 사실은 역사의 후퇴를 자초한 시대의 불운임을 말하지 않을 수 없다. 신유옥사의 비극 없이 이가환이나 정약전·정약용 등의 과학 연구가 국가 발전에 큰 역할을 할 수 있었다면 나라의 형편이 어떻게 되었을 것인가. 오늘에도 조금이라도 진보적인 논리는 온갖 세력들이 공모 합동하여 매도하는 일이 반복되고 있는데, 한 번쯤 신유옥사의 비극을 다시 되새겨 보기 바란다.

정조의 죽음

1800년 봄, 39세의 다산은 영영 낙향할 계획으로 전원인 고향마을 마재로 돌아갔다. 얼마 후 임금이 서울로 오라는 명령을 내려 부득이 서울에 왔는데, 임금은 승지를 통해 궁중에 교서(校書)할 장소를 새로 꾸몄으니 그 일을 시키겠다는 뜻을 전했다.

정조는 운명하기 직전까지도 다산을 잊지도 버리지도 않고 끝까지 자신의 곁에 두기를 원했다.

운명이란 알 수가 없다. 6월 그믐께면 다산을 다시 벼슬에 오르게 하겠다던 정조는 그믐 하루 전인 6월 28일 끝내 세상을 뜨고 말았다. "너를 한번 기어코 올려서 쓰겠다."라던 정조는 형조 참의에서 물러난 다산을 더 승급시키지 못하고 운명하고 말았다. 그 바쁜 중에도 오십이 다 된 나이에 『춘추좌전』을 정독하고 '책거리' 잔치까지 베풀던 호학의 군주 정조는 호학의 신하 다산을 제대로 부리지도 못하고 떠났다. 이로써 조선 후기 시대의 가느다란 개혁의 빛은 끝내 발하지 못하고 말았다.

3부

아버지의
편지

부디 자포자기하지 말고 마음을 단단히 먹고서 부지런히 책을 읽는 데 힘쓰거라. 그리고 책의 중요한 내용을 옮겨 적거나 책을 짓는 일도 혹시라도 소홀히 하지 않도록 해라. 폐족(廢族)이 되어 글도 못하고 예절에 맞는 행동을 하지 못한다면 어떻게 되겠느냐. 보통집안 사람들보다 백 배 열심히 노력해야만 겨우 사람 축에 낄 수 있지 않겠느냐.

우리는 폐족이다

스스로를 귀하게 여겨야 한다

한 인간이 어떤 목표를 세우고 자신이 뜻하는 바를 성취해 내는 과정에는 꼭 한마디의 '키워드'가 있기 마련이다. 율곡은 젊은 날 불교에 심취하여 금강산으로 입산하여 불경을 연구하다 다시 속세로 돌아와 「자경문(自警文)」을 지어 '필이성인자기(必以聖人自期)'라고 다짐했다. 반드시 성인이 되겠다고 스스로 기약했다는 뜻으로, 성인이라는 목표에 도달하기 위해 온갖 노력을 기울이겠다는 각오였다.

쿠바의 카스트로와 함께 혁명을 마치고 남미로 들어간 체 게바라는 "모든 것은 끝났다. 오늘부터는 새로운 무대가 전개된다.(All is over. New stage begins today.)"라는 새로운 혁명의 목표를 정했다고 선포했다. 이렇게 해서 할 일에 대한 새로운 다짐을 굳게 했다. 미국의 유명한 인권운동가 목사 마틴 루서 킹은 "나에게는 꿈이 있습니다.(I have a dream.)"라는 희망의 말을 던지고, 흑인인권운동의 상징적인 인물로 자리매김되었다. 자신에게 다짐하는 상징어를 내걸고 목표 달성에 매진하여 소기의 목적에 도달했던 여러 인물을 우리는 역사를 통해 알 수 있다.

다산은 귀양살이 18년, 긴긴 유배 기간 동안 참으로 많은 편지를 두 아들에게 보냈다. 귀양 가던 1801년 말부터 해배되어 돌아온 1818년 가을까지 아들들에게 아버지가 먼저 편지를 써서 보내는 경우, '기(寄)' 자를 사용해 '누구에게 보낸다'라고 쓰기도 하고, 어떤 경우 '시(示)'라고 써서 보여 준다는 의미로 사용하기도 했지만, 아들들의 편지에 답장으로 보내는 경우에는 '답(答) 아무개'라고 표현하여 답장의 편지임을 밝히기도 했다. 편지의 성격을 띠지만 어떤 경우는 '가계(家誡)'라고 하여, '누구누구에게 주는 가훈(家訓) 격인 글'이라고 말하기도 했다.

강진 유배 초기, 날짜가 명기된 짤막한 다산의 한 통 편지는 18년 동안 계속 반복해 말하는 내용이 압축된 글이어서 읽고 또 읽어도 다산이라는 아버지가 두 아들을 생각하는 간절한 뜻이 담겨 있음을 알아보기 어렵지 않다.

너희들 편지를 받으니 마음이 위로된다. 둘째의 글씨체가 조금 좋아졌고 문리(文理)도 향상되었는데, 나이가 들어가는 덕인지 아니면 열심히 공부하고 있는 덕인지 모르겠구나. 부디 자포자기하지 말고 마음을 단단히 먹고서 부지런히 책을 읽는 데 힘쓰거라.

그리고 책의 중요한 내용을 옮겨 적거나 책을 짓는 일도 혹시라도 소홀히 하지 않도록 해라. 폐족(廢族)이 되어 글도 못하고 예절에 맞는 행동을 하지 못한다면 어떻게 되겠느냐. 보통집안 사람들보다 백 배 열심히 노력해야만 겨우 사람 축에 낄 수 있지 않겠느냐. 내 귀양살이 고생이 몹시 크다만 너희들이 독서에 정진하고 몸가짐을 올바르게 하고 있다는 소식만 들리면 근심이 없겠다. 큰애는 4월 열흘께 말을 사서 타고 오너라만, 벌써부터 이별할 괴로움이 앞서는구나. _「두 아들에게 답함(答二兒)」 1802년 2월 7일

1801년 11월 말 강진에서 귀양살이를 시작하고 그다음 해 2월 초이니 아들들과 헤어진 지 겨우 3개월 정도의 시간이었지만, 얼마나 보고 싶으면 말을 사서 타고라도 찾아오라고 했겠는가. 그렇게 찾아오라고 권해 놓고도, 만나는 기쁨보다는 헤어지지 않을 수 없는 부자간의 처지를 생각해서 헤어질 때의 슬픔을 견디기 어려울 것임을 먼저 걱정했으니, 그들의 딱한 처지가 오늘 우리의 가슴에까지 번져서 우리를 슬프게 한다.

이 짤막한 편지에 다산의 바람이 모두 들어 있다. 글씨를 잘 써야 한다, 문리가 트여 글을 보고 짓는 일에 열심히 노력하여 학자가 되어야 한다, 책의 요체를 베끼는 초서(鈔書)와 저서(著書)에 게을리하지 말아라, 예의에 맞는 행동거지를 하여 폐족이라는 오욕에서 벗어나야 한다는 내용이다. 자식들이 그런 것만 열심히 잘 한다면 자신의 유배살이 고통쯤이야 거뜬하게 견딜 수 있다는 간절한 다산의 뜻이 생생하게 살아난다.

아버지가 역적 죄인으로 귀양살이하는 동안 그 집안이야 당연히 폐족의 신세를 벗어날 수 없었다. 그래서 다산은 유배지에서 아들들에게 보내는 편지마다 "우리 집안은 폐족이다."라는 말을 수없이 반복했다. 그러면서 폐족에서 벗어나 청족(淸族)의 신분으로 바뀔 수 있어야 하는데, 그 길은 '독서' 한 가지뿐이라고 힘주어 강조했다.

내가 앞서 누누이 말했듯이 청족은 비록 독서를 하지 않는다 해도 저절로 존중받을 수 있으나, 폐족이 되어 세련된 교양이 없으면 더욱 가증스러운 일이 아니겠느냐. 남들이 천하게 여기고 세상에서 얕잡아보는 것도 서글픈 일인데 하물며 너희들은 스스로를 천하게 여기고 얕잡아보고 있으니 자신을 비참하게 만드는 일이다.

남들이 얕잡아보는 것도 비참한 일인데, 스스로를 천하게 얕잡아본다면 더욱 서글픈 일이니, 아들들을 청족으로 만들어 주려는 뜻이 얼마나 간절한 내용인가를 금방 짐작하게 해 준다.
그러면서 독서를 계속하여 학문의 수준이 높아져야만 아버지인 자신에 대한 평가도 올바르게 받을 수 있다고 강조한다.

너희들의 수준이 높아 내 책을 교정하고 정리하여 후세에 전하게 해야지, 그렇지 못하면 수사기록이나 재판기록으로만 내가 평가받을 것이다. 그렇게 되면 내가 어떤 사람으로 취급받겠느냐?

공부에 분발하여 내가 이어온 실낱 같은 우리 집안의 글하는 전통을 더욱 키우고 번창하게 해 보아라. 그러면 세상에서 다시 빛을 보게 될 것은 물론 아무리 대대로 벼슬 높은 집안이라 하더라도 우리 집안의 청귀(淸貴)와는 감히 견줄 수 없을 것이다.

역적으로 귀양 사는 아버지 때문에 행여라도 절망에 빠져 독서와 학문을 포기할까 염려하여 폐족에서 청족으로 변할 수 있는 방법을 그처럼 정확하게 가르쳐 줄 아버지가 몇이나 될까. 아들을 향한 다산의 지극정성이 지금까지 생생히 전해 오는 것만 같다.

######### 마침내 청족으로 회복된 다산의 가문

1801년 귀양살이가 시작되어 길고 긴 18년째를 맞은 1818년 가을, 마침내 다산은 해배 명령이 내려 고향으로 살아서 돌아왔다. 신유옥사(辛酉獄事)로 생사를 넘나들며 모진 고문을 당할 때만 해도 살아서 집으로 돌아가리라는 생각을 하지 못했다. 귀양살이 동안에도 수시로 다산을 잡아다 다시 국문하여 죽여야 한다는 상소가 끊임없이 이어져, 죽음에 대한 불안과 공포를 벗어나기 어렵던 삶이었다.

하지만 하늘은 다산에게 18년의 독서와 저술의 충분한 기회를 마련해 주고, 집으로 돌아와 사랑하는 아내와 자식들을 다시 만나 75세까지 18년의 노년을 보낼 수 있게 해 주었다. 40세의 나이에 폐족이 되어 귀양살이로 18년을 보내고, 해배 후 복권되지 않은 상태로 또 18년을 보낸 뒤 75세로 세상을 떠난 다산은 폐족에서 벗어나려고 밤낮으로 쉬지 않고 독서와 연구에 정진해 500여 권의 책을 저술했다.

이러한 아버지의 가르침에 따라 충실히 공부한 학연(學淵)·학유(學游) 두 아들은 참으로 훌륭한 선비로 성장하여 문사(文士)로서도 이름을 날렸다. 학연은 70세의 나이에 폐족에서 벗어나 나라에서 학자에게 내리는 벼슬에 올라 청족의 신분을 다시 회복했으니 얼마나 자랑스러운가. 이처럼 집안이 청족으로 바뀌면서 다산의 한(恨)을 풀었다고 말할 수 있겠다. 아들에 대한 간절한 아버지의 뜻은 반드시 실현되고 만다는 본보기이기도 하다.

남들이 당사자와 자식들에게 "당신들은 폐족이니 이제는 끝장이오."라고 한다면 견디기 어려운 불명예에 마음이 아파 행여 엉뚱한 절망에 빠질 수도 있을 것이다. 하지만 자신과 자기 아들들이 폐족이라고 스스로 인정하면서도 어떻게 해야 폐족에서 벗어나 새로운 삶을 찾을 수 있는지 한없이 애태웠던 덕택으로 다산 집안은 폐족에서 벗어났고, 세계적인 학자와 사상가의 지위를 얻어 인류 모두의 추앙을 받는 수준에 이르게 되었다.

불행한 현실을 현실대로 인정하면서, 그러한 처지와 환경에서 탈피하고 극복하려는 의지를 실천할 때에만 극복해 낼 수 있다는 것을 다산이 취했던 삶의 자세에서 귀감으로 삼을 수 있다. 극한의 불행에서 좌절하고 포기해 버리면 영영 끝이다. 실천이 가능한 일을 찾아 꾸준히 이끌고 갈 때에만 해결의 실마리가 풀릴 수 있다.

독서 한 가지만이 폐족에서 벗어나는 길이다.

다산의 이 말씀은 그래서 더욱 울림이 크다. 진짜 어려움에 봉착한 사람들, 당장의 불행에 못 견디는 고통을 이기고 책 읽는 일로 돌아가 조금 더 긴 세월에 희망을 걸어 보면 어떨까.

다산의 두 아들

설날에 불러 보는 정학유의 농가월령가

또다시 설날을 맞이하니 추억과 회고의 정을 풀어놓지 않을 수 없다. 해방을 맞기 몇 년 전에 태어난 우리들, 어린 시절 그때만 해도 조선의 풍습이 그대로 남아 있어서 제법 세시풍속의 아름다운 추억이 가득하다. 차례를 올리고 온 가족이 둘러앉아 떡국을 먹던 추억, 새 옷에 새 버선을 신고 마을의 남녀노소가 세배를 다니던 풍경, 연날리기, 제기차기, 널뛰기를 하며 즐겁게 웃던 동무들, 어느 것 하나 회고의 정을 불러일으키지 않는 것이 없다.

그런데 학자 다산이 설날 아들에게 보낸 편지를 읽노라니 또 색다른 생각이 피어오른다.

새해가 밝았구나. 군자는 새해를 맞으면 반드시 그 마음가짐이나 행동을 새롭게 해야 한다. 나는 소싯적에 새해를 맞을 때마다 꼭 일 년 동안의 공부 과정을 미리 계획해 보았다. 예를 들면 무슨 책을 읽고 어떤 글을 뽑아 적어야겠다는 식으로 계획을 세워 놓고 꼭 그렇게 실천하곤 했다. 더러는 일이 생겨 마음먹은 대로 되지 않을 때도 있었지만, 아무튼 좋은 일을 행하고자 하는 생각이나 발전하고 싶은 마음은 없어지지 않아 많은 도움이 되었다.

대뜸 공부하라는 훈계부터 아들에게 내리고 있다. 유배 초기 둘째 아들 학유에게 보낸 편지의 한 대목은 더욱 아픈 얘기이다.

내가 밤낮으로 빌고 원하는 것은 오직 문장(文牂, 학유의 자)이 열심히 독서하는 일뿐이다. 문장이 능히 선비의 마음씨를 갖게 된다면야 내가 다시 무슨 한이 있겠느냐. 이른 새벽부터 밤늦게까지 부지런히 책을 읽어 이 아비의 간절한 소망을 저버리지 말아다오. 어깨가 저려서 다 쓰지 못하고 이만 줄인다.

설날부터 공부하고 책을 읽으라고 닦달했던 아버지의 뜻을 저버리지 않은 다산의 둘째 아들 정학유는 참으로 뛰어난 문인이 되어, 오늘 우리가 추억하고 회고해야 할 설날의 세시풍속을 매우 자상하게 「농가월령가」라는 글로 남겨 놓았다.

정초에 세배함은 돈후한 풍속이라

새 의복 떨쳐입고 친척 이웃 서로 찾아
남녀노소 아동까지 삼삼오오 다닐 적에
와삭버석 울긋불긋 물색(物色)이 번화하다
사내아이 연날리기 계집아이 널뛰기요
윷놀이 내기하니 소년들 놀이로다

구성지게 울려 퍼지는 설날의 노랫말이다.

보름날 약밥 제도 신라적 풍속이라
묵은 산채 삶아 내니 육미(肉味)와 바꿀쏘냐
귀 밝히는 약술이며 부스럼 삭는 생밤이라
먼저 불러 더위팔기 달맞이 횃불 켜기
흘러오는 풍속이요 아이들 놀이로다

설날과 보름날의 미풍양속을 하나도 빠짐없이 그림 그리듯
읊어 놓았다. 역시 '그 아버지에 그 아들(是父是子)'의 글 잘하
는 가문이다. 설날이니 떡국도 많이 먹고 마을 어른들에게 세배
도 잘 다니라는 이야기는 빼고, 책 읽고 공부 열심히 하라는 아
버지의 훈계에, 그대로 따른 아들은 세상에 귀한 「월령가」를 지
어 우리의 추억과 회고에 가늠하는 아름다운 세시풍속의 참모
습을 보여 주었다.
'와삭버석 울긋불긋 물색이 번화'하게 새 옷으로 갈아입고 마
을을 휘젓고 다니던 어린 시절의 모습을 이 이상 더 어떻게 표

현할 수 있을까. 보름날의 더위팔기 이야기도 실감나게 묘사한
글솜씨다.

학자 집안의 명예를 회복한 두 아들

오래전의 이야기이다. 어떤 중학교 학생이 내게 편지를 보내왔
다. 학교 선생님의 말씀에 따라 『유배지에서 보낸 편지』를 읽어
보았다면서, 글이 어려워 알아볼 수 없는 내용이 많았지만, 다산
이 두 아들에게 공부 열심히 하라는 이야기가 많았고, 책을 많
이 읽으라 하며, 어떤 책을 읽고 어떻게 읽으라는 글이 있었다
면서, 그런 편지를 받아 읽으면서 자란 두 아들은 뒤에 어떤 사
람으로 성장했는가를 알고 싶다는 내용이었다. 아들들의 답장
은 전하지 않아 일방적인 아버지의 편지만 열거된 책이어서, 그
런 궁금증을 지님은 너무나 당연했다.
    그러나 그때 그 편지에 답장을 줄 겨를을 얻지 못해 그냥 오
랜 세월이 흐르고 말았다. 2014년 마침내 『다산정약용평전』 쓰
기를 마쳤는데, 다산의 후예들이 어떻게 성장했으며, 어떤 인품
의 인물이었는가를 기록하는 부분에서 간단한 답을 했다.
    다산은 유배지에서 자신의 집안이 폐족이 되었음을 솔직하게
고백하면서 폐족이라도 무한정하게 독서를 하다 보면 반드시
벗어날 길이 있노라고 확신한다며 두 아들에게 간절하게 독서
를 권장했다.

아버지의 뜻을 어길 수 없던 효자 두 아들은 참으로 많은 독서를 했다. 다산 집안이 국가로부터 폐족에서 벗어났다는 명확한 징표로, 다산의 큰아들 학연(學淵)에게 벼슬이 내렸다. 정학연이 아버지의 제자이자 자신의 친구인 강진의 황상(黃裳)에게 보낸 편지가 전한다. 1852년 8월 4일자 편지이니 다산이 세상을 떠난 16년 뒤의 일이다.

나는 나라의 은혜를 입어 6월에 감역(監役, 종9품 벼슬)에 제수되었소. 음직으로 벼슬을 받아 집안이 마치 고목에 봄이 든 것만 같구려. 안방에서도 감축하고 원근에서 모두 축하해 주니 옛날의 구슬퍼하던 감회를 더욱 누르기 어렵구려. _『다산정약용평전』

이 내용에서 그때의 사정을 알아볼 수 있다. 비록 하급의 벼슬이지만 학자에게 내리는 감역이라는 벼슬은 귀하게 취급받는 벼슬이다. 글을 하는 선비라면 가장 명예로운 호칭이 학문과 덕행, 절의가 뛰어나 조정으로부터 부름을 받는 징사(徵士)가 된 것이니까.

뒷날에 정학연은 벼슬이 올라 6품관인 사용원 주부의 위계에도 올랐다. 경기도 광주시 퇴촌면 분원(分院)의 초등학교 교정에 '주부 정학연 선정비(主簿丁學淵善政碑)'가 서 있는 것을 보면 고향 집에서 가까운 분원의 주부 벼슬을 역임했음을 알 수 있다.

둘째 정학유는 세상에 전하는 「농가월령가」라는 유명한 글의 저자로 알려져 있다. 얼마나 박식하고 글솜씨가 뛰어난지를 보여 주는 글이다. 시를 잘 짓고 글 잘하는 선비로 대접받았던 사실은 여러 곳에서 증명된다.

추사 김정희와 정학유는 동갑내기 친구로 막역한 사이였다. 자신보다 1년 먼저 세상을 떠난 정학유의 부음을 알리는 추사의 편지가 전한다. 서로 함께 친했던 강진의 황상에게 보낸 편지이다.

운포(정학유)가 중병으로 설 전부터 위독하다더니, 마침내 이달 (2월) 초하룻날 이 세상 사람이 아니고 말았네. 이런 막된 세상에 이러한 사람을 어디서 다시 보겠는가? _『완당전집』「황상에게 보냄 (與黃生裳)」

높은 안목으로 까다롭게 인물과 글을 평하던 추사 같은 분이 그런 평가를 내렸다면 정학유의 인품이 어떠했는지 넉넉히 알아볼 수 있다.

두 형제 모두 박학한 선비인 데다 시에도 뛰어났다.

이 문장은 정조의 사위이자 당대의 문사였던 해거재 홍현주가 다산의 두 아들에 대해 남긴 기록이다.

위의 내용들은 『유배지에서 보낸 편지』를 읽고 나에게 질문을 했던 학생의 편지 답장으로 충분하리라.

사나이의 기상을 지녀라

◇

...... 벼슬길은 막혔어도 성인이 되는 길은 열려 있다

1803년은 다산의 나이 마흔두 살이 되는 해이자 귀양살이 세 해째가 되는 해이다. 1801년 40세의 다산은 경상북도 호미곶의 포항시 근처에서 8개월 동안 귀양살이를 했고, 그해 겨울 귀양지가 바뀌어 강진으로 옮겼으니 강진에서 꼬박 1년 이상의 귀양살이를 하던 해이다. 자신의 외로움, 고통, 비통함 등이야 참고 견디며 버텨 낼 수 있었지만, 시간이 흐를수록 안타까운 일은 고향에 두고 온 두 아들에 대한 걱정이었다.

그래서 그해 정월 초하룻날은 마음을 단단히 먹고 두 아들에게 간절한 내용의 편지를 썼다. "새해가 밝았구나! 교양 있는 선비는 새해를 맞으면서 반드시 그 마음가짐이나 행동을 새롭게 해야 한다." 편지의 서두는 이렇게 점잖은 내용으로 시작했지만,

편지가 계속되면서 열심히 공부하지 않았던 두 아들을 혹독하게 꾸짖는 과격한 말씨가 계속된다.

너희들은 집에 책이 없느냐, 몸에 재주가 없느냐? 눈이나 귀에 총명이 없느냐? 왜 스스로 포기하려고 하느냐? 영원히 폐족으로 지낼 작정이냐? 너희 처지가 비록 벼슬길은 막혔어도 성인(聖人)이 되는 일이야 꺼릴 것이 없지 않으냐. 문장가가 되는 일이나 통식달리(通識達理)의 선비가 되는 일은 꺼릴 것이 없지 않으냐. 꺼릴 것이 없지 않을 뿐만 아니라 과거 공부하는 사람들이 빠지는 잘못에서 벗어날 수도 있고, 가난하고 곤궁하여 고생하다 보면 그 마음을 단련하고 지혜와 생각의 폭을 넓히게 되어 인정(人情)이나 사물의 진실과 거짓을 옳게 판단할 수 있는 장점까지 가지고 있다.

오늘 또 『유배지에서 보낸 편지』를 읽었다. 읽고 또 읽어도 글마다에서 새로운 뜻을 찾아내기도 하고, 까맣게 잊고 있던 대목에서 와락 마음에 와닿는 내용을 발견하게도 된다. 행여라도 고향에 두고 온 아들들이 절망에 빠지거나 실의에 잠겨, 아버지가 바라는 아들의 길에서 벗어날까 봐 거듭거듭 강조해서 희망과 용기를 잃지 않도록 신신당부하는 글을 접하면, 살아 계실 때의 우리 아버지 생각을 떠오르게 하는 경우도 있다.

한차례 배가 부르면 살찐 듯하고 배고프면 야위어빠진 듯 참을성이 없다면 짐승과 우리 인간 사이에 무슨 차이가 있겠느냐. 소견이 좁은 사람은 오늘 당장 뜻대로 되지 않는 일이 있으면 의욕을 잃고 눈물을 질질 짜다가도 다음날 일이 뜻대로 되면 벙글거리고 낯빛을 편다.

이런 세속적인 인간의 수준에서 벗어나 달관한 입장의 수준으로 아들들이 격상되기를 다산은 바라고 또 바랐다. 조금 즐거운 일이 있다고 해서 만족하게 여겨서도 안 되지만, 조금 슬프고 괴로운 일이 있다고 해도 참고 견디면서 평상심을 유지해 주기를 바라는 아버지의 심정이 다산의 마음이었다.

요컨대 아침에 햇볕을 환하게 받는 위치는 저녁때 그늘이 빨리 오고, 일찍 피는 꽃은 빨리 시드는 법이어서 바람이 거세게 불면 한 순간도 멈추지 않는다는 것을 알아야 한다.

마음에 성의가 있으면 진보한다

세상의 흥망성쇠와 인간의 행불행에 대한 일이란 수시로 변화하고 달라지기 때문에 자신이 처한 순간의 입장에 얽매이지 말고, 변화하고 달라지는 순환의 논리에도 적응할 수 있어야만 한다는 사려 깊은 생각을 전달하고 있다. 그래서 어떤 어려운 처지나 힘든 경우에도 좌절하거나 절망하지 말고 높고 먼 데를 바라보면서 난관을 극복하는 지혜를 지니라고 요구하였다. 다산의 결론은 더욱 멋지다.

세상을 살아가는 사람은 한때의 재해를 당했다 하여 청운(靑雲)의 뜻을 꺾어서는 안 된다. 사나이의 가슴속에는 항상 가을 매가 하늘로 치솟아 오르는 듯한 기상을 품고서 천지를 조그마하게 보고 우주도 가볍게 손으로 요리할 수 있다는 생각을 지녀야 한다. _
「학유에게 주는 가계(贐學游家誡)」

이런 내용의 글을 읽다 보면, 다산의 글은 어떤 학자의 글이라기보다 성경현전(聖經賢傳)을 읽는 기분에 빠지기도 한다. 담담하고 평이한 내용에 세상을 살아갈 기막힌 진리들이 온전하게 담겨 있기 때문이다.

새해가 밝았다. 길이 열리지 않고 새로운 희망도 보이지 않아 안녕하지 못한 사람들로 가득한 나라가 우리나라임을 지난 연말의 현상이 보여 주었다. 그렇다고 포기해 버리고, 좌절해 버리고 말아서는 안 된다는 교훈을 다산에게서 찾을 수 있다. '재주'도 있고 '총명'하고, 또 오랜 시간 어려움 속에서 단련까지 제대로 된 국민이 아닌가. 새롭게 마음을 다져야만 한다. 어떻게 해서 얻어 낸 민주주의이고, 얼마나 모진 고통 속에서 얻어 낸 자유와 인권이던가.

"마음속에 약간의 성의만 있다면 아무리 난리 속이라도 반드시 진보할 수 있는 법이다."라는 다산의 지혜를 마음에 새기면서, 갑오년 한 해를 이겨 내자. 민주주의도, 자유와 인권도 더 이상 위축되거나 후퇴하지 않도록 우리 모두가 지키고 버티면서 우리 국민의 '재주'와 '총명'을 활용하겠다는 새로운 다짐을 해 두자. 그리하여 정초 다산의 꾸짖음에서 면탈하는 방법을 찾아 내자.

땅이 꺼지는 슬픔

자녀가 주는 기쁨

부모가 자식을 아끼고 사랑하는 정이야 인간의 본능에서 오는 것이지 작위적으로 애써서 일어나는 감정이 아니다. 자식이 부모를 아끼고 사랑하는 마음이야 그래도 조금은 작위가 개재되지만, 부모의 정이야 지어서 되는 일이 아니다.

외롭고 괴로운 먼먼 귀양지에서 고향에 두고 온 아들을 생각하던 다산의 정은 오늘 우리의 가슴에도 생생하게 공감되는 애틋한 마음이다. 1801년 초봄, 신유옥사가 일어나 다산은 형제들과 함께 감옥에 갇히고, 국청이 열려 재판을 받은 뒤 저 먼먼 경상도 포항 곁의 장기라는 고을로 유배살이를 떠났다. 귀양살이를 시작한 얼마 뒤 아들이 아버지에게 밤 한 봉지를 보내왔다. 이때 지은 시가 우리를 매우 슬프게 한다.

우리 아이가 도연명의 아들보다 나은가 봐 　　　頗勝淵明子

아비에게 밤까지 보내 주었네 　　　能將栗寄翁

생각해 보면 한 주머니 하찮은 것이지만 　　　一囊分瑣細

천리 밖의 배고픔을 위로하려는 뜻이겠지 　　　千里慰飢窮

아비 생각 잊지 않은 그 마음이 사랑스럽고 　　　眷係憐心曲

싸맬 때의 그 손놀림이 눈에 어른거리네 　　　封緘憶手功

입에 넣으려니 되레 마음에 걸려 　　　欲嘗還不樂

하염없이 먼 하늘만 바라보네 　　　惆悵視長空

_「어린 아들이 밤을 부쳐오다(穉子寄栗至)」

　중국 진(晉)나라 때의 도연명은 아홉 살 먹은 아들이 책 읽기는 좋아하지 않고 배와 밤만 즐겨 찾는다고 아들을 꾸짖는 시를 지은 바 있다. 이것과 비교하여 밤을 먹지 않고 아버지에게 보내 준 아들의 마음이 너무나 사랑스러워 지은 시다. 인간의 감정을 어떻게 이렇게 섬세하게 표현하는 시를 지을 수 있었을까. 하찮은 밤 한 봉지가 그렇게 크게 아버지의 심금을 울렸을까. 아이들이 즐겨 먹어야 할 밤을 어른인 아버지가 먹어야 할 처지가 그처럼 가슴 아파서 하늘만 쳐다보던 다산의 모습이 생생하게 떠오르는 시이다.

　인간은 진정성을 지닐 때만 남의 마음을 움직일 수 있고, 서로의 감정이 이해되어 감정이입의 소통이 가능해진다. 다산의 시는 진정성의 깊은 내면도 마음을 울리지만, 탁월한 묘사력이 더욱 독자들의 가슴을 떨리게 한다. 아버지를 잊지 않고 있음도 고맙지만, 정성스럽게 밤을 포장하던 손놀림이 눈에 어른거린다는 표현은 더욱 마음을 사로잡는다. 세상의 부정부패에 분노하던 시도 좋지만 이렇게 간결하게 심정을 묘사한 시들이 더욱 깊은 맛을 느끼게 해 준다.

자녀를 잃은 슬픔

자식으로 인한 기쁨에 공감을 하지만 자식으로 인한 슬픔은 우리를 더욱 슬프게 한다.

> 우리 농아가 죽었다니 비참하구나! 가련한 아이…. 내 몸이 점점 쇠약해지고 있을 때 이런 일까지 닥치다니, 정말 마음을 크게 먹을 수가 없구나. 너희들 아래로 무려 사내 네 명과 계집아이 하나를 잃었다. 그중 하나는 낳은 지 열흘 남짓한 때 죽어서 그 얼굴조차 기억하지 못하겠고, 나머지 네 아이는 모두 세 살 때여서 품에 안겨 한참 재롱을 피우다 죽었다. 이 세 아이는 나와 네 어머니가 함께 있을 때 죽었기에 따은 운명이라 생각해 버릴 수 있어 이번처럼 간장을 후벼 파는 슬픔이 북받치지는 않았다. 「두 아들에게 답함」

1802년 겨울, 넷째 아들 농장이 네 살로 요절했다는 기별을 받고 다산이 두 아들에게 보낸 편지의 첫 부분이다. 역적죄를 뒤집어쓰고 천 리의 멀고 먼 외딴곳에서 고향으로부터 슬프기 짝이 없는 기별을 받자, 너무나 아프고 쓰라린 심정을 억제하지 못하고 써 내려간 편지글이다. 부모와 자식, 그것은 누가 뭐라 해도 천륜(天倫)이어서, 사별을 당해서는 기막힌 슬픔을 토해 내지 않을 수 없다.

생사고락의 이치를 조금은 깨달았다는 나의 애달픔이 이러할진 대 하물며 아이를 품속에서 꺼내어 흙구덩이 속에 집어넣어야 했 던 네 어머니의 슬픔이야 어찌 헤아리랴!

다산같이 이지적이고 냉철했던 학자도 어린 자식의 죽음에는 주체할 수 없는 슬픔과 절망에 빠지고 말았는데, 생때같은 자식 이 바다 속에서 죽어 갔다는 소식을 들은 부모들의 심정은 어떠 했을까. 비통하고 비통할 뿐만 아니라, 가슴을 후벼 파는 아픔을 어떻게들 견디어 내실까.

인천에서 제주도로 떠난 배가 진도 근방에서 침몰하여 수많 은 고등학생이 수학여행을 가던 도중 시체로 변했다니, 이런 슬 픔을 어떻게 이겨낼 수가 있을까. 500여 명이 넘는 사람이 함몰 당해 생명을 잃었던 삼풍백화점 붕괴, 고사리손의 어린 유치원 생 20여 명이 죽어간 씨랜드 사고, 성수대교가 무너져 꽃다운 여고생이 무더기로 죽어간 사건, 대학생들이 수련회에 갔다가 지붕이 무너져 열 명이 넘게 죽어간 사건, 언제까지 이러한 사 고가 계속될 것인가. 안타까운 마음을 금하지 못하면서, 고등학교 2년생으로 생을 마쳐야 했던 슬픈 청소년들의 죽음에 삼가 애도의 뜻을 올린다.

사고가 일어날 때마다 재발 방지를 약속하고, 근본적인 해결책을 강구한다고 당국자들은 떠들어대지만, 사고는 끊이지 않고 이어지면서 아까운 생명들이 사라져 가고 있으니, 이런 불행은 언제쯤 멈출 수 있을까.

질병으로 죽어간 어린 아들의 죽음에도 다산은 그렇게 슬퍼했거늘, 다 키운 자식들이 한순간에 없어져 버린 부모들의 심정, 도대체 어떤 방법으로 누가 그들을 위로해 줄 수 있을까.

옛날의 내무부에서 '안전(安全)'을 우선시하겠다고 '안전행정부'로 이름까지 바꾼 정부에서도 '안전'은 없고 떼죽음이 계속된다면 국민들은 누구를 믿고 살아갈까. 천재지변의 사고가 아니라 '인재(人災)'라는 결론에는 누가 어떻게 책임지고 어린 생명들의 영혼을 달래 줄까. 가슴이 미어질 뿐이다.

효자 효부가 되거라

◇

◇

.... **혼자 계신 어머니를 잘 섬겨야 한다**

다산은 귀양살이 18년 동안 고향에 두고 온 두 아들에게 수많은 편지를 보냈는데, 그 편지의 대부분이 다산의 문집에 전한다. 다산은 사람이라면 어떤 생각을 해야 하고, 어떻게 생활하고 어떤 일을 해야 하는가에 대한 가치 있는 삶의 방향을 간절한 마음으로 아들들에게 당부하는 내용을 많이 남겼다.

　다산은 인간이 살아가는 세상이라면 기본적으로 인간의 윤리가 지켜져야 한다고 믿었다. 그래서 인간이 인간이기 위한 윤리의 근간이 효제(孝弟)에 있음을 강조하면서, 편지의 여러 곳에서 부모에게 효도하고 형제 사이에 우애가 돈독해야 한다는 효제정신을 거듭거듭 가르쳐 주었다. 가족윤리의 근간인 효제정신이 제대로 회복되어야 파괴되어 가는 사회윤리가 회복될 수 있다는 주장을 폈다. 그러면서 기왕에 귀양살이하느라 멀리 떨어져 살아가는 아버지에게야 효도를 실행할 길이 없으니 홀로 계시는 어머니에게 온갖 정성을 바쳐 효도에 힘쓰라는 가르침을 내렸다.

어버이를 섬기는 일은 그 뜻을 거역하지 않는 것이 가장 큰 일이다. 여인들은 의복이나 음식, 거처에 관심이 많으므로 어머니를 섬기는 사람은 사소한 일에 유의해야만 효성스럽게 섬길 수 있다. 『예기』의 「내칙(內則)」 편에는 음식에 관한 것을 비롯해 작은 예절이 많이 적혀 있는데, 이것은 성인의 가르침이란 물정(物情)을 알게 하는 데서 출발하는 것이지 결코 동떨어지고 미묘한 곳에서 시작되지 않음을 알게 한다. _「두 아들에게 보냄」

부모에게 효도하는 일이란 부모의 뜻에 거슬리지 않는 것이 최고여서 음식·의복·주거·여행 등을 화려하고 호화롭게 하는 것이 아니지만, 어머니는 여성이기 때문에 여성성에 어긋나지 않는 소소한 점에도 관심을 기울여야 한다니, 역시 다산의 실사구시적인 생각을 알아보기에 충분하다.
　사랑하고 그리운 아내에 대한 애정의 표시도 겉으로는 숨기면서 내면으로는 아들들에게 어머니를 제대로 봉양해 드리라는 말로 자신의 뜻을 전하고 있는 점 또한 속 깊은 남편의 정을 느끼게 하니, 가족애를 중하게 여기는 다산의 윤리의식을 알게 해주는 대목이기도 하다.

효제사상이 퇴색되어 가고 가족윤리가 극도로 무너져 가는 요즘, 그런 것들에 대한 회복과 새로운 정립 없이 어떻게 사회 통합과 인간성 회복의 큰 문제가 해결될 가능성이 있겠는가. 혈육 간 가족 간의 천륜(天倫)을 바르게 세워서 난잡하고 혼탁해진 세상이 바로잡히고, 가정의 안정이 사회의 안정으로 이어지는 새로운 세상이 전개되기를 기대해 본다.

다산이 편지의 결론으로 언급한 부분이 우리의 가슴을 저미게 하는 이유가 거기에 있다.

두 아들이 효자가 되고 두 며느리가 효부가 된다면 나야 유배지인 강진에서 이대로 늙어 죽는다 해도 아무런 유감이 없겠다. 힘쓸지어다. 使二子 得成孝子 而二婦成孝婦 則吾老於金陵 猶之無憾 其勉之哉

효부로 이름난 다산의 며느리

세상은 세월이 흐를수록 야박해지기만 한다. 아이들 기르기가 두려워 시집가지 않으려는 처녀들이 늘어나고, 시어머니와의 갈등 때문에 남편과의 이혼도 사양하지 않는 세태로 변해 가고 있다. 이유야 없지 않겠지만 이혼율이 급증하는 것은 결코 행복하거나 화목한 세상이 아니라는 것의 반증임이 분명하다.

다산은 아들 여섯과 딸 셋을 낳았지만 모두 잃고, 아들 둘과 딸 하나만 장성해서 남혼여가를 시켰다. 둘째 며느리 청송 심(沈)씨는 대단한 명문집안의 후예로, 1800년 봄 15세인 다산의 둘째 아들 학유(學游)에게 14세의 처녀로 시집을 왔다.

심씨는 신혼의 즐거움과 기쁨을 제대로 누리지 못한 상태에서 나라와 집안에 큰 일이 일어나 편할 날이 별로 없었다. 시집 오던 여름에 정조대왕이 갑자기 붕어하여 나라가 혼란스러워지면서 다산 집안에도 화색(禍色)이 완연한 실정이었다. 결혼한 지 1년도 되지 않은 1801년 연초부터 이른바 '신유옥사'라는 무서운 사건이 일어나 다산 3형제가 감옥에 갇히고 국청이 열려 시아버지인 다산이 경상도 포항 곁의 장기로 귀양을 가자 심씨는 불안에 떨 수밖에 없었다.

당시의 사정을 다산은 「효부 심씨 묘지명」이라는 글에서 상세하게 설명했다.

신유년(1801) 봄에 나는 영남으로 귀양갔다가 겨울에 강진으로 옮겨갔다. 16년이 지난 병자년(1816) 8월 10일 효부는 죽었고, 죽은 지 3년째인 1818년 가을에야 내가 고향으로 돌아왔더니 그 며느리의 묘에는 이미 풀이 우거져 있었다.

다산의 이야기는 계속된다.

시어머니 홍씨가 눈물을 흘리면서 그 며느리에 대한 이야기를 했다. 며느리는 유순하고 침착하며 삼가는 행동을 했는데, 친정어머니처럼 시어머니를 섬겼고 친정어머니 사랑하듯 시어머니를 사랑했다.

귀양가 버린 남편 때문에 홀로 지내는 시어머니를 친정어머니처럼 섬기고 사랑했다니 그런 효부가 어디에 또 있겠는가. 채 1년도 함께 지내지 못한 다산은 며느리를 잘 알 수 없었지만 함께 자고 먹으며 17년을 지낸 시어머니의 말이니 믿지 않을 수 없다면서 효부인 며느리의 슬픈 사연을 글로 남겼다. 시집오면서부터 건강이 좋지 않아 소생도 없이, 시아버지의 귀향도 보지 못하고 떠나간 며느리를 슬퍼하던 다산의 심정이 드러나는 글이다.

다산은 다른 글에서도 시어머니 섬기는 방법은 따로 없다고 했다. 시어머니는 며느리를 딸처럼 여겨 주고, 며느리는 시어머니를 친정어머니처럼만 여겨 주면 된다는 것이었다. 세상의 며느리들이여, 집안의 화목과 평화를 위해서 제발, 다산의 주장에 귀기울여 보면 어떨까.

다산의 글로 세상에 알려진 두 여인

◇

.... 고마운 형수님 추억

아무리 냉철하고 이지적인 학자라도 마음속 깊은 곳에는 따뜻한 인정이 서려 있기 마련이다. 다산은 비판적이고 굳은 이성(理性)의 소유자였으나, 그의 글을 보면 인간미가 철철 흐르는 대목이 많이 나온다. 특히 그가 귀양 살던 오랜 기간 동안 고향의 아들들에게 보낸 편지에는 엄한 스승의 모습도 많이 보이지만, 내면에 흐르는 인정미와 자식에 대한 따뜻한 애정이 많이 드러나 있다.

아홉 살에 어머니를 잃고 젊은 큰형수의 돌봄으로 유년 시절을 보낸 다산은 큰형수의 무덤에 넣은 '묘지명(墓誌銘)'이라는 글을 통해 형수의 인품과 행실을 찬양하는 글을 남겨 은혜에 보답하는 정성을 보였다.

형수의 성은 이씨이다. 본관은 경주, 시조는 신라 명신 이알평이
다. 뒤에 이정형(李廷馨)이 있는데, 이조 참판을 역임하고 문학으
로 이름을 날렸다. 할아버지 달(鏈)이라는 분이 무관(武官)으로 전
라 병마절도사에 이르고, 아버지 이부만과 어머니 한씨 사이에서
1750년 3월 24일 태어났다.

15세에 자신의 큰형 정약현의 아내로 들어와, 아버지가 예
천 군수로 계실 때 그곳에 가서 시아버지를 모시다가 돌림병으
로 1780년 4월 15일에 사망하니 겨우 31세로 요절했다고 썼다.
연대로 계산해 보면, 1764년에 시집왔으니 그때 다산은 세 살
(1762년생)이고, 다산의 어머니가 아홉 살인 1770년 세상을 떠
났으니 다산은 아홉 살에서 열두 살까지는 형수의 돌봄을 받으
며 지냈다.

어머니가 세상을 떠나시니, 약용은 그때 겨우 9세였다. 머리에 이
가 끼고 얼굴이 구질구질하여 형수가 날마다 힘들여 씻기고 빗질
을 해 주었으나 약용은 몸을 빼내 달아났다. 형수는 빗과 세숫대
야를 들고 도망친 곳으로 따라와 다독이며 씻으라고 애원하였다.
달아나면 붙잡고 울고 웃으며 꾸짖고 놀리고 하여 시끌벅적 온 집
안이 한바탕 웃음판이 되었다. 다들 약용을 얄미운 아이로 보았
다. _「맏형수 공인 이씨 묘지명(丘嫂恭人李氏墓誌銘)」

형수의 일생을 기록하면서 자신의 어린 시절을 이야기했다.

열 살 전후에 큰형수를 괴롭히고 집안 식구들에게 미움을 받던 개구쟁이 다산의 모습이 눈앞에 그려진다. 우뚝한 현자(賢者)의 지위에 오른 다산, 그도 인간이었기에 어린 시절에는 개구쟁이로 장난치기를 좋아했음을 이러한 글을 통해 알게 되었고, 태어나기 전의 천재가 아닌, 후천적으로 끊임없이 노력하고 용기를 지니고 포기와 좌절을 알지 못했기에 그만한 학자의 지위에 오를 수 있었음을 보여 준다.

어머니는 돌아가시고 아버지가 관직에서 물러나시자 집안 살림은 더욱 쓸쓸하여 제수(祭需)나 닭고기, 곡식 등 음식물 마련하기도 어려웠다. 형수가 혼자서 집안 살림을 꾸려 갔다. 그래서 팔찌와 비녀 등의 재물을 모두 팔아 쓰고, 심지어는 솜을 넣지 않은 바지로 겨울을 보냈으나 집안 식구들은 알지도 못했다. 지금이야 형편이 조금 피어 끼니는 이어갈 만한데 형수는 미처 누리지도 못했으니 슬픈 일이다.

가난한 살림 속에서도 어머니 없는 시동생을 돌봐준 형수의 은혜를 미려하고 뛰어난 글로 찬양했다.

시어머니 섬기기 쉽지 않나니	事姑未易
계모인 시어머니 더욱 어렵네	姑而繼母則難
시아버지 섬기기 쉽지 않나니	事舅未易
아내 없는 시아버지 더욱 어렵네	舅而無妻則難

시동생 돌보기 쉽지 않나니	遇叔未易
어머니 없는 시동생 더욱 어렵네	叔而無母則難
이런 어려운 일을 유감없이 잘했으니	能於是無憾
이런 게 형수의 아량이었네	是惟丘嫂之寬

다산의 글솜씨는 역시 탁월하다. 소생도 없이 나이 겨우 31살에 세상을 떠난 형수의 일생을 이렇게 짤막한 글에서 이렇게 멋지고 좋은 표현으로 묘사할 수 있었던 다산의 문장력, 뛰어난 솜씨가 아닐 수 없다. 명문 경주 이씨 집안으로, 남동생 이벽(李檗)은 한국 천주교회의 창시자였고, 또 다른 아우 이격(李格)은 병마절도사, 수군절도사 등을 지낸 고관이기도 했다.

이름 없는 여인 한 사람이 시동생을 잘 만났고, 잘 돌봐준 은공으로 이렇게 멋진 일대기로 세상에서 오래도록 전하게 되었으니 얼마나 다행한 일인가. 옳게 살아간 삶은 언젠가는 빛을 본다는 교훈을 이런 데서 얻을 수 있다.

############### 형수 이씨와 서모 김씨

다산은 조선을 대표하는 대학자이다. "어려서는 영특했고 커서는 학문을 좋아했다.(幼而穎悟 長而好學)"라는 자신의 평가가 있지만, 다산의 어린 시절은 기록이 거의 없어서 제대로 알 수가 없다. 연보(年譜)에는 "4세에 『千字文』을 배우기 시작했다.

7세에 오언시를 지었다. 9세에 어머니가 돌아가셨다. 10세에 경사(經史)를 배웠다. 15세에 장가를 갔다."라는 내용만 전한다.

학문의 잘못된 이론을 비판하고, 썩은 세상을 통렬하게 비판함이야 칼날처럼 무서웠고, 근엄하고 철저하게 자기관리에 뛰어났던 다산이었기에, 수더분한 인간미 같은 것은 없는 사람으로 여길 수 있는데, 형수님 묘지명 등 몇 군데 나오는 그의 어린 시절 이야기는, 다산 역시 보통의 인간이었고, 여느 아이들과 구별할 수 없게 개구쟁이 시절도 있었음을 알게 해 준다.

형수가 젊은 나이로 요절한 뒤 다산은 아버지의 새로운 측실(側室)로 들어온 서모 김씨의 슬하에서 자랐다.

서울에서 처녀 김씨를 맞아 측실로 삼았는데 그때 나이 20세였으니 그분이 서모 김씨이다. 서모가 처음 우리 집에 왔을 때 약용의 나이는 12세로, 머리에 이가 많고 부스럼이 잘 생겼다. 서모는 손수 빗질을 해 주고 그 고름과 피를 닦아 주었다. 속옷이나 바지, 적삼이나 버선도 빨고 꿰매며 바느질하는 수고도 서모가 도맡아 하다가 약용이 장가를 든 뒤에야 그만두었다. _「서모 김씨 묘지명(庶母金氏墓誌銘)」

위의 두 묘지명은 다산의 뛰어난 인품을 알게 해 주는 글이라는 의미가 있다. 남존여비의 불평등한 세상에서 자신을 돌봐준 어린 시절의 은인인 형수와 서모에 대한 글을 지어 그들의 공덕을 칭찬할 줄 알았던 다산이다. 무명의 여인들이 글을 통해 역사적으로 영원히 살아 있으니 대단한 일이 아닐 수 없다. 다산의 글솜씨에 두 여인의 삶이 세상에 전해지게 되었다.

아버지 정재원과 장인 홍화보

가장 가까운 스승이었던 아버지

아버지가 훌륭해도 아들이 출중한 인물인 경우에는 아버지는 가리우기 마련이고, 아버지가 탁월하면 아무리 잘난 아들이라도 묻히기 마련이다. 그 대표적인 예가 다름 아닌 다산의 집안이다.

다산의 아버지 정재원(丁載遠, 1730~1792)은 번암 채제공이 일대기로 기록한 「진주 목사 정공 묘갈명」에 나타나 있듯이 대단한 인격의 소유자였고 학문도 높았지만, 특히 이치(吏治)에 밝아 현감·군수·부사·목사 등 5개 고을의 목민관 생활에서 훌륭한 치적을 남긴 관료였다. 자애롭고 통찰력 깊은 목민관이면서도 의리에 밝은 선비의 자질이 넘쳐흐르던 분이다.

다산의 아들인 정학연·정학유 형제도 대단한 선비에 학문과

식견이 높았고 시문에도 뛰어났으나 아버지의 큰 그늘에 가려 그렇게 널리 알려지지 못함이 아쉽기만 하다.

그중에서도 다산의 아버지에 대한 논의는 이제라도 본격적으로 거론할 필요가 있다. 실제로 다산이 그만한 학문과 사상을 이룩하는 과정에서 가장 큰 영향을 받은 사람은 유일하게 직접 글을 가르쳐 주고 학문의 방향을 정해 준 아버지였다. 어린 시절 글을 가르쳐 준 아버지, 글만 가르쳐 준 것이 아니라 삶의 가치와 방향을 정확하게 일러 준 가장 가까운 스승이었다.

다산의 덕기(德器)가 관홍하고 경전에 정미(精微)하였음은 모두 아버지의 덕택이었다.

이러한 다산 연보의 표현은 다산의 인격과 학문이 아버지에게서 나왔음을 명확히 증언해 주고 있다. 다산이 한창 글 배우기에 물이 오른 열 살 전후하여 벼슬에서 물러나 있던 아버지가 집에서 본격적으로 다산을 가르쳤다는 기록에서 보듯, 다산의 학문은 아버지로부터 기본을 닦았음이 분명하다.

다른 사람에 대한 기록은 그렇게 많이 남겼건만, 다산은 자신의 아버지에 대하여는 짧은 「선인 유사(先人遺事)」라는 글 한 편만 남겼다. 당시의 어진 선비들이 자신의 아버지가 '훌륭한 정승감이었다.'고 했다는 한마디로 아버지의 큰 역량을 암시하는 내용을 기록했다.

채제공은 「묘갈명」에서, 자신이 퇴출되어 모두가 만나기를 꺼려 할 때 정재원이 유일하게 자주 찾아왔는데, 다시 정승으로 조정에 들어갔을 때에는 전혀 얼굴도 보이지 않았던 훌륭한 인격에 대한 칭찬을 나열했다. 출세에 방해가 되는 일은 의리를 위해 과감히 행하면서도 출세에 도움이 되는 일은 구차스럽게 하지 못하는 인품에 채제공은 높은 점수를 매겼던 것이다.

그런 훌륭한 다산 아버지에 대한 천착이 부족한 점이 아쉬움으로 남는다. 이제라도 다산의 「유사」와 번암의 「묘갈명」에 의거해서라도 그의 훌륭한 인격과 치적이 제대로 드러난다면 다산을 이해하는 데 도움이 될 것이다.

.... **세도가 홍국영에 맞섰던 장인**

세상에서 무서운 것은 권력이다. 법과 양심에 따르는 권력이야 무서울 것이 없지만, 전제군주 시대나 독재 시절의 권력은 어느 누구도 무서워하지 않을 수 없다. 다산의 글 「함경북도 병마절도사 홍공 묘갈명(咸鏡北道兵馬節度使洪公墓碣銘)」을 읽어 보면, 무서운 권력에도 전혀 굴하지 않고 소신껏 일했던 선비이자 무인(武人)이던 홍 절도사에 대한 내용이 재미있게 서술되어 있다. 홍 절도사의 이름은 화보(和輔, 1726~1791)로, 바로 다산의 장인 어른이다.

서울의 회현동에서 살았던 홍화보 공의 집안은 대단한 명문이었다. 대대로 고관대작을 배출한 풍산 홍씨로, 할아버지나 아버지도 높은 벼슬에 올랐고 형제들 모두가 고관대작을 지냈다. 역사에 이름이 오른 홍화보의 형님 홍수보는 큰댁으로 양자를 갔는데, 유명한 판서로 혁혁한 인물이었다.

그의 두 아들 홍인호·홍의호는 실제로는 다산의 4촌 처남들이지만, 양자를 간 탓으로 6촌 처남이었는데 형제가 모두 판서에 오른 고관들이었다.

그렇게 보면 홍씨 집안은 이름난 문반(文班) 집안이지만 홍공은 문과에 몇 차례 실패하고 무과에 급제하여 여러 곳의 수령을 지냈고, 전라도·경상도·함경도 병마절도사를 역임하고 황해도 병마절도사로 재직 중이던 66세에 세상을 떠났다.

특이한 점은 무인이면서도 진사과에 장원으로 급제하였고, 임금의 신임을 얻어 글 잘한다는 평판으로 여러 차례 승정원의 승지를 역임했던 경력도 있다. 이러한 홍화보에 대하여 다산은 묘소에 세울 「묘갈명」이라는 글을 통해 그분이 얼마나 기개가 높았으며, 의리에 전혀 소홀함이 없었으며, 무서운 권력 앞에서도 정정당당하게 처신하던 모습을 유려한 문장으로 기술하였다.

홍화보가 한창 벼슬하던 무렵은 정조대왕의 등극 초기였는데, 세도가 홍국영의 권력이 하늘을 찌르던 시기였다. 모두가 홍국영에게 아부하고 뇌물을 바치면서 벼슬을 유지하던 때였다. 그러나 홍화보는 여러 벼슬을 지내면서도 뇌물을 바치기는커녕 일체 찾아가거나 아부하는 일이 없었다. 홍국영은 마침내 트집을 잡아 그를 멀고 먼 평안도로 유배 보내는 조치를 취했다.

유배를 떠날 무렵 홍화보의 지인이 홍국영에게 편지라도 보내 빨리 해배될 것을 도모하라고 하자 "당신은 홍국영을 태산처럼 여기지만, 그는 여름이면 녹을 빙산에 지나지 않는다."라고 말하면서 달게 유배를 떠나고 말았다. 대단한 기개가 아닌가. 그의 말대로 홍국영의 권력은 빙산에 지나지 않아 쉽게 무너지고 그는 유배가 풀려 다시 여러 벼슬에 오르기도 했다.

당대의 명정승이던 번암 채제공이 반대파 권력자들의 모함으로 집안에 칩거하자, 가까이 지내던 모두가 그를 외면하던 때에도 홍화보는 말을 타고 찾아가 인사를 올렸다. 그때 채제공이 눈에 띄지 않도록 말을 보이지 않는 곳에 두라고 하자, 그러려면 왜 제가 찾아왔겠느냐면서, 누구의 말이냐고 묻거든 회현동 홍 병사의 말이라고 당당히 말하라고 하면서, 권력자들의 눈치를 피하지 않던 용기와 기개를 지녔다고 했다. (『혼돈록(餛飩錄)』)

권력에 굴종하고 아부를 일삼는 오늘의 벼슬아치들, 홍화보의 용기와 기개를 배워 보면 어떨까.

가까운 이에게 잘해야

유부 유자는 어디로

시대가 바뀌고 세상이 변해 가면서 항상 사용하던 언어도 바뀌기 마련이다. 우리가 젊었을 때만 해도 '유부(猶父)', '유자(猶子)'라는 단어가 전혀 생소함 없이 항상 사용하던 용어였음을 기억할 수 있다. '유부'란 아버지와 같은 분이라는 뜻이니 큰아버지나 작은아버지를 호칭할 때 사용하였다. '유자'란 아들과 같은 자식이라는 뜻으로 형제의 자식인 조카들을 지칭할 때 사용하는 용어였다. 그러나 요즘은 사용하는 경우가 거의 없고 오직 사전에나 남아 있는 단어가 되고 말았다. 그것은 바로 요즘 세상은 자기 아버지 외에 아버지는 없고, 친형제 외에 다른 형제는 가까이 지내는 세상이 아님을 방증해 주고 있다.

그래서 유교에서 가장 크게 강조하는 효제(孝弟)에 대하여도 오직 아버지와 어머니만 제대로 모시면 되고, 친형제끼리만 우애하고 지내면 할 일을 다 한 것으로 여기는 세상이 되고 말았다. 그러나 한 걸음 더 들어가는 가르침을 주었던 다산의 생각은 분명히 달랐다.

효와 제는 인(仁)을 행하는 근본이 된다. 그러나 부모를 사랑하고 그 형제끼리 우애하는 사람쯤이야 세상에 많이 있어 그렇게 치켜세울 만한 행실이 될 수 없다. 큰아버지나 작은아버지가 형제의 아들들을 자기 아들처럼 여기고, 형제의 아들들이 큰아버지나 작은아버지를 자기 아버지처럼 여기고, 사촌 형제끼리 서로 사랑하기를 친형제처럼 해야만 겨우 집안의 기상을 떨칠 수 있다. _「두 아들에게 보여 주는 가계(示二子家誡)」

효제의 진가를 발휘하려면 '유부', '유자'의 용어가 일상화되는 세상이 와야만 된다고 다산은 주장했다. 그러면서 다산은 더 부연 설명을 한다.

우리 아버지만 아버지이고 큰아버지나 작은아버지는 집안사람 가운데 조금 더 가까운 사람 정도로만 생각한다면 효제에 대한 참뜻은 실현될 수 없다.

효제정신을 이야기하면 케케묵은 봉건시대의 이야기라고 외면하며, 유교적 가치를 무시할수록 현대인이고 개명한 사람이라고 자부하는 사람이 많은 세상이지만, 효제에 대하여 한 걸음 더 들어가 그 진가를 풀어서 설명해 주는 다산의 이야기를 해야만 하는 오늘의 세상이 서글프기 그지없다.

핵가족 시대로 세상이 변하면서 사촌이 남이 된 것은 오래 전의 일이고, 백숙부모와는 얼굴을 마주할 기회가 갈수록 드물어지는 세상이기에, 다산의 말씀을 그대로 실행에 옮기기는 결코 쉬운 일이 아니다. 그러나 우리들처럼 대가족제도의 환경에서 어린 시절을 보낸 적이 있는 사람으로서는 향수처럼 다산의 말씀에 그리움을 품지 않을 수 없다. 친아들보다도 나를 더 아껴 주시고 사랑해 주시던 숙부님들(지금이야 모두 세상에 안 계시지만)의 애정이 생각나고, 친형제 못지않게 조부모 밑에서 함께 어울려 지내던 사촌들 생각 때문에 다산의 가르침을 외면하지 못하고 있다.

불효자를 멀리해라

설날이 지났다. 추석과 설날은 우리 민족의 최대 명절이다. 흩어져 살던 가족들이 모이고, 자주 만날 수 없는 부모형제가 함께 모여 가족의 따뜻한 정을 나누고 혈육의 애정을 함께 누릴 수 있는 시절이 바로 명절날이다. 그래서 세상에서 슬프고 애처로운 일도 명절에 부모형제가 함께 모이지 못하는 것보다 더 심한 것은 없다. 당나라의 유명한 시인 왕유(王維)가 읊은 "타향에서 외로운 나그네로 홀로 지내다 보니 즐거운 명절을 만날 때마다 어버이 생각 갑절로 나네.(獨在異鄉爲異客 每逢佳節倍思親)"라는 시에 명절이 다가오면 고향 생각, 부모형제 생각 간절해진다는 의미가 담겨 있다.

이번 설날에도 수천만의 국민이 명절을 맞아 고향에도 가고 성묘도 하는 등 인구의 대이동이 있었다. 교통이 그렇게 불편하고 고속도로가 대형 주차장이 되는 고통을 당하면서도 꾸역꾸역 고향을 찾고 부모형제를 찾아가는 어려움을 감내할 줄 아는 국민이 바로 우리 민족이다.

이 늙은 아비가 세상살이를 오래 경험하였고 또 어렵고 험난한 일을 고루 겪어 보아서 사람들의 심리를 두루 알게 되었는데, 무릇 천륜(天倫, 부모형제에 대한 애정의 윤리)에 야박한 사람은 가까이해서도 안 되고 믿을 수도 없다. 비록 충성스럽고 인정 있고 부지런하고 민첩하며 온 정성을 다하여 나를 섬겨 주더라도 절대로 가까이해서는 안 된다. 대개 온 세상에서 깊은 은혜와 두터운 의리는 부모형제보다 더한 것이 없는데 부모형제를 그처럼 가볍게 버리는 사람이 벗들에게 어떠하리라는 것은 쉽게 알 수 있는 이치다. 너희는 이 점을 반드시 기억해 두도록 해라. 무릇 불효자는 가까이하지 말고, 형제끼리 우애가 깊지 못한 사람도 가까이해서는 안 된다. _「학연에게 보여 주는 가계(示學淵家誡)」

자기의 부모형제와는 가볍고 소홀하게 지내면서 친구들에게 온 정성을 바치는 경우, 그들을 절대로 믿어서도 안 되고 가까이해서도 안 되는 것이라면서 친구를 사귈 때도 불효자나 형제끼리 우애가 옅은 경우는 가까이 지내지 말라고 다산이 큰아들 학연에게 내려준 교훈적인 글에 나오는 내용이다.

천지가 개벽되고 온 세상의 윤리와 도덕이 깡그리 무너졌어도 명절만 되면 죽을 고생을 무릅쓰고 부모형제를 찾고 고향을 방문하는 우리의 민족성이 그대로 살아 있음을 느끼면서 새삼스럽게 다산의 말씀들을 거론하고 싶었다. 누가 시키는 일도 아니고 강요하거나 벌을 받을 일도 아닌데, 인간의 본성과 천성은 부모형제를 그리워하고 또 깊이 생각하는 마음을 버리지 못한다. 그런 본성과 천성을 살려내어 더 적극적이고 강고하게 부모형제에 대한 정의와 애정을 살려내야만 한다.

가족끼리 저지르는 흉측한 죄악이 끊임없이 일어나고, 재산싸움으로 부모형제 간의 패악한 행위가 우리를 슬프게 만드는 오늘, 명절을 맞이하면 그리워지는 그 짙은 애정을 생각해서라도 다산이 그렇게도 강조했던 효제의 의리가 온 세상에 가득하게 된다면 얼마나 좋을까. 조금 가난해도, 권력에서 소외되었더라도, 화목한 가정에 효제의 윤리가 굳게 자리하고 있다면 얼마나 따뜻한 세상이 될까. 명절을 보내면서 그런 생각이라도 지녀본다면 세상이 얼마나 훈훈해지겠는가. 모두가 노력할 일이다.

화와 복의 원리는 알 수 없지만

◇   ◇

·········· **오직 선을 행할 뿐이다**

오랜 유배생활로 자식들을 직접 가르칠 수 없던 다산은 간절하고 교훈적인 편지를 수없이 아들들에게 보냈다. 보통의 편지를 통해서도 삶의 지혜를 가르쳐 주고 학문의 길을 말해 주었지만 「가계(家誡)」라는 제목, 즉 집안의 부형이 자제들에게 내려주는 교훈적인 글을 정성을 다해 인편에 보내 주었다.

화와 복의 이치에 대해서는 옛날 사람들도 의심해 온 지 오래되었다. 충과 효를 한다고 해서 꼭 화를 면하는 것도 아니고, 방종하여 음란한 짓을 하는 놈이라고 꼭 박복하지만도 않다. 禍福之理 古人疑之久矣 忠孝者未必免禍 淫逸者未必薄福 _「두 아들에게 보여 주는 가계(示二兒家誡)」

화와 복의 원리는 알 수 없다는 것이 다산의 생각이었다. 그러나 여기서 알아야 할 인간의 일을 다산은 분명하게 밝혔다.

그러나 선을 행하는 것이 복을 받을 길이므로 군자는 애써 착하게 살아갈 뿐이다. 然爲善是受福之道 君子强爲善而已

복을 받건 화를 당하건 가리지 않고 착한 일을 행할 수밖에 없는 것이 군자의 길이라고 말했다.

어떻게 해서라도 화는 피하기를 바라고, 어떻게 해서라도 복만 받기를 원하는 것도 인간이 바라는 바이지만, 문제는 복만 받을 때보다도 화를 당하는 경우, 아무리 해도 피할 방법이 없는 경우가 있기 마련이라는 것이다.

그런 경우 억지로 화를 피하려다가는 더 큰 화란을 당하는 경우도 있다. 여기에 한걸음 더 들어가는 인간의 결단이 요구된다. 착한 일을 하다가 당하는 화란, 인간 능력의 범위에서 벗어난 일이라면 순수하게 받아들이는 방법밖에 없다는 것이 다산의 뜻이었다.

천리는 돌고 도는 것이니 한번 넘어졌다고 결코 다시 일어나지 못하는 것은 아니다. 天理循環 不必一踣而不起也

다시 일어날 방법을 강구해야지, 한번 당한 화란 때문에 포기하고 주저앉아서는 영영 끝장이라는 뜻이다. 다산은 아무런 죄가 없었지만 모함과 비방에 걸려 '천주학쟁이'라는 누명을 쓰고 겨우 사형에서 벗어나 언제 풀리리라는 기약도 없는 유배살이를 하는 집안이어서, 언제나 자신의 집안은 '폐족'이라는 큰 화란을 당했다고 여겼다. 그러나 착한 일을 하고 살아가는데 화를 당했노라는 분노를 삭이지 못하고 조금이라도 과한 행위를 하다가는 더 큰 화란을 당하고 만다. 그래서 화란을 당하더라도 역시 군자가 해야 할 일은 착한 일일 뿐이니, 착한 일만 계속해서 하라는 뜻을 담고 있다.

그래서 화와 복은 어떤 이치에서 오는가를 의심할 수밖에 없다는 뜻이 나왔다. 착하게 살아가던 사람이 불의의 사고를 당해 큰 고통을 당하고 있으며, 세상에서 못된 일만 하는 사람도 어느 순간 잘먹고 잘사는 꼴을 우리는 수없이 목격한다. 그렇다고 군자가 악한 일을 할 수 없지 않은가. 역시 착한 일을 하는 수밖에 딴 길이 없다.

·············· 양심을 저버리지 말아야 한다

「또 두 아들에게 보여 주는 가계」라는 글을 읽다 보니 혼자 읽기에는 너무 아쉬워 많은 사람에게 소개해 주고 싶다. '우리 인간의 본분(吾人本分)', 인간이라면 본질적으로 해야 할 일이 있다고 하면서 다산은 최소한 두 가지 일은 반드시 실천해야지 그냥저냥 허둥지둥 시간이나 보내서는 안 된다고 강조했다.

첫째, 사대부의 마음가짐이란 마땅히 광풍제월(光風霽月)과 같이 털끝만큼도 가린 것이 없어야 한다. 무릇 하늘이나 사람에게 부끄러운 짓을 아예 저지르지 않는다면 자연히 마음이 넓어지고 몸이 안정되어 호연지기(浩然之氣)가 저절로 우러나올 것이다. 만약 포목 몇 자 동전 몇 푼 정도의 사소한 것에 잠깐이라도 양심을 저버린 일이 있다면 이것이 기상(氣象)을 쭈그러들게 하여 정신적으로 위축을 받게 되니, 너희는 정말로 주의하여라.

마음에 가리는 일, 양심을 저버리는 일이 없는 사람만이 가장 높은 인격의 경지인 호연지기를 지니는 사람이 된다는 뜻이다. 그렇다. 사람이란 마음가짐이 올바르고 정당하여 가슴을 열어젖히고 속을 들여다보아도 가리는 것이나 감춰 둔 것이 없어야 한다고 했는데, 그 일이 어디 쉬운 일인가. 오늘날의 말로 '흑심'이 없어야 구름 한 점 없는 밤하늘에 두둥실 떠 있는 맑고 환한 달처럼 모두에게 속살까지 보이게 할 수 있다는 뜻이다.

두 번째는 말을 삼가지 않으면 안 된다(口業不可不愼). 전체가 모두 완전하더라도 구멍 하나가 새면 이는 바로 깨진 옹기그릇일 뿐이요, 백 마디가 모두 신뢰할 만하더라도 한 마디의 거짓이 있다면 이건 바로 도깨비에 지나지 않는 것이다.

'구업(口業)', 입을 통한 일이니 바로 말이나 말씨, 언어를 말한다고 여기면 된다. 구업을 신중하게 하는 일, 그것 또한 쉬운 일이 아니다.

폐족으로 실의와 낙망에 빠져 있을 아들들에게 조목조목 삶의 철학을 가르치는 다산의 뜻이 얼마나 높았던가를 금방 가늠할 수 있게 해 주는 내용들이다. 모두 인용할 수는 없지만, 주요한 내용만 간추려 보아도 다산의 깊고 넓은 삶의 대도(大道)가 생생하게 나타나 있다. 친구를 사귈 때 가릴 일, 벼슬살이하는 자세, 임금의 잘못도 알려지게 해야 한다는 조언, 시를 쓰는 방도, 친척끼리 화목하게 지내는 도리, 재물을 오래도록 보관하는 방법 등 인생의 옳고 바른 길이 무엇인가를 밝혀 주는 내용이 많다.

다산의 현손(玄孫)인 정규영(丁奎英)은 자신의 고조할아버지의 연보인 『사암선생연보(俟菴先生年譜)』를 엮으면서 발문에 '가계'에 대한 높은 가치를 언급하는 글을 남겼다.

가계와 가서(家書)는 모두 성현들이 남긴 이론이어서 범속한 데에 떨어지지 않았으니, 한 집안의 자손들을 바로잡을 수 있을 뿐만 아니라 온 세상의 자제들이 모두 그 글 내용으로 수신·제가할 수 있는 내용이어서 연보에 수록했다.

세상의 모든 사람들에게 해당되는 훌륭한 글이 바로 '가계'라는 평가를 내린 것이다.

하피첩과 매조도

.... **아내의 치마폭에 담은 마음**

다산의 유품이자 국보급 유물인 '하피첩(霞帔帖)'의 경매 사실
이 알려지면서 관심 있는 사람들 사이에 화제가 되고 있다. '아
내가 보내 준 붉은 치마'라는 재료도 뜻이 깊은데, '하피첩'의 내
용은 '가계(家誡)'의 글과 정확히 일치한다. 다산의 문집에 실려
있는 '가계'는 귀양지의 아버지가 폐족으로 살아가는 고향의 아
들들에게 훈계의 내용으로 보낸 편지글이어서 그 내용에 담긴
의미를 음미하다 보면 다산의 인생철학과 학문적 깊이를 어렵
지 않게 이해할 수 있다.

내가 강진에서 귀양살이할 때 몸져누운 아내가 해진 치마 다섯 폭
을 보내왔다. 그것은 아내가 시집올 때 입었던 활옷인가 본데, 붉

은색이 이미 바래서 담황색이었다. 글씨 쓰는 재료로 삼기에 딱 알맞았다. 그래서 그것을 재단하여 조그만 첩을 만들어 손이 가는 대로 훈계하는 말을 써서 두 아들에게 전해 준다. 순조 10년(1810) 초가을 탁옹(籜翁)이 다산 동암(東菴)에서 쓰다.

이 글과 다산문집의 가계에 실려 있는 글은 내용이 완전히 일치한다. 다만 문집에는 첩의 서문에 해당하는 위의 내용이 「제 하피첩(題霞帔帖)」이라는 제목으로 따로 실려 있다.

'가계'는 1808년, 1810년 두 해에 걸쳐 유배지에서 고향의 두 아들에게 삶의 철학과 인생의 지침을 내려준 글인데, 아내가 시집올 때 입었던 다홍치마를 보내 주자 거기에 다산이 친필로 그 글을 옮겨 적었다.

하피첩에는 금과옥조의 내용이자 성현의 말씀에서 벗어나지 않는 잠언이자 인생의 교훈이 가득 차 있다. 남편을 사랑하는 아내 홍씨의 애틋한 마음이 살아 있고, 둘 사이 사랑의 결실인 아들과 딸에게 교훈 될 글을 써 준 자녀에 대한 아버지의 사랑이 200년 뒤의 오늘에도 우리를 감동시킨다.

다산은 1813년 시집가는 딸에게 남겨 두었던 치마폭 재료에 '매조도'를 그리고 화제를 달아 가리개를 만들어 선물했다. 딸의 시가에서 흘러나온 '매조도'는 일찍부터 고려대학교박물관에 전시되어 있었지만, 본가에 보관되어 있어야 할 하피첩은 종적을 알 수 없었는데, 2006년 3월 28일 「중앙일보」에 하피첩이 발견되었다고 사진과 함께 보도되면서 세상에 다시 나타났다.

200년 가까운 세월 뒤에야 다시 얼굴을 내민 것이다. 내용의 훌륭함이야 말할 필요도 없지만, 정갈한 글씨에 정성이 깃든 솜씨가 와락 다산을 만나보는 것 같은 착각을 느낄 정도로 우리를 매혹시키고 말았다.

어머니의 치마에 쓰고 그린 아버지의 글과 그림은 아들과 딸에게 더없이 귀중한 선물이니 이런 값진 글과 첩이 세상 어디에 또 있겠는가. 남편을 잊지 못하는 아내의 사랑도 절절하건만, 사랑을 받는 남편은 아들과 딸에게 그 사랑을 더 크게 넘겨주었으니 얼마나 애틋하고 간절한 사연인가.

하피첩의 소유자가 금융사고로 법망에 걸리면서 오랫동안 채권의 담보물로 어떤 기관에 압류되어 있었는데, 소송절차가 끝나 경매에 들어간다는 보도가 나왔다. 뜻밖에 세상에 드러난 이 하피첩이 돈 많은 개인의 소유가 되어야 할까, 아니면 반드시 공물(公物)이 되어 공공의 박물관에 전시되어 국민 모두의 것이 되어야 할까. 개인 소유로 있다가 외국에라도 유출되면 어떻게 될까. 실학박물관 같은 공기관에서 매입하든가, 아니면 정부에서, 아니면 국민모금운동이라도 벌여서 국민의 소유가 되게 할 수는 없을까. 안타까운 마음에서 제안을 해 본다.

슬픔은 짧고 기쁨은 길었다

◇   ◇

.... **다산의 회혼례**

다산의 일생은 우연스럽게도 희한한 숫자놀음에 연관되어 있
다. 특히 18년이라는 햇수가 겹치는 것이 이상하다. 1801년 신
유박해 때 감옥에서 18일 구금되어 있었는데, 귀양살이도 18년
이었으며, 22세에 정조와 첫 만남을 가진 이후 18년 만에 정조
가 세상을 떠났다. 57세에 해배되어 고향으로 돌아온 18년째에
다산은 세상을 떠났다. 이상하게도 숫자로 맞아떨어지는 운명
이라고나 할까.

다산은 15세에 결혼하여 60년이 지난 75세에 세상을 뜨는데,
눈을 감은 날이 음력 2월 22일인데 60년 전 결혼식을 올리던
날도 바로 2월 22일이었다. 그날은 바로 결혼 60주년을 맞는
회혼례(回婚禮)를 치러야 할 날이었다. 회혼잔치를 베풀려고 가

족·친척·제자 들까지 모두 모였는데, 회혼례를 거행하지 못하고 아침 식사 직후 다산은 눈을 감고 말았다. 다산은 그날 죽음을 맞을 것으로 예견이라도 했던 것처럼 3일 전인 19일에 '회근시(回졸詩)'라는 생애의 마지막 절필을 남겼다.

60년 풍상의 세월 눈 깜짝할 사이 흘러가	六十風輪轉眼翻
복사꽃 활짝 핀 봄 결혼하던 그해 같네	穠桃春色似新婚
살아 이별 죽어 이별 늙음을 재촉했으나	生離死別催人老
슬픔 짧고 기쁨 길었으니 임금 은혜 감사해라	戚短歡長感主恩
오늘밤 목란사(木蘭詞)는 소리 더욱 다정하고	此夜蘭詞聲更好
그 옛날 붉은 치마에 유묵 아직 남아 있네	舊時霞帔墨猶痕
쪼개졌다 다시 합한 것 그게 바로 우리 운명	剖而復合眞吾象
한 쌍의 표주박 남겨 자손들에게 넘겨주노라	留取雙瓢付子孫

옛날 악부(樂府)의 하나인 '목란사'는 남장하고 출정한 아내의 무용담을 남편이 아내에게 읽어 주는 글로, 금실이 좋았던 시절을 회상하는 내용이다. '하피첩' 이야기는 귀양살이 10년째에 아내가 보내 준, 시집올 때 입었던 다홍치마를 첩으로 재단하여 자녀에게 교훈적인 글을 적었던 내용을 생각한 것이다.

음력 2월이면 한창 복사꽃이 피는 꽃의 계절, 자연은 어김이 없어 결혼하던 그해처럼 회혼의 날에도 꽃이 만발했으니, 다산은 또 그걸 놓치지 않고 멋지게 묘사하였다. 그처럼 파란만장한 삶을 살고도 슬픔은 짧고 기쁨은 길었다고 긍정하며 임금님의 은혜에 감사한다는 유교주의자의 본색도 스스럼없이 드러냈다.

파란만장했지만 궁하지 않았다

다산은 본디 당파로는 남인이다. 그런데 이상하게도 500여 권
의 방대한 저술을 안고 고향으로 귀향한 해배 후의 삶에서는 반
대당인 노론 쪽에서 다산을 높이 평가하는 학자들이 많았다. 안
동 김씨인 대산 김매순(金邁淳, 1776~1840)이 다산의 저서를 읽
은 뒤 극찬하였고, 풍산 홍씨인 홍석주·홍길주·홍현주 3형제가
유독 다산을 존경하면서 잦은 내왕으로 학술적 토론을 계속하
였다. 참으로 특이한 현상이었다.

홍석주는 대제학을 지내고 좌의정에 오른 나라의 대신이었
고, 홍길주는 당대의 대표적인 문장가였으며, 홍현주는 정조
의 외동사위이자 순조대왕과는 동복 처남 남매간이었다. 순조
의 동복누이 숙선옹주의 남편이자 특히 시문에 뛰어나 큰 이름
을 날리던 인물이었다. 문장가 홍길주가 다산의 회혼일을 맞아
그날 세상을 뜨리라는 예견을 전혀 못 하고 건강할 때의 다산을
생각하면서 올린 회혼 축하문이 전한다.

다산 선생은 우주를 꿰뚫을 만큼 박식하고, 두루 깨달아 아무리
미세한 일조차도 철저하게 알아냈다. 축적된 앎이 드넓고 다루는
분야가 넓어서 무엇이든 훤히 알지 못하는 것이 없었다. 그러나

세상은 그를 몇 십 년이나 버려서 강가에서 한가롭게 노닐게 하였
지만 벼슬을 내린 적이 없었다. 그래서 혹자는 운명이 참으로 궁
하다고 하지만 나는 그렇지 않다고 생각한다. _「승지 정다산의 회
혼을 축하하는 글(丁茶山承旨回졸壽序)」

이렇게 말하고는 세 가지 이유를 들었다.

첫째, 75세 76세의 노부부가 회혼을 맞는 날까지 이렇게 건
강하시니 이런 행복이 어디 있겠는가.

둘째, 궁하게 살면서도 늙도록 저술에만 몰두하여 도서(圖
書)·상수(象數)의 오묘한 이치에서, 구경(九經)·백가(百家)·문
자와 명물(名物)의 풀이, 병법·농법·정치제도·치민(治民)·옥사
(獄事)에 이르기까지 방대한 저술을 남겼으니 이런 행복이 무엇
에 비교되겠는가.

셋째, 두 아들과 네 손자가 모두 학문이 높고 글 잘하는 자손
이니 이런 행복한 집안이 어디 있겠는가. 더구나 효우(孝友)하
는 집안인 데에야.

당대에 그런 높은 평가를 받은 다산, 역시 옳고 바르게 살아
간 학자의 삶은 생전은 물론 천년 뒤에도 높은 평가를 받을 수
밖에 없다는 것을 다산을 통해 알게 된다. 이제 남은 우리들, 선
생의 간절한 애민·목민정신을 실천하는 일이 과제로 남았다.

4부

손암과 다산의
형제지기

외롭기 짝이 없는 이 세상에서 다만 손암 선생만
이 나의 지기였는데, 이제는 그분마저 잃고 말았
구나. 지금부터 학문을 연구하여 비록 얻은 것이
있다 하더라도 누구에게 상의를 해 보겠느냐. 사
람이 자기를 알아주는 지기가 없다면 이미 죽은
목숨보다 못한 것이다.

삼형제에게 닥친 비극

천주교로 갈라진 형제의 길

진주 목사(晉州牧使)를 역임한 정재원(丁載遠)은 아들 하나를 낳은 초취 부인과 사별하고, 재취 부인으로 해남 윤씨를 맞았다. 윤씨 부인은 윤선도·윤두서의 후손으로 명문 출신이었다. 시집 와서 딸 하나(이승훈의 부인)와 아들 셋을 낳았으니 약전·약종·약용이다. 막내 약용이 겨우 아홉 살일 때 윤씨 부인도 세상을 뜨고 말았다. 약전 등 삼형제는 기본적으로 천재적인 두뇌의 소유자들이었다. 약종도 청소년 시절에는 유학을 기본적으로 공부했으나 자라서는 노장학이나 신선술에 몰입하면서 형인 약전과 아우인 약용과는 학문이나 삶의 방향에서 벌써 차이를 보였다고 한다.

1799년 일세의 명정승 채제공이 세상을 떠나 다산 일파는 세력이 크게 위축되었다. 1800년 음력 6월, 학자군주 정조는 그렇게도 다산 일파를 두호했건만 끝내 명이 짧아 세상을 뜨고 말았다. 11세의 어린 순조가 왕위에 오르고 영조의 계비 정순대비가 궁중의 최고 어른으로 수렴청정하면서 정권을 잡자, 다산 일파는 완전히 몰락구조에 빠지고 만다. 반대파가 정권을 잡으면서 다산 일파는 풍전등화의 신세로 변해 버린 것이다.

천주교가 민간에 크게 번지던 때에서 '사학(邪學)'이라는 비난에 휩싸인 천주교인들은 크게 탄압을 받을 처지에 놓였다. 사학금지령을 반포한 정부는 공포 분위기까지 조성했다. 마침내 화란의 불길이 솟았다.

1801년 음력 1월 19일, 정약종이 숨기려던 천주교 관계 자료와 신부나 교인들과 주고받은 편지가 한성부 포교들에게 압수당한다. 그것을 빌미로 정약용 삼형제는 감옥에 갇히고 혹독한 국문을 받아야 했다. 정약종은 천주교는 사교가 아닌 대공지정(大公至正)의 학문으로 자신은 결코 뜻을 바꿀 수 없다고 명백히 말했다. 임금과 아버지의 존재까지 부인했음을 시인하면서 죽여 달라고 순교의 뜻을 고집했다.

그러나 당국의 의도는 정약종의 처벌에 있지 않고 약용을 죽일 자료와 증거를 찾는 데 혈안이 되어 있었다. 그러나 아무리캐 보아도 약용을 죽일 증거와 자료는 나오지 않았고, 오히려약용을 석방해야 할 증거만 나왔다.

"화란의 기색이 박두했으니 천주교 관계 일을 하라고 종용하는 사람이 있으면 내가 손수 칼을 잡겠다."는 약용의 편지가 나왔고, 약용이 천주교를 믿지 말라고 겁을 주면 "정약용의 말은 모두 공갈이니 마음을 쓸 것이 없다."고 답한 편지도 나왔다. "정약용이 알면 반드시 큰일이 날 것이다."라는 내용의 편지를 신자들끼리 주고받았고, 평소에 정약용이 천주교를 버리지 않으면 죽이겠다, 고발하겠다, 천주교에서 떠나라고 독촉했다는 내용까지 발견되었다는 것이다.

더 명확한 자료의 하나는 정약종이 누군가에게 보낸 편지에서 "중형(약전)과 막내아우(약용)가 함께 천주교를 믿지 않음이 저의 죄입니다."라는 구절까지 나와 약전·약용은 신자라는 죄명으로 죽일 수 없는 명확한 증거가 나오기에 이르렀다.

.... 한 사람은 죽고 두 사람은 유배되고

국청의 국문 결과 형제 세 사람은 같은 길을 가지 못하고 일사이적(一死二謫), 한 사람은 죽고 두 사람은 귀양살이를 떠났다. 종교를 버렸다는 약전·약용의 처벌은 정치적 이유와 당쟁의 소용돌이 탓이었으나 약종은 신앙인으로 보면 순교했다고 생각한다.

약종과 약용, 길이 달랐던 두 형제는 형은 위대한 신앙인으로, 아우는 살아남아 위대한 학자, 조선 최고의 실학자로 우뚝 섰다. 형제의 달랐던 길, 그것이 어떻게 마음에야 편한 일이었겠는가. 그래서 다산은 인생을 정리한 글에서 회한의 심정을 밝혔다.

오호라! 골육이 서로 싸워 자신의 몸과 이름을 보존한 것과 순순
하게 받아들여 엎어지고 뒤집혀서라도 천륜에 부끄럼 없게 했음
이 어떻게 같을 것인가. 뒷세상에 그 마음을 알아줄 사람이 반드
시 있을 것이다. _「자찬묘지명」

형제의 의리는 천륜이니, 천륜에 위배됨 없이 형제가 뜻을 같
이하여 죽으면 같이 죽고 살면 같이 살아야 했건만 형과 아우가
뜻을 같이하지 못하고 서로를 욕하고 비난해야만 한 사람이라
도 살아남을 수 있었던 참담한 시절을 회고했던 것이다.
　두 살 터울의 형과 아우가 서로 다른 길을 가야만 했던 역사의
비극, 형이 그렇게 옳고 바르다던 천주학을 아우는 그렇게 비난
하고 욕했으니 왜 천륜에 부끄러움이 없겠는가. 형은 그렇게 신
자들을 보호하고 감추었는데 아우는 신자들을 고발하고 비난했
으니, 문명의 충돌이 가져온 아픔이자 비극이었다. 임금도, 아버
지도, 조국과 민족도 부인했던 정약종에 대한 논란이 있을 수도
있으나 종교를 위해 순교한 그 혼은 또 높이 사야 하리라.

형제지기를 나눈 손암과 다산

세상에 없는 아름다운 글귀의 하나는 '부자지기(父子知己)', '형
제지기(兄弟知己)'라는 단어이다. 아버지와 아들이 같은 수준으
로 시문(詩文)에 밝고 학문적 견해나 생각에 큰 차이가 없어 부
자간의 정(情) 말고도 동지(同志)의 입장에 도달해 있을 때, 아
름다운 칭호의 하나로 부자지기라는 말로 칭송한다. 마찬가지
로 '형제지기'란 말도 형과 아우 사이에 형제의 정의가 돈독한
데다, 같은 수준의 학문이나 생각에서 동지적 입장일 때 형제지
기라는 높은 칭찬을 하게 된다.

우리 집안에서 말하던 것만 기억하여도 그런 문제는 쉽게 이
해가 된다. 우리 증조부님과 조부님은 '부자지기'라는 말을 듣던
사이였다. 증조부님이 돌아가신 뒤에는 주변 사람들이 조부님

과 아버님 사이를 또 부자지기라고 칭했다. 조부님이 돌아가신 뒤에는 아버님과 아버님의 막내아우인 계부(季父) 사이를 형제지기란 말로 일컬었던 것을 잊지 않고 있다.

이 네 분 모두 유학에 깊은 이해가 있던 선비들이어서 글 수준도 비슷했지만, 부자와 형제 정의가 너무나 돈독했기에 세상에서 그렇게 호칭하였으니, 우리 집안으로서는 그 이상의 자랑스러운 일이 없었다.

다산의 남자 형제는 5명이었다. 전처 소생인 정약현(丁若鉉, 1751~1821)은 장형, 재취 소생인 약전·약종·약용 등 3형제에, 서모 소생인 정약횡이 그들이다. 모두가 재주가 높고 똑똑하고 글도 잘하여 남부럽지 않게 잘나가던 형제들이었으나, 1801년 신유옥사에 잘못 걸려들어 집안이 풍비박산에 이르고 말았다. 다산의 지적대로 3형제가 감옥에 갇히고 국문을 받아 끝내는 '일사이적(一死二謫)'의 처지가 되고 말았다.

장형 약현은 뒤늦은 45세에 진사과에 합격하여 선비 대접을 받았고, 글도 잘하여 시집을 3권이나 남겼다. 51세에 신유년의 화란을 맞아 두 아우가 귀양 가 버렸는데, 혼자서 꿋꿋하게 가정을 지키고 정씨 가문의 전통을 이어가는 데 손색이 없는 삶을 살았다. 모두 넘어지고 엎어졌음은 말할 것도 없고, 사위 황사영이나 딸인 황사영의 부인 및 자녀들까지 온통 처참한 운명에 놓였으나, 약현만은 전혀 법망에 걸리지 않았고, 종교 문제로도 시비를 당하지 않아 찬란한 정씨 가통을 그나마 유지할 수 있게 한 것이다.

다산의 글 「큰형님 진사공 정약현 묘지명」을 읽어 보면 다른 형제들이야 돌아오지 못하고 불귀의 객이 되었으나, 다산이 18년 뒤인 1818년 57세로 집에 돌아오자 68세의 노인 약현은 아우 다산을 다시 만나 즐거운 형제애를 누리다가 3년 뒤 71세로 세상을 떠났다고 되어 있다.

그런 큰형님이 다산에게는 얼마나 고마웠을까. 그래서 묘지명(墓誌銘)에서 가문을 지킨 큰형님의 공덕에 머리 숙여 감사의 뜻을 표현했다.

신유년의 화란에 우리 3형제가 함께 어처구니없이 걸려들어 한 분은 죽고 두 사람은 귀양 갔건만, 공은 조용하게 그러한 논란에 빠지지 않고 우리 집안의 문호(門戶)를 보존하였고, 선조들의 제사를 받들 수 있었다.

충주 하담(荷潭)에 부모님 묘소가 있었기에 묘소를 바라보면서 살겠노라고 '망하정(望荷亭)'이라는 호를 짓고 극진하게 부모님을 사모했던 효자의 마음을 지니고 살았다니 맏아들 약현의 인품도 짐작할 만하다.

귀양이 풀려 고향에 돌아온 다산은 큰형과 함께 배를 타고 충주 하담으로 성묘를 다녔으며, 소양강을 따라 춘천까지 유람하는 즐거운 생활을 했다. 그들의 따뜻하고 정겨운 형제애가 은근하게 오늘에까지 전하고 있다.

다산은 여러 글에서 네 살 손위 형님인 정약전은 자신의 둘도
없는 지기여서, 자기들은 '형제지기'라는 말을 자주 거론했다.
그러면서 또 인간이 힘써야 할 가장 중요한 일은 '효제(孝弟)'라
는 두 글자에 있다고 누누이 강조하는 편지를 아들들에게 보냈
다. 부모·형제 사이의 천륜에 돈독하지 않은 사람과는 친구로
도 사귀지 말라면서, 부모에게 효도하고 형제 사이에 우애하는
일이 인생의 본분임을 입이 닳도록 강조했다.

외롭기 짝이 없는 이 세상에서 다만 손암 선생만이 나의 지기였
는데, 이제는 그분마저 잃고 말았구나. 지금부터 학문을 연구하여
비록 얻은 것이 있다 하더라도 누구에게 상의를 해 보겠느냐. 사
람이 자기를 알아주는 지기가 없다면 이미 죽은 목숨보다 못한 것
이다. _「두 아들에게 보냄(寄二兒)」

정말로 그렇다. 정약전·정약용 형제는 세상에 없는 지기지우
(知己之友)인 동포(同胞) 형제였다. 두 분이 주고받은 편지나 학
문적 토론의 글들을 보면 부럽기 그지없는 사이였다.

『주역사전』이 완성되었을 때 손암 공이 읽어 보시고 "세 성인(복
희·문왕·공자) 마음속의 오묘한 이치가 이제야 찬연하게 밝혀졌구
나."라고 했고, 또 초고를 고쳐서 보내 드리자 공은 "처음에 보낸

원고는 샛별이 동쪽에서 밝아오는 듯하더니 이번 원고는 태양이 하늘 가운데 떠 있는 것 같구나."라고 하였다. 「중형님 정약전 묘지명」

아우 약용의 학문적 업적을 평가해 주던 높은 학자 정약전의 기뻐하던 모습을 읽을 수 있으니, 이들 형제의 아름다운 지기 사이가 부럽기만 하다.

.... 학연과 학유의 형제지기

더 부럽고 감탄을 숨길 수 없는 일의 하나는 아버지 형제의 뜨거운 형제애를 본받은 다산의 두 아들 정학연과 정학유의 지기를 넘어서는 형제애이다. 아버지 형제들이 형제지기임을 인식하고 살았던 다산의 큰아들 학연과 둘째 아들 학유는 세 살 터울의 형제로, 세상에서 이름난 형제지기였다.

70세의 아우 학유가 세상을 떠나자 노인 학연이 황상이라는 친구의 위문편지에 답한 편지를 읽어 보면 그 두 형제 또한 참으로 멋진 지기였음을 알 수 있다.

16세의 아우 학유와 19세의 형 학연은 아버지를 귀양살이로 떠나보내고, 어머니와 처자식을 거느리며 55년을 함께 살다가 동생인 학유가 형님 먼저 세상을 떠나고 말았으니 형인 학연으로서는 대단한 아픔이었으리라.

55년간 칼과 창이 부딪치는 죽음의 불안을 지나고 갖은 위험과 어려움에 처해서도 아우와 더불어 함께 건너왔소. 비록 다른 사람과 인연을 맺은 경우에도 그가 죽으면 마음이 찢어질 듯 아픈데, 하물며 한 배에서 난 아우로 70년간 서로 의지해 온 사람이야 오죽하겠소. _「학연이 황상에게 답함」

절절한 형제애가 사람을 울린다. 추사 김정희가 정학유의 부음을 친구에게 전하는 편지에서, 남남인 친구들의 마음이 이렇게 아프고 쓰릴진대 '정지(情地)'가 유독 특별한 친형인 정학연의 마음은 어떨 것인가를 염려했던 내용으로 보면, 그들은 세상에서 소문난 형제지기였음을 금방 짐작할 수 있다. 대를 이어 형제지기이던 정씨 집안의 우애가 정말로 부럽다.

다산은 자신이 살아가던 세상을 윤리의식이 타락하여 오륜(五倫)이 무너져 간다고 개탄했다.

봉당의 화란이 그치지 않아 반대파 정치인을 몰아넣는 옥사(獄事)가 잦으니 군신유의(君臣有義)는 이미 무너졌다. 아버지의 뒤를 잇는 입후(立後)의 의리가 밝혀지지 않아 부자유친(父子有親)은 없어졌으며, 수령들이 기생에 빠져 있으니 부부유별(夫婦有別)도 이미 문란해졌다. 귀족 자제들이 교만을 피우니 장유유서(長幼有序)도 파괴되고, 과거제도로 경쟁만을 부추기고 도의를 강론하지 않으니 붕우유신(朋友有信)도 어긋나 버렸다.
_「두 아들에게 보임(示兩兒)」

다산은 세태에 분개하면서 자식들이 그러지 않기를 간절히 애원했다.

부모를 사랑하고 형제끼리 우애하는 사람쯤이야 세상에 많아서 그렇게 치켜세울 행실은 아니다. 큰아버지와 작은아버지가 형제의 아들을 자기 아들처럼 여기고 조카들이 큰아버지나 작은아버지를 아버지처럼 여기고 사촌 형제끼리 서로 사랑하기를 친형제처럼 사랑하는 정도에 이르러야 겨우 집안의 기상을 떨칠 수 있는 것이다. _「두 아들에게 보여 주는 가계(示二兒家誡)」

다산의 윤리의식은 참으로 정당하였다. 그러면서 자신의 형제애가 얼마나 돈독했는가를 아들들에게 설명해 주었다.

예전 속담에 "사촌이 논을 사면 배가 아프다."라는 말이 있다. 그 속담은 사실 형제 사이야 전혀 문제가 없음을 전제하고 유행하던 말이었다. 사촌 사이만 해도 '한 다리가 천 리'여서 남이 잘 되는 것에 배 아파하는 인간의 심리로, 혹 사촌이 잘되는 것을 시기하는 경우가 있을 수 있다는 가정법의 이야기였을 것이다. 그러나 요즘에는 가정법이 아니라, 사촌 사이는 남이 된 지 오래고, 심지어는 형이 논을 사도 배가 아픈 시대이다. 형제 사이도 갈수록 서먹해진 요즘 세상, 부자·형제의 지기라는 아름다움도 사라져 가고 있고, 다산의 아름답던 형제지기도 이제는 옛말이 되어 간다. 아버지와 아들, 어머니와 딸들이 벌이는 재산 싸움에 윤리는 무너졌고, 형제 사이에도 유산 싸움으로 칼부림

과 송사가 번져 세상이 시끄러우니, 부자·형제지기의 미풍양속
은 언제나 회복될까.

옴약을 형님께 보내며

.... **특효약을 발명해 형님에게 보내다**

손암과 다산 형제는 우애가 넘치던 형제지기였다. 다산의 글을
읽어 보면 외딴 흑산도에서 외롭고 고달프게 귀양 살던 형님에
대한 걱정과 안타까움이 곳곳에 드러나 있다. 형님의 건강을 걱
정해서 들개라도 잡아 드시라는 말씀을 올리는가 하면, 옴(疥)
치료에 도움이 되는 약을 보내는 등 온갖 배려를 아끼지 않았다.

집으로 보낸 편지에서도 육지에서 귀양 사는 자신의 고통이
이러할진대, 먼먼 섬에서 귀양 사는 형님의 고통은 얼마나 심
할까를 염려하는 내용이 많다. 시에도 형님을 사모하고 또 그의
건강을 걱정하는 내용이 자주 등장한다.

세상은 참 많이 좋아졌다. 우리 어린 시절만 해도 빈대·벼룩·
이 같은 해충들이 우리를 얼마나 괴롭혔으며, 옴이나 종기가 몸

에서 떨어지지 않아 얼마나 큰 고통을 당했던가. 벼룩 같은 해
충은 거의 멸종상태이고, 옴이나 종기의 괴로움도 의약의 발달
에 따라 점차 사라지고 있는 상태가 오늘의 현실이다. 그 지긋
지긋한 옴, 유배의 고통도 힘들기 짝이 없는데 옴에 시달리던
다산의 모습, 그런 지독한 피부병의 고통을 스스로 의약을 개발
해서 극복했던 다산의 지혜를 담은 시 한 편이 우리를 감동시킨
다. 더구나 그 약을 흑산도의 형님에게 보내 주던 정성은 눈시
울을 뜨겁게 한다.

가려운 옴 근질근질 늙어서도 낫지 않아	癬疥淫淫抵老頹
온몸을 차 볶듯 찌고 쬐고 다 했다네	身如茶筭備蒸焙
더운 물에 소금 넣어 고름도 씻어내고	溫湯淡鹵從淋洗
썩은 풀 묵은 뿌리 안 뜬 뜸이 없다네	腐草陳根莫灸煨
벌집을 촘촘히 걸러 그 즙을 짜내고	密濾蜂房須取汁
뱀허물 재가 안 되게 살짝만 볶은 뒤에	輕熬蛇殼恐成灰
단사 넣어 만든 약, 형님의 고통 생각해	丹砂已熟憐同病
형님의 심부름꾼 오기만 기다린다네	留待玆山使者來

_「유합쇄병을 부쳐온 운에 화답하다(和寄餾合刷瓶韻)」

시라고 하기에는 단방약의 제조법을 설명하는 의약 상식 같
은 내용이다. 다산의 설명을 들어 본다.

내가 앓고 있는 고질의 옴이 근래에는 더욱 심해져 손수 '신이고

(神異膏)'라는 약을 만들어 바르고는 나았으므로, 이를 현산 형님에게도 나누어 주었다.

역시 다산은 철저한 실학자였다. 벌집을 걸러 즙을 내고, 뱀 허물을 살짝 볶은 다음 단사(丹砂)와 섞어 만든 약을 '신이고'라 이름 짓고, 그것을 발라서 옴이 낫도록 창의력을 발휘했다. 대단하다. 그래서 오늘도 다산이 아닌가. 물론 그것을 주변 사람들에게 모두 사용하게 했을 뿐만 아니라, 흑산도의 형님에게까지 보내는 마음은 다산이 얼마나 인정 많은 학자인지 보여 준다.

편지로 학문을 토론하다

몇 해 전 흑산도를 찾아가, 외롭고 쓸쓸하게 16년이나 유배생활을 하다가 끝내 해배되지 않아 뭍에 오르지 못하고 세상을 떠난 손암 정약전의 유배지를 답사했다. 그분의 고독, 그분의 신산했던 삶, 그분의 높고 넓은 학문을 생각하면서 감정이입으로 인한 절절한 외로움에 젖기도 했다. 지금까지 남아 있는 자료를 살펴보면, 정약전에게 긍정적이거나 희망적인 일은 강진에서 귀양 사는 아우 정약용의 편지를 받아 읽는 재미와 그 편지에 답을 쓰던 일이 아니었나 싶다.

요즘 다산문집 말미에 들어 있는, 필사본으로 기록된 손암이 다산에게 보낸 답장 13편을 읽으면서 그분의 박학한 학식과 개혁적인 안목에 감탄하지 않을 수 없었다.

1811년 음력 9월 6일 자로 보낸 편지가 특별히 눈에 띄었다. 다산이 『논어고금주』를 저술하는 과정에서 새로운 해석을 단 내용의 일부를 형에게 보냈는데, 그걸 읽고 보낸 답장인 듯하다.

지난겨울에 답해 준 편지에는 전에 얻지 못했던 것으로 새로 들은 것이 매우 많았네. 앞전에는 혼자서 얻어 낸 바이지만 그대의 의견과 부합되는 것이 거의 대부분이었네. 우리 두 사람은 한 핏줄에 함께 배웠으니 있음직한 일이나, 눈동자는 각각인데 어떻게 그렇게 같겠는가. 그중에서도 가장 기기묘묘한 일로 실소를 금치 못하는 것은 '안연문인장(顔淵問仁章)'이라네. 나는 그날 아침에 우연히 『논어』를 읽다가 새로운 의미를 발견하고는 혼자서 환호작약했는데, 그날 해가 지기 전에 그대의 편지를 받았네. 책을 펴 보니 새로운 뜻으로 해석한 내용이 어쩌면 내가 해석한 의미와 완전히 일치하는 내용이었네. 곧바로 그대의 손을 붙잡고 싶고, 등을 두드리면서 '내 아우, 내 아우!' 라고 부르고 싶었으나 그러지 못했으니 얼마나 기이한 일인가.

안연(顔淵)이라는 공자의 제자가 공자에게 인(仁)에 대한 질문을 하자 공자가 "인이란 극기복례(克己復禮)하는 일이다."라고 답한 부분인데, 다산은 인이 이치가 아니고 두 사람 사이에서 상대방에게 최선을 다하는 '행위'라고 해석했는데, 손암도 그런 해석을 내렸던 것으로 보인다.

또 다른 한 대목을 보아도, 그들 형제가 얼마나 깊고 넓은 지식으로 경(經)에 대한 토론을 했던가를 금방 알아볼 수 있다.

근래에 『논어』를 읽어 보니 대부분 학문을 장려하고 힘써 행동으로 옮기는 내용이었네. 또 많은 내용은 성인의 겸손함과 자신을 낮추는 일에 대한 내용이었네. 『맹자』 7편에는 단 한 구절도 스스로 겸손해하는 내용은 없고 대체로는 스스로 과시하고 자만해하는 말이었네. 어느 누가 이처럼 오만한 사람을 '성인에 버금가는 덕(亞聖之德)'이라고 말했단 말인가. 이는 반드시 맹자의 친필이 아닐 것이네. 제자들인 만장(萬章)이나 공손추(公孫丑) 무리가 멋대로 더하고 덜어내 그들의 스승을 높이기만 힘써 오히려 교만하고 인색함에 빠지고 말았다고 생각되는데, 그대 생각은 어떠한가?

천애의 절도 흑산도에 갇혀 살던 역적죄인 손암은 육지의 아우에게 높은 수준의 경학 이론을 전해 주고 있었다. 『맹자』라는 책에는 지나치게 긍과(矜誇)와 자임(自任)의 내용이 많은 것을 지적하면서, 『맹자』가 전하는 내용이 아니라 제자들이 선생만을 높이려다가 오히려 선생을 교만하고 인색한 사람으로 빠지게 했던 것이 아닌가라는 의문을 제기하는 내용이다.

『맹자』에 대한 학설이 참으로 많지만 이런 점을 지적한 내용은 많이 전하지 않는다. 손암의 경학 실력이 어느 수준에까지 이르렀는가를 바로 알아볼 수 있다.

동급의 학문 수준, 동급의 개혁과 변화의 마인드를 지닌 형제 지기, 그들의 경학(經學)도 그런 높은 수준에 이르렀음을 보여 주는 대목이다. '같은 핏줄에 같이 배운 학문 (同氣同學)' 흑산도와 강진의 먼 거리에서도 그들의 형제애는 식지 않았고, 그들의 학문 경지도 그런 높은 수준에 함께 이르렀음을 실증적으로 보여 주고 있다.

동포형제라는 혈육의 정에, 학문 수준까지 동급에 이른 두 형제는 너무나 부러운 사이이다. "내 아우, 내 아우!"라고 외치면서 손을 붙잡고, 등을 어루만지고 싶다던 손암은 끝내 뜻을 이루지 못하고 불귀의 객이 되었으니 안타까운 일이다.

그런 대학자 형제를 그렇게 긴긴 유배살이로 인생을 마치게 했던 점은, 당시의 수사와 재판이 얼마나 엉터리였음을 만천하에 보여 준다. 20년 동안 살인죄로 징역 살다 나와 재심을 통해 무죄를 선고받은 어떤 사건을 보면서, 그때의 수사와 재판의 잘못됨에 분노를 느끼지 않을 수 없다. 그런 형제를 왜 그렇게 비참한 생활을 하게 했을까?

현산과 다산

.... 내 형님 얼굴 언제나 보려나

정약전은 흑산도에서 귀양 살고 정약용은 다산(茶山)에서 귀양
살고 있었다. 애초에 정약전은 강진의 신지도(薪智島)에 있었고,
정약용은 포항시 곁의 장기(長鬐)에 있었는데, 황사영백서 사
건 이후로 재차 감옥에 갇혀 다시 국문을 받고, 혐의가 없자 귀
양지만 바꿔 같은 전라도에서 지냈다. 유배 초기 때는 신지도와
장기의 참으로 멀고 먼 거리, 전라도와 경상도에 나뉘어 살면서
형과 아우가 서로를 못 잊어하던 심정은 인간으로서는 견디기
어렵고 힘든 아픔이었다.

땅은 이쪽저쪽의 끝에 있기에　　　　　　　　　地共天涯盡
같은 해 아래서 만나지 못한다네　　　　　　　　人從日下疎

하늘 땅 사이 눈물 어린 두 눈   乾坤雙淚眼

몇 줄 서찰로 안부나 묻고 마네   存沒數行書

모진 괴로움 왜 없으리오만   豈能無苦毒

오히려 평안하다고만 하셨네요   猶自報平安

그 얼굴 그 모습 뒷세상에나 뵈올까요   顏髮他生見

지난해는 그래도 전원에서 서로 즐겼는데   田園去歲歡

천 석의 술 마신다 해도   縱饒千石酒

마음속 맺힌 한 풀기가 어렵습니다   難使此心寬

_「형님의 편지를 받고(得舍兄書)」

신지도에서 보낸 형님의 편지를 받고, 다산이 가눌 길 없는 형제애를 읊은 비탄의 시다. 귀양살이 시작 후 2개월 정도의 시간이 흘렀을 때이다. 이 세상에서는 못 뵙고, 뒷세상에서나 뵈올 수 있을까의 절망, 그래도 그들 형제는 절망을 딛고 일어설 수 있었다. 보내온 편지에 술이나 실컷 마시며 세월을 보내자는 제안에도, 천 석의 술을 마신다 해도 이 쓰라린 마음이 풀리겠느냐라는 답 속에, 그들 형제의 아픔이 통째로 담겨 있다.

뒷날 다산과 현산(玆山)에 흩어져 귀양살면서, 정약전은 아우를 다산이라 호칭하고, 아우는 형님이 사는 곳을 현산이라고 호칭했다.

지난 주말, 실학기행에 함께한 우리 일행 90여 명은 현산·다산의 아픈 마음을 몸으로 느껴 보려고 유적지 답사를 떠났다. 흑산(黑山)이라는 이름이 너무나 무섭고 두려워, 다산은 검을

현(玆)이라는 글자로 바꿨다. 그래도 어감이 덜 무섭고, 덜 두렵다는 의미에서 현산이라고 불렀기 때문에 두 형제가 주고받은 글에는 언제나 '현산', '다산'이라고 불렀다. 그러니 손암의 저서는 『자산어보』가 아닌 『현산어보』라 불러야 한다.

절해의 고도 현산, 16년의 귀양살이에 누가 그곳을 찾을 수 있었겠는가. 그래서 다산은 글 마다에서, 육지에서 사는 고통이 이러할진대 외딴 섬에서 살아가는 형님의 고통은 얼마나 심할까를 근심하고 걱정했다.

신안군 흑산면 사리(沙里)에 있는 '사촌서실(沙村書室)'의 마루에 앉아 현산의 아픔과 고통, 아우를 그리던 애절한 마음을 새겨 봤다. 다산초당의 마루에 앉아서 멀고 먼 바다 속 움막에 앉아 아우를 그리는 형님의 마음을 헤아리던 다산의 마음도 읽어 보았다.

잘못된 권력은 그렇게도 무섭다. 그런 천재 학자들을 묶어 놓고, 자신들은 부귀영화 누리기에 여념이 없던 그 당시 집권세력의 폭압정치에 저주와 증오를 보내지 않을 자 누구일까.

이 땅에 다시는 그런 비극의 정치가 없어야 할 텐데, 예견하기 어려운 미래, 오늘의 돌아가는 정치를 보면서 마음이 우울한 것은 나만의 마음일까.

'자산어보'라는 영화 한 편을 관람했다. 손암 정약전의 저서가
영화화되었다는 점과 정약용과의 인연도 깊은 책이어서, 그런
영화는 관람하지 않을 수 없었다. 절해의 고도 흑산도에서 귀양
살던 정약전의 삶이 얼마나 슬프고 외로웠으며, 세상에 드문 대
학자가 그렇게 비참한 삶을 살아야만 했던 그 시대의 정치와 사
회에 대한 비통함 때문에 가슴 저리는 아픔을 견디면서 화면을
지켜보았다. 망망대해의 거칠고 무서운 파도를 헤치며, 파도와
풍랑과 사투를 벌이며, 고기를 잡아 올려 어족(魚族)을 연구하
던 생물학자의 모습은 모두를 감동시키기에 충분했다.

  손암 정약전과 다산 정약용, 네 살 터울의 두 형제는 동포형
제로서 세상에 둘도 없는 지기(知己)였다. 동급의 개혁 의지, 동
급의 학문 수준, 나라와 민족을 그렇게도 사랑하고 불쌍히 여겼
던 애국자 형제였다. 천 사람을 죽여도 정약용 한 사람을 죽이
지 못하면 아무도 죽이지 않은 것과 같다면서, 기어코 죽이려고
만 했던 무서운 신유옥사(辛酉獄事), 그러나 죽을죄를 저지르지
않았던 이유로 다산과 손암은 살아서 귀양살이를 해야 했다. 천
도가 있고 백성들의 눈이 있어서였을 것이다.

  1758년에 태어난 정약전은 문과에 급제하여 병조 좌랑의 벼
슬에 그쳤지만, 감히 어느 누구도 생각지 못했던 바다 어족의
생태를 연구한『현산어보』를 저술했다. 처음에는 물고기를 그림
으로 그려 해설하려는 뜻에서『해족도설(海族圖說)』이라는 이

름을 생각했으나 아우 다산의 충고를 받아들여 그림보다는 글로 해석하는 어보를 만들어 냈다. 영화는 어보를 써 내려가던 모습이나, 물고기를 잡아 연구·분석하던 모습은 참으로 생생하게 형상화했지만, 손암과 다산 사이에 있었던 일에 대해서는 상당한 왜곡이 있었다.

손암은 59세로 1816년에 세상을 떠났다. 다산의 대표적인 저서 『목민심서』는 다산이 해배되던 그해 봄인 1818년에 초고를 탈고했다는 명확한 기록이 있다. 흑산도로 찾아간 다산의 제자 이강회가 『목민심서』를 보여 주며 수정 가필을 손암에게 요구했다는 장면은 전혀 사실일 수가 없다. 4서6경에 관한 연구 서적은 손암에게 책을 보내 많은 지적을 받아 수정 가필했다는 기록이 많이 있는데, 『목민심서』나 『경세유표』 등은 손암 사후에 저작된 책이어서, 손암에게는 보여 준 적이 없음을 알아야 한다.

같은 동포형제, 함께 천주학에 기울었다가 함께 깨끗이 천주교와는 연을 끊었지만, 정치적 이유와 당파싸움의 피해자로 그들은 오랜 귀양살이를 했다. 다산이 말한 대로 형은 게으름 때문에 많은 저술을 남기지 못했고, 아우는 참으로 부지런하고 더 욕심이 많은 사람이라 엄청난 저술을 남겼다. 형은 귀양살이가 시작되자 다시 세상에 나가 일할 수 있는 기회는 없으리라고 모든 것을 포기하며 무지렁이들과 친구가 되고 이웃이 되어 술을 마시며 세월을 보냈다. 아우는 절대로 포기할 수 없다면서, 비록 다시 나가서 일을 할 수 없다 해도 나라와 백성을 위하는 저술이라도 남기자면서 500여 권에 이르는 경국제세(經國濟世)의 저서를 남겼다.

젊은 날에도 두 형제는 삶의 태도가 달랐다. 손암은 다산에게 이렇게 말했다.

너는 아무개 판서 아무개 참판과 좋아 지내지만 나는 술꾼 몇 사람과 구애됨 없이 큰소리치며 이렇게 살아간다. 바람이 일어나고 물이 치솟으면 어느 쪽이 서로 배신할지는 알 수 없는 일이다.
_「사헌부 지평 윤지눌 묘지명」

그러나 다산은 과거에 급제하여 정치적 힘을 지니고, 고관대작들과 함께 세상을 개혁하고 나라를 바로잡기 위해 출세욕을 억누르지 못했다. 젊은 시절처럼 손암은 유배지에서도 술꾼들과 어울리면서 다산처럼 큰 욕심을 부리지 못했다. 그러나 손암은 끝내 『현산어보』라는 명저를 남기면서 실학자로서의 진면목을 보여 주었으니, 두 형제의 위대함은 거기에서 증명된다.

절해의 고도에서 생을 마치다

◇   ◇

.... 흑산도의 보물이자 스승이었던 정약전

절해(絶海)의 고도(孤島) 흑산도! 다산보다 네 살 손위의 친형 정약전이 16년 동안 귀양 살다가 병으로 세상을 떠난 곳이다.

공의 이름은 약전, 자는 천전(天全), 누호(樓號)는 일성재(一星齋), 호는 매심(每心), 섬으로 들어가서의 호는 손암(巽庵)이었으니, 손 (巽)이란 들어간다는 뜻이다. _「중형님 정약전 묘지명」

섬으로 들어가 나올 기약이 없었기에 들어간다는 의미의 '손' 으로 호까지 바꿔 버린 그들 형제의 애달픈 사연에, 흑산도 사 리(沙里)의 사촌서실(沙村書室) 툇마루에 앉을 때마다 뭉클한 가슴을 더듬을 수밖에 없다.

정치판의 끝없는 정쟁은 다름 아닌 권력 다툼이자 상대방 죽이기의 패악한 싸움이다. 정약전·정약용 형제는 아무런 죄가 없다고 재판 결과에서 판명되었지만 시파·벽파의 혹독한 정쟁에 말려들어 고달픈 귀양살이를 할 수밖에 없었다.

요즘도 서울의 국회의사당에서는 죄 없는 사람들이 죄 있는 당파에 몰려 맥도 못 쓰는 싸움이 진행됨을 보았다. 언제쯤 권력 싸움이 끝나 죄 없는 사람들이 마음 편하게 살아갈 세상이 올까. 정약전이 귀양 살며 학동들을 가르치고 어족(魚族)을 연구하던 사촌서실에 걸터앉아 있노라니 괜스레 정치가 밉고, 권력을 놓치지 않으려는 심술궂은 권력자들이 미워지기만 한다.

1801년 신유옥사, 300여 명이 넘는 백성들이 참혹하게 죽어 간 사건, 다산 집안도 풍비박산이 났다. '일사이적(一死二謫)', 한 사람은 죽고 두 사람은 귀양 갔다는 다산의 표현에 비애가 감돌기만 한다. 애초에 정약전은 이른바 소흑산도라는 우이도(牛耳島)에서 귀양 살다 대흑산도인 오늘의 흑산도로 들어와 사리의 사촌서실에서 살아갔다.

.... 아, 아우를 만날 수 있다니!

그러던 어느 날, 다산의 편지가 도착했다.

형님, 저에게 해배 명령이 내린답니다. 그때는 형님을 찾아뵙고

서울로 가겠습니다.

편지를 받은 정약전은 우이도를 거쳐 또 바다를 건너 흑산도
까지 들어오는 아우의 수고를 덜어 주고 싶어서 우이도로 거처
를 옮기기로 작정했다. 그러나 흑산도 주민들은 애걸복걸하는
정약전을 놓아 주지 않았다. 정이 담뿍 든 데다 높은 학식으로
제자들을 가르치던 정약전은 대흑산도의 보물 중의 보물이었
다. 밤에 몰래 배를 타고 도주하던 정약전은 또 들키고 말았다.
그러나 아우를 보고 싶어하는 형의 마음을 누를 수가 없어, 주
민들은 정약전을 풀어 줄 수밖에 없었다.

마침내 정약전은 우이도로 다시 나와 아우 약용이 오기만을
학수고대하고 있었다. 그러나 해배된다던 약용은, 또 누가 가
로막아 해배 명령이 취소되고, 목이 빠져라고 기다리던 약전은
3년을 기다리다 59세라는 아까운 나이에 세상을 뜨고 말았다.
그 3년 뒤 다산은 해배되었지만, 형님이 없는 우이도를 찾아갈
이유가 없었다. 귀양살이 떠나올 때 마지막 형제가 이별했던 나
주읍 북쪽 5리 지점인 '밤남정' 주막거리에 이르러 형님을 잃은
아픔에 통곡하고는 지나갈 수밖에 없었다.

형제지기이던 약전과 약용, 천재이자 탁월한 학자이던 형제,
『현산어보』와『목민심서』가 그들 형제의 대표적 저서인데, 왜
그들은 그런 천재적 두뇌에 학문까지 높았건만 귀양을 살았을
까. 사리의 사촌서실에서 망망대해를 바라보면서, 문제는 정치
다, 정당한 정치의 복원 없이는 국민이 괴롭다는 생각을 버리지

못했다.

다산은 강진에 있을 때, 흑산도에서 귀양 살던 둘째 형님 정약전에게 수많은 편지를 보내고 받았다. 고경(古經)에 대한 높고 깊은 학문적 토론이 주된 내용이었지만, 어떤 때는 마음속 깊은 내막을 주고받으면서 유배의 시름을 잊으려 했던 편지도 있다. 어느 해, 국가에서 대사면령을 내려 오대범죄(五大犯罪)의 죄인들까지 모두 석방해 준 일이 있다. 탐관오리는 물론 살인강도범까지 다 풀어 주고도, 귀양 살던 다산 형제에게는 전혀 언급이 없었고 혜택도 미치지 않은 불행을 겪어야 했다.

세상에서 견디기 어려운 비애와 고통은 그런 데에 있다. 남들은 기뻐하는데 자신들만은 슬퍼해야 하고, 자신들은 생생하게 기억하는데 남들은 자기들을 까맣게 잊을 경우, 상쇄할 수 없는 비애와 고통은 참으로 감내하기 어려운 것이 인간의 심사이다. 그럴 무렵 형에게 보낸 다산의 편지 한 통은 인간의 심사가 얼마나 복잡하게 뒤얽혀 있는가를 밝혀 주는 내용이 담겨 있다.

이제 풀려나 집으로 돌아간다 해도 무슨 즐거움이 있겠습니까. 하늘이 이곳 다산을 제가 죽어서 묻힐 땅으로 정해 주었고, 보암산(다산 근처의 산 이름) 자락의 몇 뙈기 밭을 식읍지로 주었고, 한 해가 다 가도록 아이들의 울음소리, 아낙네의 탄식소리가 들리지 않을 것이니, 이처럼 복이 후하고 지위가 높은데 이런 깨끗한 신선세계를 버리고 네 겹으로 둘러싸인 아비지옥의 세계에다 몸을 던지려 하니 천하에 이렇게 어리석은 사내가 있을 수 있습니까.

이제는 사면령이 내려 돌아가게 해 주어도 가고 싶지 않노라
는 마음속을 내보였다.

이 이야기는 억지로 지어 낸 말이 아니라 마음으로 다짐한 것이
정말 이렇습니다. 그러나 한편으로는 돌아가고픈 심정도 사라진
적이 없으니 사람의 본성이 본래 약하기 때문일 것입니다. 분명코
간음이 그르다는 것을 알면서도 남의 아내나 첩을 도적질하려 하
고, 분명코 생계가 파탄남을 알면서도 더러는 마작이나 돈내기 놀
음을 하는 경우가 있듯이, 저의 돌아가고픈 마음도 이런 유의 심
정이지 어찌 본심이겠습니까.

이런 마음 저런 마음이 교착되면서 가고 싶은 마음, 가지 않고
신선세계에서 『주역』 연구와 『악경(樂經)』 연구 등에 침잠하고
싶었던 본마음은 또 그것대로 남아 있노라는 마음을 토로했다.

그렇다. 다산 같은 대학자이자 대철인이었지만, 마음의 갈등
을 완전히 해소할 수 없었음이 사실이니, 그렇게 알 수 없는 것
이 바로 인간의 마음이다. 편안하게 살고 싶은 마음, 귀하고 부
하게 살고 싶은 심정, 그런 마음을 지녔으면서도 막힌 현실 속
에서 그렇게 할 수 없는 역경에 처해 있을 때, 그런 역경을 어떻
게 이겨 내느냐에 바로 인간 삶의 성패가 걸려 있지 않을까. 귀
양이 풀려 사랑스러운 처자의 곁으로 가고 싶은 마음이 왜 없었
겠냐마는, 그런 비애와 고통을 독서와 저술로 극복해 냈기 때문
에 오늘의 다산으로 존재하지 않을까. 그런 수준에 턱없이 미치

지 못하는 범인들의 마음이 오히려 가엾게만 여겨진다.

.... 나를 알아주는 분을 잃었구나

정약전·정약용 형제는 흑산도와 강진에서 만날 수 없는 형님과 아우에 대한 그리움을 안고 절대고독을 참으며 살아가고 있었다. 1816년은 두 사람의 귀양살이 16년째, 그렇게도 보고 싶고 만나고 싶던 두 형제는 영원히 만날 수 없는 극도의 불행을 당하고 만다. 그해 음력으로 6월 6일 손암 정약전은 아우가 보고 싶어 눈을 감지 못한 채로 끝내 세상을 뜨고 말았다.

6월 6일은 바로 어지신 둘째 형님께서 세상을 떠나신 날이다. 슬프도다! 어지신 분이 이렇게 곤궁하게 세상을 떠나시다니. 원통한 그분의 죽음 앞에 나무와 돌멩이도 눈물을 흘릴 일인데 무슨 말을 더하랴. 외롭기 짝이 없는 이 세상에서 다만 손암(巽庵) 선생만이 나의 지기(知己)였는데 이제는 그분마저 잃고 말았구나. 지금부터는 학문연구에서 비록 얻은 것이 있다 하더라도 누구와 상의를 해 보겠느냐. 사람이 자기를 알아주는 지기가 없다면 죽은 목숨보다 못한 것이다. _「두 아들에게 보냄」

형님의 죽음에 눈물 흘리며 탄식하던 아픈 마음을 간절하게 표현한 대목이다.

네 어머니가 나를 제대로 알아주랴. 자식들이 이 아비를 제대로 알아주랴. 나를 알아주는 분이 돌아가셨으니 어찌 슬프지 않겠느냐.

사람에게서 서로를 알아주는 지기(知己)란, 마음과 정(情)만으로는 안 되며, 사상과 철학에 대한 서로의 이해가 전제되어야 하고, 학문적 수준이 동급에 이르지 아니하고는 '지기'라는 말을 사용할 수 없는 것이다. 아내와 아들들이 자신의 학문 수준에 미치지 못한다고 여기던 다산은 오직 손암 형님만이 사상과 철학에 대한 이해를 해 줄 뿐만 아니라 동포형제로서 동급의 학문 수준, 동급의 개혁의지 때문에 진정한 지기라고 믿었다.

다산이 그렇게도 존경하고 사모했던 손암 정약전, 흑산도와 강진이라는 서로 다른 땅에서 귀양 사느라 16년 동안 만나지도 못하고 영영 이별하고 말았으니, 그 원통함을 누구인들 참을 수 있었겠는가.

뒤에 다산은 해배되어 고향에 돌아오자 「중형님 정약전 묘지명(先仲氏墓誌銘)」이라는 제목으로 형님의 일대기를 눈물을 흘리며 기록해 놓았다. 손암의 인품과 학문, 그분의 뛰어난 재주와 해박한 지식에 대해서도 유감없이 서술했다. 정약전에 대한 유일한 자료이자 일생에 대한 가장 정확한 기록이다.

5부

다산의 스승

바라보면 근엄하여 두렵게 보이지만
가까이 뵈면 유순하여 뜻이 통하는 분
아무리 길고 짧은, 크고 작은 창날이 겨누어도
그분 정승에 오르는 일 막지 못했네
그의 웅위하고도 걸출한 기개는
천 길 높이 깎아지른 절벽 같은 기상이었지만
사람이나 물건에 상해 끼칠 생각은
전혀 마음속에 없었으니
군자답도다, 그분이여!
그분이 아니고서야 백성이 그 누구를 믿을 것인가

명실상부한 사직신 채제공

◇   ◇

.... 조선 후기 사직을 짊어진 높은 기상

다산의 저서를 읽노라면 자신이 살던 시대의 인물인 두 사람을
대표적인 멘토로 여겼음을 알 수 있다. 학자로는 성호 이익(李
瀷, 1681~1763)이고, 정치가이자 경세가로는 당연히 번암 채제
공(蔡濟恭, 1720~1799)을 가장 숭배하고 따랐다.

조선 500년의 긴 역사에서 재상다운 재상은 많지 않았는데,
다산은 채제공이야말로 몇 안 되는 재상다운 재상으로 여기며
아버지처럼 따르고 높이 그를 존경하였다. 다산은 「번옹유사(樊
翁遺事)」라는 글을 통해 채제공의 높은 기개와 당당한 정치가의
풍모를 참으로 훌륭하게 묘사했다.

83세의 영조가 52년의 군왕 생활을 마치고 세상을 떠나자,
간난신고의 어려움 속에 영조의 손자이자 세손이던 25세의 정

조가 왕위에 오른다. 11세에 아버지 사도세자를 잃고 아버지 없이 자란 정조가 재기발랄한 홍국영의 도움에 힘입어 겨우 임금의 보위에 오르자, 시대는 바야흐로 홍국영의 세상을 맞았다. 25세에 문과에 급제한 뒤 세손을 보호하던 홍국영은 29세에 정조의 등극에 맞춰 승지에 임명되고, 이어서 도승지에 올라 정조의 최측근 권력자로 우뚝 섰다.

홍국영은 궁궐을 보위하기 위해 신설한 숙위소(宿衛所)의 대장, 금위대장(경호실장)과 군권을 쥔 훈련대장까지 겸하여 천하를 호령하는 무소불위의 권력자가 되었다. 또한 권력의 영구화를 위해 누이동생을 정조의 후궁으로 들어가게 하여 원빈(元嬪)이라 부르며 외척의 지위까지 차지했다. 후궁에 오른 누이 때문에 홍국영은 범접할 수 없는 권력자로 군림했다.

고관대작들은 원빈에게 아부하는 것으로 홍국영의 마음을 사려고 온갖 못된 행태를 부렸다. 그 무렵 궁중에는 새로운 의례(儀禮)가 생겨, 고관대작들이 궁중에 들어가 인사를 올리려면 먼저 임금, 다음에는 정비인 왕비에게 인사를 올리면 되는데, 홍국영에게 아부하려던 무리가 후궁인 원빈에게도 문안인사를 올리는 새로운 절차를 제정하였다.

중국에 사신으로 가 있다가 돌아온 채제공이 그런 사실을 모르고 귀국 인사차 궁궐에 들어가 임금과 왕비에게만 인사를 올리자 집사들이 원빈인 홍씨에게도 인사를 드려야 한다고 알려주었다.

하늘에는 두 해가 없는 것이다. 승통(承統)의 빈궁(嬪宮)이 아닌 데, 어떻게 문안할 수 있는가!

채제공은 이렇게 일갈하며 그냥 궁궐을 빠져나왔다. 홍국영 이라는 거대한 권력 앞에서도 정당한 예절이 아닌 일에는 일체 응하지 않았던 기개 높은 채제공의 모습을 볼 수 있다. 다산은 그런 부분을 찬양의 뜻으로 기록했다.

고금에 유례없는 하늘이 낸 호걸이라	天挺人豪曠古今
우리나라 사직이 그 큰 도량에 매여 있었소	青邱社稷繫疏襟
뭇 백성의 뜻 억지로 막는 일 전혀 없었고	都無夭閼群生志
만물을 포용하는 넉넉함이 있었다오	恰有包含萬物心
백년 가도 이 세상에 그분 기상 없을 테니	天下百年無此氣
이 나라 만백성들 누구를 기대고 살리오	域中萬姓倚誰生
세 조정을 섬기면서 머리 허예진 우람한 기상	三朝白髮魁巍象
옛일을 생각하니 갓끈에 눈물이 흠뻑	歷歷回思淚滿纓

_「번암 채 상공 만시(樊巖蔡相公輓)」

번암의 타계 소식을 듣고 통곡하면서 지은 다산의 만시다. 아무리 성난 파도 같은 반대파의 모함도 우뚝 선 강물 속의 지주(砥柱)로 버티며 막아 주었던 채제공, 100년 만에 한 번 있을 법한 뛰어난 정승, 만백성이 이제는 누구에게 기대어 살아갈 것인가라는 탄식 속에는 다산 자신의 외로운 신세가 잘 나타나 있는 애절한 글이다.

영조 때도 번암은 '사직신(社稷臣, 국가를 책임지는 정치가)'이었지만 정조 때는 더욱 책무를 제대로 했던 '사직신'이었다. 번암의 막역한 친구이자 정조 때 형조 판서로 글 잘하고 학문이 높은 해좌 정범조(丁範祖)가 채제공의 신도비문에 첫 번째로 한 칭송이 바로 '사직신'이었다. 그래서 다산도 '청구사직(靑邱社稷)'이 그분에게 달려 있었다는 표현을 했다. 선조 때의 유성룡이 나라를 건져낸 사직신이었다면 조선 후기의 사직신이라는 호칭은 유일하게 채제공에게만 가능했음을 다산은 분명히 밝혔다.

벽파와 시파 사이에서 중심을 잡다

당시는 사도세자가 뒤주에 갇혀 죽음을 당하고 11세의 세손이 겨우 목숨을 부지하던 난국의 시절, 정조가 임금이 된 뒤에도 정권이 안착을 못 하고 흔들리던 정국이었다. 채제공의 지혜와 능력은 모든 것을 다 해결하고 세종대왕 이후 최고의 선정을 베푼 정조대왕의 치세를 이룩할 수 있었다. 또한 다산 같은 신진 학자 벼슬아치들이 거대한 집권세력의 틈새를 뚫고 소외세력에서 주류로 들어가는 길을 열어 준 사람도 채제공이었다.

사도세자가 죽음을 당한 '임오사건(1762)' 이후 소수이자 소외계층인 시파와 다수의 집권세력인 벽파 사이에 당파싸움이 거세져 조정은 하루도 조용할 날이 없었다. 채제공은 시파의 영도자로서 벽파에게는 가시 같은 존재였다. 그러나 채제공은 학식이 높고 인격이 뛰어나 임금의 돈독한 신임을 얻었고, 벽파의 반대에도 불구하고 승승장구 고관의 지위에 올랐다. 영조 때 병조·형조·호조 판서를 역임했고, 정조 등극 뒤에는 더욱 신임받는 신하로 고관을 역임한다. 하지만 벽파의 드센 공격에 밀려 끝내는 추방되어 8년을 산속에서 숨어 살아야 했다.

하지만 정조는 채제공의 뛰어난 학식과 인격을 잊지 않고 8년 후 특별명령을 내려 추방당한 그를 우의정 자리에 등용하여 임금을 보필하게 한다. 이어서 채제공은 좌의정에 올라 영의정이 없는 독상(獨相)으로 3년 동안 권력을 잡고 온갖 제도를 개혁하며 문물제도를 정비해 정조의 치세를 이룩한다. 그 시절에 진보적인 다산 일파도 하급관료로서 제 역할을 했다. 채제공은 곧 영의정 자리에 올랐지만 보수세력인 벽파의 극성스러운 반대 때문에 영의정 시절에는 화성 축조의 공을 이룩하는 일 말고는 큰 개혁을 진행하지 못했다.

채제공은 1799년 80세로 세상을 떠났고, 정조는 국민장에 가까운 최대의 예우로 장사지냈다. 친히 묘비문을 지어 비를 세우고, 문집을 간행하도록 서문까지 지어 주었다. 그러나 세상은 바뀌어 정조가 세상을 떠나자 채제공은 사후이지만 중죄인으로 처벌받게 되고 모든 관직을 박탈당한다. 심지어 아들까지 귀양살이하는 처지에 이르고 만다. 보수세력의 반격은 그렇게 혹독하였다. 1823년에야 영남에서 만인소가 올라와 마침내 채제공은 모든 지위와 관직을 되찾고 복권되어 오늘에 이르기까지 조선 후기 최고의 명재상으로 추앙받고 있다. 정조는 생전에 채제 공의 초상화를 그리도록 명하여 그 초상화가 지금도 전하는데, 찬양의 글로 바친 다산의 글이 함께 전한다.

바라보면 근엄하여 두렵게 보이지만
가까이 뵈면 유순하여 뜻이 통하는 분
점잖게 계실 때야 쌓아둔 옥이나 물에 잠긴 구슬 같지만
움직였다면 산이 울리고 바다가 진동하네
거센 파도 휘몰아쳐도 부서지지 않고
돌무더기가 짓눌러도 작아지지 않았네
아무리 길고 짧은, 크고 작은 창날이 겨누어도
그분 정승에 오르는 일 막지 못했네
그의 웅위하고도 걸출한 기개는
천 길 높이 깎아지른 절벽 같은 기상이었지만
사람이나 물건에 상해 끼칠 생각은
전혀 마음속에 없었으니
군자답도다, 그분이여!
그분이 아니고서야 백성이 그 누구를 믿을 것인가

정조 24년 재위 동안 10년을 정승으로 재직하면서 채제공 은 참으로 위대한 정치가의 모습을 보여 주었다. 다산의 기록인 「번옹유사」나 「번옹화상찬(樊翁畵像贊)」에서 채제공의 업적을 그대로 알아낼 수 있으니, 긴말이 필요치 않다.

퇴계와 율곡의 학술논쟁

.... **퇴계를 스승으로 삼다**

조선 500년의 학술사, 누가 뭐라 해도 퇴계와 율곡을 빼고는 논의할 수 없는 것이 분명한 역사적 사실이다. 조선 후기에 당쟁이 격화되면서 남인 쪽에서는 퇴계의 학설만이 옳고 율곡의 학설에는 문제가 많다고 여겼고, 노론 쪽에서는 율곡의 학설은 옳고 퇴계의 학설에는 문제가 많다고 여겼던 것이 대체적인 흐름이었다. 학문과 학설이 당쟁의 빌미가 되었던 매우 불행한 역사였던 것도 사실이다.

남인의 가계를 이어받고 태어나 남인으로 정치적 활동을 했던 다산은 여러 곳에서 퇴계도 옳지만 율곡도 옳다는 주장을 굽히지 않고 전개하였다. 특히 젊은 시절 국왕 정조에게 올리는 글에서는 퇴계의 성리학설보다는 율곡의 성리학설이 옳다는 주장을 펴서 평소 율곡의 학설에 더 많은 흥미를 느꼈던 정조에게 큰 칭찬을 받기도 했다. 다산은 당시 남인계에서 자신을 크게 비난하는 일도 있었다는 기록을 남기기도 했다.

「도산사숙록(陶山私淑錄)」이라는 글은 다산이 젊은 시절 퇴계의 서간문을 읽으면서 느꼈던 감격적인 내용을 소개하고 자신의 견해를 곁들인 수준 높은 학술논문이다. 『퇴계선생문집』에 실린 율곡에게 답하는 편지를 읽은 다산은 편지의 내용을 간략히 소개하고 자신이 느낀 생각을 자세하게 기록하였다.

23세의 청년으로 58세의 노학자 퇴계를 도산으로 찾아가 도를 물었던 율곡은 그 후 몇 차례 편지로 퇴계와 학문적 토론을 벌였다. 퇴계가 답한 편지에 "숙헌(叔獻, 율곡의 자)이 지난번이나 이번에 논변한 글을 보니 언제나 선유(先儒)의 학설에서 반드시 먼저 옳지 못한 점을 찾아내 애써서 깎아내리고 배척하는 데 힘을 기울인다."라는 대목이 있다고 했다. 노숙한 학자 퇴계는 남의 잘못을 꼬집는 일에 신중하라는 충고를 한 것이지만, 다산은 이 부분에서 퇴계보다는 율곡의 손을 들어 주었다.

젊은 학자들이 경전의 해석에 대하여 선생이나 어른들과 편지를 주고받으면서 학문을 묻고 답하려면 반드시 그 학설에 착오가 있는 곳을 집어 낸 뒤에야 비로소 의문을 제기하여 질정할 수 있는 것이다. 율곡이 당시에 퇴계 선생과 편지를 주고받으며 어려운 곳을 묻고 답했으니, 그의 질문했던 것이 그와 같지 않을 수 없었을 것이다.

다산은 선유들의 잘못된 학설을 비판하면서 학설을 바로잡고 자기 학설을 세워 학자로서의 대성을 기해야 한다는 주장을 폈다.

퇴계가 율곡에게 새로운 학설 세우기에 신중하라고 경계했던 것처럼, 다산에게도 남의 비판에 신중했던 추사 김정희나 석천 신작 등은 새로운 학설만 세우고 선유들의 학설을 너무 비판한다고 했는데, 그렇게 보면 노론 쪽에서 숭앙하던 율곡을 남인인 다산도 숭앙하여 당과 관계없이 학문을 추구했던 그의 공심(公心)이 잘 드러난다.

매천 황현은 『매천야록』에서 이렇게 말했다.

조선의 사대부들은 당파가 나뉜 뒤로는 비록 통재(通才), 대유(大儒)라 일컬어지더라도 대부분 문호(門戶)에 얽매이고 집착하여 의논이나 학설이 편파적이기 마련이었다. 그러나 다산은 마음을 평탄하고 넓게 쓰는 데 중점을 두어 오직 옳은 것을 쫓아 배우기에 힘쓸 뿐 선배들에 대해서 전혀 주관적 감정을 드러내지 않았다. 이런 이유로 남인에게 경시당했다.

그런 다산이었기에 남인은 모두 퇴계만 존숭하고 율곡에게는 가혹한 비판을 가했는데, 다산은 남인이면서도 서인인 율곡에 대하여 전혀 차별을 두지 않았다.

유배지 강진에서 다산은 아들들에게 보낸 「두 아들에게 보임(示兩兒)」이라는 편지에서 이렇게 언급했다.

퇴계는 오로지 심성(心性)을 주체로 하여 말하였기 때문에 이발(理發)과 기발(氣發)을 주장하였고, 율곡은 도(道)와 기(器)를 통론했기 때문에 기발은 있어도 이발은 없다고 하였다. 두 어진 이가 주장한 바가 각각 다르니 말이 같지 않아도 아무런 해가 되지 않는다. 그런데도 동인 선배들이 기(氣)를 성(性)으로 인식했다고 그분을 배척함은 지나친 일이다. 退溪專主心性 故有理發有氣發 栗谷通論道器 故有氣發無理發 兩賢所指各殊 不害其言之不同 而東人先輩 斥之以認氣爲性 過矣

다산은 북인이나 남인이 율곡을 배척하는 것은 옳지 않다고 여겼다. 다산 같은 대학자도 이처럼 퇴계와 율곡을 두 현인(兩賢)으로 존숭하였거늘, 어찌하여 영남의 남인은 그렇게도 율곡을 못마땅하게 여기면서 당파가 사라진 지 오래인 오늘까지도 율곡에 대한 비난을 그치지 않고 있을까.

다산이 아들에게 보낸 다른 편지에서 반드시 읽어야 할 책으로 『퇴계집』과 『율곡집』을 나란히 거명하였고, 율곡의 『격몽요결(擊蒙要訣)』이라는 책의 높은 가치를 강조하고 있는 점으로 보아도 남인이 율곡을 폄하할 이유가 없다.

########## 율곡의 십만양병설

해방 후 『조선유학사』라는 저술로 조선의 유학사를 정리한 현상윤(玄相允)은 "영남의 학자들은 주리설(主理說)을 주장할 때에 그 동기가 주로 율곡학파의 주장에 대항하여 퇴계의 학설을 옹호하려고 하는 당쟁의 감정에 있었다."라고 말했다. 동서로 분당이 된 이래로 동인은 무조건 퇴계를 옹호하고, 서인은 율곡만을 옹호하면서 당쟁이 학설에까지 영향을 미쳐, 나라가 망할 때까지도 그치지 않던 싸움이 계속 이어지고 있다.

율곡을 비방하고 폄하하는 동인의 경향은 학설에 그치지 않고 율곡의 정책에도 언제나 반기를 들어 실현을 막았던 사실이 알려져 있다. 동인의 영수 허엽과 그의 아들 허봉은 율곡을 공격하는 대표적인 저격수였다.

허봉의 아우 허균(許筠, 1569~1618)은 아버지나 형과는 다르게 율곡이 건의했던 정책이 옳았지만 반대파의 저지로 실행되지 못했음을 매우 안타깝게 여겼다. "여러 군현(郡縣)에 액외(額外)의 군대를 설치해야 한다.(列邑置額外兵)"라고 율곡이 주장했는데, 부당하다고 주장하는 사람들 때문에 실행하지 못했다고 말했다.(『성소부부고』「정론(政論)」) 이 내용은 바로 율곡의 반대편에 있던 집안 출신이 율곡의 '십만양병설'이 사실임을 증명해 주는 대표적인 주장이다. 허균은 율곡의 33년 후배로 동시대에 살았던 인물이니 허균의 주장에 의심할 여지는 없다.

남인이 숭앙하는 최고의 학자가 퇴계라면 두 번째 가라면 서러운 학자가 성호 이익이다. 성호는 "임진왜란 전에 율곡은 마땅히 십만의 군대를 길러야 한다고 했는데 사람들이 선견지명의 말이라고 칭찬했다.(壬辰亂前 栗谷謂 當養十萬兵 人稱先見 _

『성호사설』「예양병(預養兵)」)"라고 말하여 명확하게 십만양병설의 실재를 확인하였다.

공정한 학자이지만 분명히 남인 가문의 학자인 다산 정약용도 『경세유표』에서 "우리나라 선배 중에 오직 문성공 이이만이 군적을 개혁하자며 십만양병설을 임금 앞에서 거듭거듭 말하였다.(我東先輩 唯文成公臣李珥 以改貢案 改軍籍 養兵十萬之說 申申然陳於上前)라고 언급하며 십만양병설은 실학적인 주장이자 실용할 수 있는 주장이라고 했다.

이러한 역사적 사실이 명확한데도 언제부터인가 영남의 남인은 율곡의 십만양병설을 뒷날 율곡의 추종자들이 만들어 낸 거짓된 이야기라고 말하고 있다. 어떤 학자는 장문의 논문을 써서 십만양병설은 사실이 아닐 것이라고 주장하였다. 요즘에도 영남의 유림이라는 사람들은 율곡 폄하 주장에 곁들여 십만양병설까지 사실일 수 없다고 항다반으로 이야기하고 있다. 그때의 율곡 주장이 반대파의 저지로 실행되지 못해 임진왜란이라는 불행을 겪었던 것도 가슴 아픈데, 주장까지 거짓이라고 폄하하고 있으니 할 말이 없다. 허균·이익·정약용은 당파도 다른데, 그들까지 율곡의 추종자라고 말할 수 있는가.

퇴계를 높이고 존숭함이야 탓할 수 없다. 그러나 율곡 폄하를 퇴계 존숭의 일로 여기는 것만은 이제라도 그친다면 어떨까. 오늘의 정당정치도 마찬가지이다. 다른 당에서 옳은 일을 하면 반대당에서도 칭찬하고 지지하는 그런 모습을 보여 주면 얼마나 좋을까.

성호 이익과 아들 이맹휴

.... **봉곡사에서 성호의 저작을 교정하다**

다산은 16세에 처음으로 성호의 유저(遺著)를 읽은 뒤 성호와 같은 학자가 되겠다는 뜻을 지니고 평생 동안 그의 학문을 계승하고 학문적 업적을 현양하는 일에 게으르지 않았다. 다산은 「성옹화상찬(星翁畫像贊)」이라는 숭모의 정을 토로한 글을 지어 성호의 학덕에 대한 높은 평가를 내리기도 했다.

누가 이분을 저 깊이 묻힌 땅속에서 일으켜 세울 수 있어 끝내 억센 물결을 밀쳐 버리고 수사(洙泗)의 물줄기로 돌려보낼 것인가. 슬픈지고!

공맹(孔孟)의 본원유교에서 벗어난 성리학만 연구하던 물줄기를 막아 버리고, 다시 공맹의 유교로 돌려놓겠다는 자신의 뜻까지 은연중에 보이고 있다.

정조 재위 19년인 1795년에 다산은 34세의 장년이었다. 번암 채제공이 우의정에 오르고 정헌 이가환이 공조 판서에 제수되어 당시 승지이던 다산까지, 남인의 세력이 보란 듯이 강화되던 때였다. 그러나 오래지 않아 중국인 신부 주문모(周文謨)가 밀입국하여 천주교 포교 활동을 한다는 사건이 발각되어 온통 세상이 소용돌이치고 말았다. 반대파의 거센 공격에 말려들어 그 일에 전혀 관련이 없던 다산은 아주 낮은 금정도 찰방(金井道察訪)이라는 직책으로 충청도 홍주로 내침을 당했다.

불행을 당해도 때로는 행운이 올 수 있다고, 그곳의 귀양살이 같은 미관말직의 생활에서도 특기할 만한 재미난 일이 벌어졌다. 10일 동안 계속된 일이어서 '매우 즐거운 일(甚樂事也)'이었다고 자신이 평할 정도로 멋있는 학술대회가 열렸던 것이다. 충청도의 홍주·예산·온양 등지, 이른바 내포지방(內浦地方)의 남인 명문가 소장학자 12명이 68세의 대학자 목재(木齋) 이삼환(李森煥)을 강장(講長)으로 모시고 심도 깊은 학술세미나, 즉 강학회(講學會)를 열었다. 목재는 바로 성호 이익의 종손(從孫)으로 당시 생존해 있던 대표적인 성호학파의 학자였다.

장소는 온양의 서암(西巖)에 있던 봉곡사(鳳谷寺)라는 큼직한 절간으로, 그곳에서 열흘 동안 합숙하면서 치른 학회였다. 다산은 「서암강학기(西巖講學記)」라는 글에 그때 일어난 모든 사건을 상세히 기록하고, 젊은 학자들이 질문하면 목재 선생이 답한 내용까지 자세히 기록해 놓았다. 그렇게 부지런히 선생의 가르침을 받으며 성호의 저서 『가례질서(家禮疾書)』를 교정하여 깨끗하게 정서하는 일도 해냈다. 그 장문의 글에 성호의 학문도 학문이지만 인품에 대해 우리를 감동시키는 대목이 있다. 다산이 성호의 차원 높은 학문과 사상에 그렇게 많은 숭모의 정을 지녔고, 당시로서는 최고의 학자임을 아무도 부인할 수 없었던 성호 선생, 그의 학문하던 자세가 그렇게 훌륭했음을 보여 주는 내용이어서 잊히지 않는다.

강이중(姜履中)이 목재에게 물었다.
"성호 선생은 박식하고 달통하기가 그와 같았는데 남에게 질문한 적도 있었는가요?"
목재가 답하였다.
"우리 종조할아버지는 평생 아랫사람에게 묻는 것을 부끄럽게 여기지 않았다. 혹 자신이 저술한 책에 대하여 어떤 사람이 어리석은 견해라도 말하면 아무리 몽매한 초학자의 말도 표정을 바꾸지 않고 다 들어 주었으며, 진실로 그가 한 말에 취할 점이 있다면 바로 고치고 바꾸기를 지체 없이 하였으니, 그분의 겸손함과 용기 있음이 그와 같았다.

진실로 큰 학자는 그래야 한다. 남의 지적에 잘못을 고치고 바꿀 수 있는 겸손과 용기만이 참다운 학자가 되는 길임을 성호에게서 배울 수 있다.

"콩 심은 데 콩 나고, 팥 심은 데 팥 난다."는 옛말이 있다. 지극히 당연한 말이지만 계급사회나 신분사회를 조장하거나 정당화한다는 비난을 받을 소지가 있는 말이기도 하다. 그러나 세상은 그러한 개연성을 지니고 있기 때문에 많은 경우 그렇다고 수긍할 수밖에 없는 것도 사실이다.

아버지와 형이 어질고 훌륭한 경우, 의당 그 아들이나 아우도 어질거나 훌륭한 경우가 많다. 예부터 '의불삼대불복약(醫不三代不服藥)'이라 하여 3대 4대 내려오는 비법을 전수하는 의원이라야 참다운 의원으로 간주할 수 있다고 했다. 다산은 '문장역연(文章亦然)'이라 하여 문장도 3대 4대 내려오는 집안이라야 제대로 된 문장가가 나올 수 있다고까지 말했다.

얼마 전에 안산(安山)에 있는 성호 이익의 유물관과 묘소를 탐방한 적이 있다. 이익은 다산이 가장 숭앙하던 선배 학자이고, 또 롤모델이기도 했다. 성호는 제자들이 많아 '학해(學海)'를 이뤘다고 알려졌듯이 그 집안의 자질제손(子姪諸孫) 또한 모두 당대의 뛰어난 학자들로서 출중한 학문가(學問家)를 이룬 집안이었다.

다산은 「이 만경의 '봉사초'에 대한 발문(跋李萬頃封事草)」에서 어진 아버지 아래 어진 아들이 있음을 명확하게 증명해 주었다. 성호의 아들 이맹휴(李孟休, 1713~1751)는 영조 때 대책(對策)으로 장원급제하여 한성부 주부를 거쳐 만경 현감(萬頃縣

監)을 지낸 당대의 석유(碩儒)였다. 불행히도 아버지보다 앞서 세상을 떠났으나 그가 남긴 글을 읽어 본 다산은 이맹휴의 탁월한 통치철학에 감복하여 극찬을 아끼지 않는 글을 남겼다.

공은 대책으로 장원급제하여 한성부 주부에 임명되자 은혜에 감복하여 국가를 통치할 구체적인 내용이 담긴 '봉사(封事)'를 초했다. 시대의 폐단을 논함이 강개하고 절실하여 본말(本末)을 모두 열거하여 나라에 올리려던 때에 현감으로 발령이 나서 올리지 못하고 말았다. 공은 진실로 박학하고 문장까지 뛰어났다. 그러나 사람이란 어진 부형이 있음을 즐기나니, 성호 선생이 아니고서야 어떻게 홀로 만경공이 있겠는가.

성호가 있었기에 그 아들 만경공이 있었다 함을 누가 그렇지 않다고 하겠는가. "왕대밭에 왕대 나고, 쑥대밭에 쑥대 난다."는 말이 봉건체제의 유지를 위한 궤변일 수도 있지만, 그래도 그 사실을 부인할 수 없는 것도 역사적인 사실이다.

훌륭하고 어진 자녀를 바라는 사람이라면 우선 자기부터 어질고 훌륭해지고 볼 일이다. 자녀들은 부모를 보고 자라기 때문에 현부모 아래 현자녀가 나올 수밖에 없는 것이 아닐까.

예학자 윤선도

고산은 궁색할수록 뜻이 굳세었다

학교 교육은 한 나라를 유지해 가는 데 참으로 중요하다. 특히 청소년을 가르치는 중고등학교의 교육은 더욱더 중요하다. 4·19, 5·18, 6·10항쟁 등 민주주의를 지켜 온 큰 역사적 사건들은 정말로 바른 역사의식이 심기도록 가르쳐야 한다. 뿐만 아니라 역사적 인물들에 대해서도 진면목을 제대로 가르치는 교육이 절대로 필요하다. 그렇지 못한 우리 현실이 안타깝기 그지없다. 옛날로 거슬러 올라가도 역사적 사실과 다르게 잘못 가르치는 일이 언제나 사라지지 않았다.

예를 들어, 추사 김정희는 다산과 동시대 인물로 다산에 버금가는 박학한 학자였다. 그래서 대체로 다산·추사를 병칭하면서 당대를 대표하는 석학으로 칭송했다. 그런데 오늘 우리 국민의 대부분은 추사의 학자적 의미는 거의 모르고 '추사체'를 개발한 서예가로만 알고 있다. 이런 안타까운 일이 왜 일어났을까. 학교 교육의 잘못이 아니고는 달리 변명할 길이 없다.

고산 윤선도는 다산의 외가 6대조로 당대의 직신(直臣)이자 대표적인 예학자(禮學者)로 이른바 '기해예송(己亥禮訟)'이라는 전대미문의 가혹한 당쟁에서 노론의 우암 송시열과 맞서 남인을 대표해서 싸운 탁월한 예학 이론가요, 불의를 참지 못해 언제나 항의하고 투쟁하느라 여러 차례 극지에 유배당해 10년 이상을 고생한 정의파였다. 그러나 세상에서는 「오우가」, 「산중신곡」, 「어부사시사」 등 한글 시조를 지은 문인의 한 사람으로만 알려져 있다. 이것도 안타깝기 그지없는 일이다.

탁월한 노인 윤고산 선생	卓犖孤山老
인품이 속세를 훨씬 벗어난 분이었네	風標逈出塵
화란 막으려 간신배 물리치고	擊奸消禍亂
인간질서 세우려고 입바른 상소 올렸네	抗疏正彝倫
한나라 조정은 장유를 소외시켰고	漢室疎長孺
오문에 숨었던 자진이었네	吳門隱子眞
강력히 주장한 묏자리 때문에	却因風水說
천 년 지나도록 충신이 되었다네	千載作忠臣
_「윤남고에게 부치다(簡寄尹南皐)」	

다산이 외가 선조에게 바친 시다. 1616년 광해 8년, 성균관 유

생이던 윤선도는 이이첨의 횡포에 분노해 무서운 상소를 올려 오랫동안 함경도 변두리에서 유배를 살아야 했다. 또 자의대비 복제(服制)로 기년설에 대항해 3년설을 주장하다 또 오랜 유배 생활을 했다.

장유(長孺)는 급암(汲黯)의 자인데 바른말 잘 하기로 유명한 한(漢)나라의 충신이다. 고산도 바로 그와 같았다는 것이다. 매복(梅福)의 자가 자진(子眞)인데 세상이 싫어서 은둔해서 살았고, 고산도 세상이 싫어서 보길도에 숨어 살았다고 말한 내용이다. 효종의 장례에 윤선도가 잡은 수원의 묏자리는 노론의 반대로 장사지내지 못했는데, 정조 때 사도세자의 묏자리가 되어 고산 후손들이 큰 대접을 받았다는 내용을 담은 시이다.

다음은 미수 허목이 지은 윤선도의 묘비명이다.

비간은 심장을 갈라 죽고 比干剖心

백이는 굶어 죽었네 伯夷餓死

굴원은 강에 빠져 죽고 屈原沈江

고산은 궁색해질수록 더욱 뜻이 굳어 翁窮且益堅

죽음에 이르도록 변치 않았으니 至死不改

의를 보고 목숨 걸기는 마찬가지였네 其見義守死一也

_「해옹-윤 참의 비명(海翁尹參議碑)」

멀고 먼 기해년	遙遙己亥
이백 년이 흘렀는데	垂二百年
말 한마디 비위에 거슬렸다고	一言觸忤
그 화란 면면해라	其禍緜緜

_「남고 윤 참의 묘지명(南皐尹參議墓誌銘)」

다산은 고산의 6대 외손이고, 다산의 외가 6촌 형인 남고(南
皐) 윤지범(尹持範, 1752~1821)은 고산의 직계 6대손이다. 다산
과 남고는 친척 사이로 아주 가깝게 지내며 절친한 관계여서 남
고가 세상을 떠나자, 그 일대기인 「묘지명」을 지어 그의 일생을
소상하게 기록하였다.

위의 명문(銘文)은 남고가 문과 급제로 벼슬길이 열렸으나,
고산의 후손이라는 이유로 당시의 집권세력이던 노론의 미움을
받아 제대로 승진도 못 하고 어렵고 힘들게 살아갔던 당시의 사
정을 소상하게 밝혀 준다.

당쟁이 한창이던 기해예송(1659) 때 집권세력의 주장을 그르
다고 비판한 고산의 상소 때문에 그 화란이 200년 넘어 이어지
면서 고산의 후손들이 힘들게 살아갈 수밖에 없었던 권력의 횡
포를 다산은 날카롭게 비판하였다.

옛날이나 지금이나 권력의 핍박은 참으로 무섭다. 영구집권
을 노리는 것이 권력의 속성이어서, 반대파에 대해서는 씨를 말

리려는 이유 때문으로 수백 년이 지나도 애초의 반대파 후손들에게까지 소외와 탄압을 계속했다. 친일파가 득세한 세상에서는 독립운동가의 후손들을 박대하고, 독재세력을 계승한 집권 세력은 민주화 운동가나 그 후손들을 냉대하는 것이 그런 이유이다.

그런 세상의 종말을 원했던 때문인지, 다산은 남인으로서 탄압받았던 남인계 인물에 대한 일생을 자세하게 알려 주는 글을 많이 썼다. 추사나 고산에 대해서 이제는 바르게 알아야 할 필요가 있다. 이렇게 곧고 바른 학자 윤고산의 피가 다산의 몸에도 흐르고 있다는 것도 이해해야 한다.

청백리 기건과 성리학자 기정진

기씨(奇氏)는 본관이 행주(幸州)이다. 본관도 단본(單本)이고,
또 성씨를 함께하는 씨족의 숫자도 적어 크게 번성한 가문은 아
니지만, 조선시대만 해도 매우 유명한 집안이 바로 기씨 가문이
었다. 조선 세종대왕 시절에 기건(奇虔)이라는 높은 벼슬아치가
있었다. 세종대왕의 훌륭한 정치로 과거에 응시하지 않고도 유
능한 관리가 발탁되던 때여서, 기건은 학행(學行)으로 천거 받
아 고관에 이르렀다. 죽은 뒤에는 정무(貞武)라는 시호가 내려
졌고, 청백리에 녹선되어 세상에 큰 이름을 전한 분이다.

기건은 포의(布衣)로 발탁되어 지평(持平)에 임명되었고, 오
래지 않아 제주 목사로 발령받아 제주도민을 계도하고, 그 지역
에 새로운 문화를 이룩한 큰 공을 세웠다. 뒤에는 황해도 연안

군수도 지내고 전라도 관찰사, 전주 부윤, 호조 참판, 개성부 유수, 대사헌 등의 고관을 지내면서 관공서의 물품을 절약하여 사용하고, 청렴한 관원의 본보기를 보여 준 청백리로 세상 사람들의 존경을 받았다. 뒤에 평양 감사를 역임하고 판중추원사에 이르렀으나, 세조가 단종을 폐위시키고 임금에 오르는 패악한 정치가 행해지자, 세상에 등을 돌리고 일체의 벼슬에 응하지 않은 의리의 선비로서도 유명했다.

세조의 부름에 응하지 않은 그는 세조의 위협에 굴하지 않으려고 일부러 청맹과니(靑盲, 당달봉사)로 자처하면서 그를 시험하기 위해 송곳으로 눈을 찌르려 해도 끝내 눈알을 움직이지 않으면서 버텨 낸 사실로도 유명하다. 그런 분의 청렴과 의리정신 때문인지 그의 후손에는 많은 학자와 높은 벼슬아치가 배출되었다. 기묘명현인 복재(服齋) 기준(奇遵), 고봉(高峯) 기대승(奇大升), 판서 기언정(奇彦鼎), 노사(蘆沙) 기정진(奇正鎭) 등이 모두 그의 후손이다. 다산은 『목민심서』 절용(節用) 조항에서 그의 청렴정신과 검소한 삶에 대해 크게 칭송하는 이야기를 남겼다.

기건이 제주도의 안무사(按撫使)가 되었는데, 성품이 곧고 굳으며 청렴하고 신중하였다. 그곳에서는 전복이 생산되는데 백성들은 전복 채취하는 일에 무척 괴로움을 느꼈다. 기건은 '백성들이 저처럼 괴로움을 당하는데 내가 어떻게 차마 이런 음식을 먹으리오.'라고 하면서 끝내 전복을 먹지 않으니, 사람들이 모두 그의 청렴함에 감복하였다.

연안 군수 시절에도 붕어 잡는 농민들의 수고로움을 생각하여 절대로 붕어를 먹지 않았다는 기록도 있다. 벼슬아치라면 모름지기 기건처럼 백성의 아픔과 고충을 생각하는 따뜻한 마음이 필요하지 않을까. 탐욕에서 벗어나지 못하는 공직자들이 있다면 기건을 배우면 어떨까.

삼정문란의 대책으로 목민심서를 추천한 기정진

장성(長城)에 있는 고산서원(高山書院)은 세상에 많이 알려지지 않은 서원이다. 이 서원은 노사 기정진(1798~1879) 선생을 주벽(主壁)으로 모시고, 선생의 뛰어난 제자 여덟 분을 배향한 대단한 서원이다. 제자 중에는 친손자로 선생의 학통을 이은 송사 기우만(奇宇萬, 1846~1916)이 있다. 한말의 큰 학자이자 을미사변 후 호남창의 총수로 활약했던 의병장이다. 나의 증조부 민재(敏齋, 朴琳相) 공은 바로 송사 기우만 선생의 친자(親炙) 문인으로 의병에도 참여했던 학자이다. 그런 인연으로 나는 오래전부터 고산서원의 원장이라는 과분한 책임을 맡아 왔다.

기정진은 조선 후기 호남 최고의 성리학자이자 조선 성리학 6대가(大家) 중의 한 분이면서 한말 위정척사 사상을 최초로 주창한 애국자였다. 전라도 장성에 거주하며 활동했던 학자였으나 명성이 높아 전라도 이외 경상도에서도 많은 제자가 모여들어 거대한 '노사학단(蘆沙學團)'을 이룬 당대의 대학자였다. 당시 산림(山林)으로 천거되어 호조 참판이라는 고관에 오르고 사후에 문간(文簡)이라는 시호까지 하사받았다.

노사는 다산보다 36년 뒤에 태어나 다산을 직접 만난 적은 없다. 그러나 강진에서 유배 살던 다산의 저서가 필사되어 호남에는 더러 전래된 지역이 있었다. 그래서 『목민심서』를 노사가 읽을 수 있었다는 기록이 있다.

철종 말년에 전국에서 민란이 일어나자 나라에서 민란 방지와 삼정문란의 해결책을 올리라고 했다. 1862년의 일인데, 기정진은 삼정문란과 민심 수습을 위한 「임술의책(壬戌擬策)」이라는 대책문을 작성했다. 자신이 전 임금의 신하였던 정약용의 『목민심서』를 읽어 보았는데 삼정문란의 해결책이 그 책 속에 들어 있다면서, 임금은 하루빨리 그 책을 구해서 읽어 보고 조정에 명하여 그대로 시행하도록 조치하라는 건의서였다.

당대의 성리학자로서 당파가 다른 남인인 다산과는 다른 생각을 지닐 수 있었는데 『목민심서』의 가치를 크게 인정한 노사의 안목은 높기만 했다. "백성을 괴롭히고 병들게 하는 이유와 나라를 좀먹게 하는 실제 내용이 그 책 안에 있다.(則其爲瘡痏於民 蟊賊於國者 可得其實際矣)"라고 말하여 『목민심서』가 백성의 고통을 덜어 주고 좀먹어 가는 나라를 구할 수 있다는 주장을 폈으니, 노사야말로 다산의 실학사상을 국가가 실제 행정에 응용할 수 있기를 바랐던 최초의 학자가 아니었나라고 생각하게 된다.

학처럼 고고했던 정범조

.... **'염퇴(恬退)'라는 아름다운 두 글자**

지봉 이수광(李睟光)의 『지봉유설(芝峯類說)』에는 사람이 알아야 할 온갖 지혜가 가득 담겨 있다. 그 책의 「인물부(人物部)」에 '염퇴'라는 항목이 있다. 염퇴라는 단어의 사전적 의미는 명리(名利)에 욕심이 없어 벼슬을 내어놓고 물러남을 뜻한다. 옛날이나 지금이나 세상에서 하고 싶고 좋아하는 일은 벼슬이고, 수단방법 가리지 않고 어떻게 해서라도 이익을 얻고자 하는 것이 인간의 일인데, 벼슬에서 물러나는 일에 욕심을 부리지 않고 이익을 취하는 데 급급하지 않음은 참으로 어려운 일임이 분명하다.

이수광은 그 항목에서 조선 사람 가운데 세 사람을 들어서 벼슬, 명예, 이익에 욕심을 버렸던 대표적인 인물로 선정하였다.

맨 먼저 농암 이현보(李賢輔, 1467~1555)를 들었다. 농암은 문과에 급제하여 여러 벼슬을 지내고 경상 감사와 호조 참판에 이른 고관이었으나 벼슬이나 이익을 탐하지 않고 참으로 청렴하고 강직하게 일을 처리했다. 말년에는 온갖 욕심을 버리고 고향으로 낙향하여 「어부사」라는 노래를 지어 부르며 안온하게 89세의 일생을 보냈다. 그래서 후배 퇴계 이황이 그를 가장 존경하고 따랐다.

두 번째는 하서 김인후(金麟厚, 1510~1560)이다. 문과에 급제하여 인종(仁宗)의 동궁 시절 사부로서 높은 벼슬이 보장되었건만 불의한 시대에 벼슬하는 일을 욕되다고 여겨 겨우 교리(校理) 벼슬에서 은퇴해 버리고 시골에 묻혀 자연을 벗 삼아 살면서 후학을 양성하다 세상을 마쳤으니, 그처럼 욕심을 버린 분이 어디 또 있었겠는가.

세 번째는 사암 박순(朴淳, 1523~1589)이다. 벼슬이 영의정에 이르고 시인으로도 명성이 높았으며 학자로서도 높은 수준이었지만, 벼슬이나 이익에는 언제나 담박하여 물러날 때는 미련 없이 벼슬을 던져 버리고 시골에 은퇴하여 여생을 보냈다. 아무리 벼슬에 나오도록 권유해도 끝까지 서울에는 발도 딛지 않았기 때문에 고관대작으로서는 가장 뛰어난 '염퇴'의 인물로 추앙을 받았다. 그래서 이수광은 "벼슬에서 물러나 살면서 세상일에 뜻을 끊으니, 그의 청렴한 절개는 늙을수록 더욱 높았다. 근래 대신들은 벼슬에 나아가고 물러남에 끝내 그분과 같은 사람은 적었다."라는 평을 달았다.

다산은 「해좌공 유사(海左公遺事)」라는 글에서 '염퇴'에 뛰어난 사람으로 해좌 정범조(丁範祖, 1723~1801)를 들었다. 비록 그가 온갖 좋은 벼슬을 지내고, 홍문관 제학, 형조 판서의 고관에 이르렀지만 언제나 벼슬과 이익에 욕심을 부리지 않았고, 물러날 때는 전혀 미련 없이 가볍고 산뜻하게 고향으로 돌아가 세상사람 모두의 존경과 숭앙의 대상이 되었다는 말을 했다.

해좌공은 청초한 긍지와 고상한 명망이 마치 학(鶴)이 서 있고 난(鸞)이 멈춰 있는 것과 같았으나 당시에는 모르더니 뒷날에야 세상에 널리 알려졌다.

정범조의 염퇴의 덕이 얼마나 높았는가를 잘 드러내는 문장이다.

현재 강원도 원주시 부론면 법천리는 나주 정씨(羅州丁氏)가 세거하던 곳으로, 큰 학자가 연달아 태어나고 고관대작이 줄이어 활동하면서 기호(畿湖) 지방 남인(南人) 명촌으로 이름이 높은 마을이었다.

성호 이익(李瀷)의 선배로 성호가 매우 존경하던 학자였고, 다산 정약용의 가까운 집안의 방조(傍祖)로 다산이 크게 숭모했던 학자 우담(愚潭) 정시한(丁時翰)의 고향마을이 바로 그곳이다. 우담의 후손에는 학자도 많고 고관도 많지만 현손(玄孫)인 해좌(海左) 정범조가 특별히 큰 이름을 날린 학자이자 고관이었다.

######### 종이를 팔아 손님 대접

18세기 정조의 치세에 큰 도움을 준 남인계 인물이 많은데 유
독 이름이 높았던 분은 번암 채제공과 해좌 정범조였다. 영의정
에 올라 정조를 보필하고 후배인 다산 같은 신진사류를 돌봐준
번암이야 명재상이었고, 정범조는 그에는 미치지 못하지만 벼
슬이 형조 판서에 이르고 예문관 제학에 올라 학문과 문장도 뛰
어났지만 청렴하고 단아한 인품 때문에 더욱 추앙을 받았다.

1799년 일세의 명재상 채제공이 세상을 떠나자, 중론에 의해
정범조가 친구이자 동지이던 입장에서 채제공의 신도비(神道
碑) 비문을 지었던 것만으로도 정범조의 학문과 문장의 수준을
증명해 주기에 충분하다.

채제공의 비문을 받으러 가던 때의 이야기가 「해좌공 유사」
에 나온다.

정조 경신년(1800) 여름, 채제공의 아들 채홍원(蔡弘遠)과 함께
법천(法泉)에 갔는데 해좌공이 손을 붙잡으며 기쁘게 맞아 주셨
다. 그때 집안사람이 벽장의 시렁 안에서 종이 한 묶음을 꺼내 가
지고 나가니, 공이 빙그레 웃었다. 내가 찬찬히 살펴보니, 대체로
식량이 떨어진 지 며칠이나 된 형편이었다. 종이를 팔아 70전을
얻어서 쌀을 사고 말린 고기 한두 마리를 사서 손님들을 대접해
주었는데, 그 종이는 비문(碑文)이나 비지(碑誌)를 청하는 자가 폐
백으로 가져다 준 것이었다. 그런데도 공은 태연한 모습이어서 채

홍원 또한 깜짝 놀라 탄복하였다.

해좌공의 청빈한 삶이 그림처럼 그려진 글이다. 팔십 가까운 나이에 판서를 지냈고, 문장과 학문으로 일세의 존경을 받던 국가 원로의 살림 형편이 그런 정도였지만, 아무런 어색함 없이 젊은 손님들을 대접해 주던 그 모습, 청빈을 즐기며 안빈낙도(安貧樂道)의 삶에 만족하던 옛 어진 이들의 모습이 너무나 부럽게 여겨지는 내용이 아닐 수 없다. 그래서 공자는 "군자는 도를 걱정해야지 가난을 근심해서는 안 된다.(君子憂道 不憂貧)"라고 거듭 강조했는데 그런 교훈을 지키는 선비가 그렇게 많지 않았던 것은 그것이 어려운 일이라는 것의 반증이기도 하다.

벼슬은 놓기가 어렵다. 이익을 거부하기는 더욱 힘든 일이다. 한번 높은 지위에 오르면 영원히 붙들고 싶고, 한번 국회의원이 되면 죽을 때까지 하고 싶고, 그만두고는 다른 어떤 벼슬이라도 결단코 더 해야만 되겠다고 온갖 욕심을 부리는 사람들, '염퇴'의 미덕이 얼마나 훌륭한가를 생각해 보면 어떨까.

살아 있는 사람이어서 단정적으로 이야기하기는 주저되는 일이지만, 국회의원에 출마하면 6선 의원에 국회의장까지 거의 보장받았지만 할 만큼 했다면서 미련 없이 정계에서 떠나 버린 '염퇴'의 큰 인물을 보면서 많은 생각을 하게 되었다. 지금의 세상에도 염퇴에 해당하는 인물이 있음을 자랑스럽게 여겨 본다.

어진 목민관 유의

.... 스스로 규율하는 것이 아전을 다스리는 근본

『목민심서』를 읽어 보면 옛날 어진 목민관의 훌륭한 인품과 뛰어난 정사를 알아볼 수 있는 대목이 참으로 많다. 다산의 대선배로 다산이 직접 상관으로 모시면서 함께 벼슬했던 유의(柳誼, 1734~1799)라는 분이 있다. 여러 곳의 목민관 생활을 하였고, 뒷날에는 대사헌·참판 등의 고관을 역임한 뛰어난 벼슬아치였다.

다산은 천주교 문제로 모함을 받아 승정원 승지 벼슬에서 쫓겨나 충청도 홍주목(洪州牧, 지금의 홍성) 산하에 있던 금정도 찰방(金井道察訪)이라는 하급 벼슬로 좌천되었다. 그때 찰방은 지금의 시골 역장(驛長)과 같은 낮은 벼슬인데, 그 직속상관이 바로 홍주 목사이던 유의였다. 유의가 병조 참판 때 다산은 병조참의로 또 그를 모셨다.

다산은 『목민심서』 여러 곳에서 유의의 행적을 높게 평가하는 내용을 소개하였다.

참판 유의가 홍주 목사로 있을 때, 찢어진 갓과 성긴 도포에 찌든 색깔의 띠를 두르고 조랑말을 탔으며, 이부자리는 남루하고 요도 베개도 없었다. 이리하여 위엄을 세우게 되니 가벼운 형벌도 내리지 않았으나 간사하고 교활한 무리가 모두 숨을 죽였다. 이것은 내가 직접 목격한 일이다._『목민심서』「부임」

자신이 상관인 홍주 목사 유의의 행실을 목격했노라는 이야기이다. 그러면서 다산은 "스스로 자신을 규율하는 것이 아전을 단속하는 근본임을 알게 되었다.(知律己爲束吏之本)"라고 고백하기도 했다. 그렇게 청렴하고 자신의 행동에 절제가 있던 유의가 청탁을 깨끗하게 배격했던 목격담을 자세히 설명하기도 했다.

참판 유의가 홍주 목사로 있을 때, 나는 금정역 찰방으로 있었다. 목사에게 편지를 보내 공사(公事)를 의논했으나 답장이 없었다. 뒤에 홍주에 가서 서로 만나 말했다.
"왜 답장을 주지 않았습니까?"
"나는 수령으로 있을 때는 본래 편지를 뜯어 보지 아니하오."
아랫사람에게 명하여 서류 상자를 쏟자 편지가 하나도 뜯기지 않았는데, 이는 모두 조정 귀인들의 편지였다.
"그거야 그럴 것이지만 내가 말한 것은 공사였는데 뜯어 보지 않아서야 되겠습니까?"

"만일 공사에 속한 것이라면 왜 공문으로 보내지 않았소?"

"마침 그것이 비밀에 속한 일이었습니다."

"만일 비밀에 속한다면 왜 비밀히 공문으로 보내지 않았소?"

나는 거기에 대답할 말이 없었다. 그가 사사로운 청탁을 끊어 버리는 것이 이와 같았다.

_『목민심서』「율기」

다산은 자신이 직접 겪은 일을 자세히 설명하여 유의라는 어진 목민관의 깨끗하고 공정한 행정을 높이 칭찬하였다. 어떻게 보면 지나치게 결백하고 지나치게 막힌 사람으로도 보이지만, 조선이라는 세상은 온통 청탁 관행이 만연해 있던 시대였음을 감안한다면, 유의의 과도한 배격은 역시 훌륭한 조치였음을 인정하지 않을 수 없다.

마음을 감복시키는 정치

유의에 대한 이야기는 다산이 직접 목격했거나 아니면 직접 유의에게서 들은 이야기여서 정확한 사실임에 의심의 여지가 없다.

참판 유의가 홍주 목사 때의 일이다. 흉년을 만났는데 유리걸식자 5~6명이 읍내에 돌아다녔다. 유의는 그들을 가련하게 여겨 마방

(馬房, 군청의 뜰에 있다)에 머물게 하여 죽을 먹이고 불을 때 주었다. 군청의 간부나 아전이 간하기를 "유리걸식자를 이같이 편안하고 즐겁게 해 주면 그 떼가 앞으로 구름같이 모여들 것이니 누가 이것을 감당하겠습니까?"라고 하였다. 며칠이 안 되어 유리걸식자들이 소문을 듣고 모여드는 사람이 수십 명이었다. 유의는 이들을 모두 수용하고 좌우에서 극력 간해도 듣지 않았다.

내가 홍주에 가서(다산은 1795년 7월 26일에서 12월 20일까지 금정에서 근무했다) 살펴보니, 석양에 마방에 수용된 유리걸식자들이 밖에 나와 햇볕을 쬐고 있었다. 유의가 그동안의 과정을 설명해 주고는 "유리걸식자는 그 수효가 한도가 있는 것인데, 구름같이 모여든다고 미리 말하는 것은 모두 착한 일을 가로막는 일이다. 내 힘이 미치는 데까지는 우선 받아들일 것이요, 힘이 다 되면 보내는 것이 또한 옳지 않겠나?"라고 하였다. 내가 지금까지 그 말에 마음으로 감복하고 있다._『목민심서』「진황」

얼마나 감동을 받았으면 "내가 지금까지 그 말에 마음으로 감복하고 있다.(余至今心服其言)"는 표현을 썼을까. 가장 어려움에 처한 사람들, 그럴 때 받는 은혜는 더욱 감복하기 마련인데, 배고프고 추워서 헤매는 유리걸식자들을 보살펴 주던 목민관의 훌륭한 정사에 다산이 감복하지 않을 수 없었던 것은 너무나 당연하다.

요즘 코로나19 전염병으로 어려움에 처한 환자들에게 정부나 지방정부에서 철저하게 대처하는 것을 보고 들으면서, 옛날의

어진 목민관들이 재난을 당한 사람들에게 베풀던 온정이 생각
난다. 서로 돕고 힘을 합해 큰 재난을 극복하려면 한마음 한뜻
으로 함께하는 수밖에 다른 길이 없다. 함께 극복해 내야 한다.

난세에 생각나는 재상 이원익

40여 년 동안 재상을 지낸 인물

"나라가 어지러우면 어진 재상이 생각나고(國難思賢相), 집안이 가난해지면 어진 아내가 생각난다.(家貧思良妻)"라는 옛말이 있다. 장관 한 사람 제대로 임명하지 못하고, 총리 한 사람 올바르게 고르지 못해 나라가 말이 아닌 요즘에 꼭 적합한 말이 아닌가 싶다.

전제군주 시대에 국왕이야 선택의 여지 없이 그냥 세습으로 이어지던 때여서, 유능한 재상을 골라 제대로 임명해야 그래도 나라에 희망을 걸던 때였기 때문에, 재상을 제대로 임명하는 일이야말로 나랏일 중 가장 큰 일의 하나였다. 대통령이야 5년 동안 임기를 보장받으니, 장관이나 총리를 제대로 골라 임명하는 일이 얼마나 중요한 것인가를 그런 데서 알 수 있다.

다산 정약용이 살아가던 조선 후기, 언제나 편안할 날 없이 세상은 시끄럽고 어지러웠다. 그래서 훌륭한 재상이 등용되기를 간절히 바라던 사람이 다산이다. 그렇다면 다산이 희구하던 재상은 어떤 인물일까.

다산은 「화상찬(畵像贊)」이라는 글을 통해 우리 역사상 탁월했던 5명의 정승을 찬양하는 글을 남겼다. 그러한 정승이 계속 발탁되어 어렵고 가난한 나라를 구제하기를 간절히 바랐던 이유였을 것이다.

첫째가 오리(梧里) 이원익(李元翼)이고, 다음은 한음(漢陰) 이덕형(李德馨), 약포(藥圃) 정탁(鄭琢), 미수(眉叟) 허목(許穆), 번암(樊巖) 채제공(蔡濟恭) 등이다. 그러한 재상이 임금을 제대로 보필하여 나라가 올바르게 유지되었던 것처럼, 어떤 시대에도 그런 훌륭한 재상이 나와야 한다는 다산의 바람은 참으로 간절했다.

이원익(1547~1634)은 호가 오리(梧里)여서 흔히 오리정승으로 세상에서 일컬었다. 1564년 18세에 사마시에 합격하자 영의정 이준경의 사랑을 받았고, 1569년 23세에 문과에 급제하여 벼슬을 시작하자 서애 유성룡의 신임을 받았다. 뒤에 황해도 도사로 부임하자 당시 황해도 관찰사로 있던 율곡 이이에게 능력을 인정받아 중앙의 벼슬살이로 옮기면서 승승장구로 벼슬길이 열렸다.

그때 조선 조정에는 분당의 조짐이 있어 이준경·유성룡··이이 등은 조금씩 진영논리가 다르던 때인데, 이원익은 파가 다른 모든 진영의 수장들로부터 신임을 얻고 능력을 인정받는 관료로서의 자질을 지닌 분이었다. 외직인 지방의 목민관으로 근무하면서 가장 선정을 베푼 목민관으로 인정받았고, 중앙의 중요 관직에 있으면서도 공정하고 청렴한 벼슬살이로 선배나 동료의 신망을 한 몸에 안을 수 있었다. 임진왜란 이전에 형조 참판·대사헌·호조 판서·예조 판서를 역임하고 이조 판서 재직 때에 임진왜란을 맞아 국난 극복에 큰 업적을 이룩하기도 했다. 1595년 49세에 우의정 겸 사도체찰사로 임명되어 최전방에서 왜군을 물리치는 데 온 힘을 기울였다.

광해군 시절에야 올바른 신하들이 자리를 제대로 지킬 수 없어 여러 차례 벼슬을 그만두었으나, 끝내는 영의정 신분으로 귀양살이를 떠나고 말았다. 인조반정은 이원익의 진영과는 다른 서인이 주도했던 이유로 서인 진영의 인사들이 벼슬을 독점하던 때인데, 뛰어난 재상의 능력을 지닌 이원익은 반대 진영의 추대로 귀양지에서 풀려나 다시 인조 초년에 영의정으로 추대되어 어수선한 반정 초의 정국을 안정시키는 공적을 이뤄 냈다.

이원익은 40년 가까이 재상 지위에 있으며 다섯 차례의 영의정, 호성공신에 녹훈되고 완평부원군에 봉해진 귀인이었으나, 서울에서 벗어난 시골(금천, 지금의 광명시)에 두어 칸의 오막살이 초가집 한 채가 있었을 뿐, 퇴관 뒤에는 조석거리조차 없을 정도로 청빈한 삶을 살았던 청백리였다.

오리정승이 얼마나 위대한 정치가였는가는 먼 뒷날 다산 정약
용의 찬양문에서 알아볼 수 있다.

"짐이 국가다."가 아니라 영의정 이원익이 국가였다는 위대한
찬사를 바친 사람이 다산이다. 어떻게 그런 위인이 되었을까를
다산은 참으로 정확하게 밝혔다. 40년의 정승 생활을 했으나 아
주 조그마한 체구에 섬약한 얼굴 모습, 꾀죄죄하고 주근깨 가득
한 안면, 독(櫝)에 숨겨 놓은 옥처럼 보이지 않게 내공을 몸속에
가득 채운 인물이었기에 어떤 반대파도 그에게는 승복하는 거
대한 정치적 역량을 지녔노라고 진단했다.

다산은 『시경(詩經)』의 한 구절을 인용하여 잘남과 똑똑함과
뛰어난 능력을 감추고 못나고 모르고 부족한 사람으로 보여야
만 큰 정치가의 역량을 발휘할 수 있다는 경구(警句)를 가르쳐
주었다.

나라의 안위가 공에게 달려 있었고	社稷以公爲安危
백성들의 잘삶과 못삶도 공에게 달려 있었네	生靈以公爲肥瘠
침략자의 진퇴도 공에게 달려 있었고	寇賊以公爲進退
윤리 도덕의 무너짐과 바름도 공에게 달렸었네	倫綱以公爲頹整
대체로 그렇게 하기를 40년	蓋如妓四十年
위대하도다 혼자서 나라의 균형을 쥐고 있었네	偉勻衡之獨秉
장대한 체구에 근엄하고 씩씩하여	意公魁梧儼毅

높고 높은 태산·화악이었으리라 여기겠지만	若泰華之挺
연약한 아래턱 붉은 콧날에	乃孅頷䋮準
주근깨만 여기저기에 꾀죄죄했네	瑣鬐黗其枯冷
아, 찬란히 빛나는 옥이야	嗚呼玉之璘霧者
누구라도 그게 값진 보물인 걸 알겠지만	凡夫皆知其爲圭斑
독 속에 그걸 숨겨 두면 전문가도 모르는 것	而韞櫝非良工攸省
군자는 비단옷 위에 홑옷을 껴입는다네	故君子衣錦而尙褧

_「고 영의정 오리 이공 화상찬(故領議政梧里李公畫像贊)」

23세에 문과에 급제하여 88세로 세상을 떠날 때까지 70년
가까이 벼슬했던 노재상, 완평대감 이원익은 조선 명종 때 태어
나 인조 때 세상을 떠났다. 정직하고 청렴하여 벼슬살이 70년에
초옥삼간을 벗어나 산 적이 없었다. 49세에 우의정에 올라 좌의
정, 영의정으로 40년의 재상 생활을 했다면 그가 얼마나 훌륭한
청백리였는가는 알아보기 어렵지 않다.
임진왜란, 정유재란, 광해 폐정, 이괄의 난, 정묘호란 등 나라
가 가장 어렵던 시절에 재상으로 있으면서 사직을 안정시키고
생령을 보존케 하였던 위대한 재상, 오늘 우리에게는 그런 재상
이 왜 발탁되지 못할까.
섬약한 신체에 볼품없는 얼굴 모습, 모든 덕을 몸속에 감추
고 사직의 안위, 생령의 비척(肥瘠), 왜적의 진퇴, 나라의 도덕과
윤리까지 한 몸으로 지켰던 오리정승, 광명시에서 그분을 현창
하는 사업을 전개한다니 얼마나 훌륭한 일인가. 당시의 금천(衿

川), 지금의 광명시가 이원익의 고향이고 그가 노년을 보낸 곳
이자 그의 묘소가 있는 곳이니, 광명시의 자랑임에 분명하다.

산림에 숨은 경세가 유형원

원로와 인재를 적극 찾아내야

연암 박지원의 소설을 읽어 보면 그 시절에 가장 추앙받는 경세가가 반계 유형원이었다. 물론 그때 반계는 세상을 떠난 지 오래였으나, 세상에서는 반계를 가장 훌륭한 경세가로 잊지 않고 있었나 보다.

위당 정인보는 오래전 조선 후기 학술사를 정리하면서 반계 유형원, 성호 이익, 다산 정약용을 삼조(三祖)로 거론하면서 제일조(第一祖)가 반계 유형원이라고 못박기도 했다. 그러한 반계도 죽은 뒤 100년이 지나서야 대저 『반계수록』이 간행되어 빛을 보게 되었을 뿐, 그는 생전에 겨우 진사(進士)에 그치고 일명(一命)의 벼슬살이도 하지 못한 포의한사(布衣寒士)로 생을 마쳤다.

국가 통치에 인재 발굴이나 거현(擧賢), 용인(用人)이 얼마나 중요한 일인가를 모르는 지도자는 아무도 없을 것이다. 그러나 어진 이들은 드러내지 않고 산림에 묻히거나 암혈에 숨어 지내다 세상을 떠나는 경우가 너무나 많았다. 성호 이익 같은 대학자, 반계 같은 경세가, 다산 같은 어진 이들을 당시의 군주들이 제대로 알아보지 못했으니 끝내 나라가 망하지 않을 도리가 있었겠는가.

세상을 경륜하려던 정성 어린 뜻	拳拳經世志
오직 반계 노인에게서 보았다네	獨見磻溪翁
깊이 숨어서 이윤·관중 사모했건만	深居慕伊管
이름 알려지기에는 왕궁에서 너무 멀었네	名聞遠王宮
대강령은 균전법 시행에 있었기에	大綱在均田
온갖 조목들 바르게 서로 통했네	萬目森相通
정밀한 생각으로 틈새 다 메워	精思補罅漏
고치고 가늠하며 온갖 노력 기울였네	爐錘累苦工
찬란하게 군왕 보좌할 재목이었는데	燁燁王佐才
산림에 묻히어 늙어서 죽어 갔네	老死山林中
남기신 유문 세상에 가득한데	遺書雖滿世
백성들에게 혜택 끼친 공 없었다	未有澤民功

_「고시 24수(古詩二十四首)」

반계 같은 위대한 경세가를 세상은 알아보지 못해 저 전라도 변두리 부안 땅에서 학문만 연구하다 생을 마칠 수밖에 없었으니, 그렇게도 당시 지도자들의 용인술이 부족했는지 안타까움을 삭일 수 없다.

반계가 세상을 위해 일할 수 없었음을 안타깝게 여겼던 다산 자신은 또 어떠했는가. 정조라는 어진 군왕을 만나 겨우 몇 년 일해 보려다가 정조의 훙거와 함께 18년이라는 긴긴 유배살이로 숲속에 묻혀 있어야 했으니, 이 일은 또 얼마나 안타까운가.

나라가 쇠잔해지려면 본래 영웅호걸을 찾아내기 어렵지만, 세상에 가득하게 영웅호걸이 있어도 진영논리와 선거운동을 도와준 사람만 고르다 보면 발탁할 기회를 놓치게 되니, 거현이나 인재 등용이 가능할 수 있겠는가.

옛날에는 나라의 원로를 국로(國老), 대로(大老)라 하여 존숭하며 받들었지만, 요즘이야 국로, 대로도 없지만 있어도 아예 존숭하려는 기미가 없다. 국왕을 도와 왕도정치(王道政治)를 이룩할 능력의 소유자를 '왕좌재(王佐才)'라고 한다. 그런 능력과 인격의 소유자를 골라 요즘 같은 빈약한 용인술에 보탠다면 어떨까.

율곡의 경제사와 다산의 이용감

########## 나라를 개혁하지 않으면 망한다

조선을 대표하는 학자는 퇴계와 율곡이다. 누구도 반대할 수 없는 세상의 공론임은 말할 필요도 없다. 조선 후기에 들어오면서 반계나 성호 같은 대학자가 나오고, 끝내는 다산 같은 실학 집대성자가 나와 성리학자와는 분명하게 다른 '실학'이라는 새로운 학문으로 나라를 구제해야 한다는 논리를 정리해 내기에 이르렀다.

고려 말엽 중국으로부터 성리학이자 주자학인 유학사상이 우리나라에 들어왔으며, 고려가 망하고 조선이 건국되자 유학 그 중에서도 주자학이 통치 이념으로 자리잡고, 국민의 정신세계를 지배하는 국가 철학의 지위에 오르게 되었다.

16세기 유학자로 대표적인 명성을 누렸던 율곡 이이는 다른 성리학자와는 다르게 많은 병폐를 안고 있던 조선이라는 나라를 그대로 두고는 희망이 없다고 여기면서 정치·경제·사회의 제반 문제가 심각하다고 국왕에게 건의하면서 현상대로 그냥 둔다면 토붕와해(土崩瓦解)의 화란에 봉착한다는 경고를 거듭거듭 주장하며 '경장(更張)'을 해야 한다는 진언을 계속했다. 토붕와해란 땅이 무너지고 기왓장이 깨진다는 뜻으로, 어떤 사물이나 조직이 붕괴된다는 내용에 부합하는 표현이다.

지금 나라는 안으로는 기강이 무너져 백관이 맡은 직분을 다하지 않고, 밖으로는 백성이 궁핍하여 재물이 바닥나고, 따라서 병력이 허약합니다. 만약 전쟁이 일어난다면 반드시 토붕와해되어 다시 구제할 계책이 없을 것입니다.

율곡은 뛰어난 학자이자 경세가로서 시대의 질곡에 눈 감지 못하고 좋은 나라, 국민이 편안하게 살아갈 수 있는 나라를 만들자고 적극적인 시정책을 건의했던 정치가였다.

1581년 46세이던 율곡은 호조 판서라는 중책을 맡게 되자 개혁을 추진할 중심기구로 '경제사(經濟司)'라는 새로운 정부기구를 신설하자고 제안했다. '혁폐도감(革弊圖監)'의 의미가 포함된 '경제사'에 바로 개혁을 추진하고 경제를 일으키는 역할을 맡기자는 내용이었다. 그러나 국왕의 반대로 실현되지 못했다.

이른바 시의(時宜)라는 것은 시대에 따라 변통하여 법을 만들어

인민을 구하는 것을 말합니다. 대개 법은 시대에 따라 제정하는 것이니 시대가 변하면 법도 달라집니다. 태조께서 나라를 열고 세종께서 수성(守成)하고, 비로소 『경제육전』을 지었고, 성종 때에 『경국대전』을 간행하고, 그 위에는 수시로 법을 세워 속록(續錄)이라 불렀습니다_「만언봉사(萬言封事)」

법이 오래되면 폐가 생기고 폐가 생기면 고쳐야 합니다. 모두 때에 따라 적합하게 법을 제정하는 것이지, 일부러 조종(祖宗)의 법도를 변란하려 했던 것은 아닙니다. 더구나 요즘은 조종의 법도 아니고 대개는 권간(權奸)의 손에서 나온 것이거늘 어떻게 그것을 선왕의 헌법과 같이 준수해야 하겠습니까.
_「동호문답(東湖問答)」

율곡은 이러한 정책건의서를 통해 법과 제도를 고치고 바꿔 나라를 경장해야 한다는 주장을 줄기차게 건의했다.

##········· 율곡과 견해를 같이했던 다산

율곡보다 225년 뒤에 태어난 다산은 율곡을 많이 닮은 학자이자 경세가였다. 그의 『경세유표』 서문을 읽어 보면 어쩌면 그렇게 세상을 보는 견해가 율곡과 비슷할까 깜짝 놀라게 된다.

모든 관직이 정비되지 않아서 정규 관원에게 녹봉이 없고 탐오하는 풍습이 크게 일어나서 백성들이 초췌해졌다. 생각건대 털끝만큼의 작은 일이라도 병폐 아닌 것이 없으니, 이제라도 고치지 않으면 반드시 나라가 망하고 말 것이다.

이러한 다산의 현실 진단은 율곡의 현실 진단과 큰 차이가 없었다. 다산은 『경세유표』라는 국가개혁의 플랜을 제시한 책에서 새로운 정부기구로 '이용감(利用監)'을 신설하여 국부 증진의 가장 올바른 길인 기술 개발과 기술 도입을 전담시키자는 주장을 폈다.

임진왜란이 다가옴을 감지한 율곡은 그때 분명하게 역사를 바르게 읽고 변화와 개혁, 경장을 이루자고 역설했다. 그러나 당시의 속된 벼슬아치들은 율곡을 헐뜯고 비방하면서 전혀 정책에 반영하지 않아 끝내 난리를 당하고 말았다. 200년 뒤 다산은 또 망하기 직전의 나라를 제대로 살펴보고 통채로 나라를 개혁하자고 주장했지만 부패 관료들은 거들떠보지도 않고 그를 유배지로 쫓아냈고 끝내 나라가 망하고 말았다.

온갖 비난과 모함을 받으면서도 나라를 부강하게 하고 국민이 넉넉하게 살기를 그렇게도 간절히 바랐던 율곡이나 역적 죄인으로 오랜 귀양살이의 신고를 겪으면서도 나라와 국민을 생각하던 다산은 역시 애국자였다. 썩고 병든 나라를 치유하기 위해 개혁과 변화를 촉구하지 않으면 달리 해결할 방법이 없다는 것을 율곡이나 다산은 분명히 알고 있었다.

오늘 우리나라는 참으로 어려운 처지에 놓여 있다. 율곡과 다산이 경제를 살리고 나라를 건지는 개혁과 변화를 주장했던 대로 특단의 조치를 통해 인사 문제도 더 치밀하게 하고 경제 살리는 대책도 더 면밀하게 세워야 한다. 옛날 선현들의 뜨거운 애국심을 생각하여 국민이 믿고 따를 수 있는 정책을 과감하게 추진해야 한다.

퇴계의 겸손

.... **세상이 나를 몰라준다고 근심하지 말라**

퇴계가 어느 날 제자 이중구(李仲久, 湛)가 보내온 편지에 답장을 보냈다.

사람들이 항상 두고 쓰는 말이 있는데 "세상은 나를 알아주지 못하네."라고 모두 말한다네. 그런데 나에게도 그런 탄식이 있다네. 그러나 탄식의 내용은 다르다네. 일반사람들은 자신들의 포부를 알아주지 못함을 한탄하지만, 나의 경우는 학문이나 능력이 텅텅 빈 사람인데도 그런 줄을 알아차리지 못함에 대한 탄식이라네.

이런 내용의 편지에 대하여, 다산은 「도산사숙록(陶山私淑錄)」에서 퇴계의 겸손한 마음과 깊은 학문에 대하여 세세한 평설을 기록했다.

이런 내용은 선생의 마음가짐이 얼마나 겸손한가를 사실로 보여 주고 있다. 그러나 세상에는 실제로 그런 걱정을 지닌 사람이 있다. 대체로 헛된 명성 때문에 비방을 받기 마련이고 화를 당하게도 된다. 나 같은 사람은 평생 총명의 재능이 부족하기 짝이 없는 사람인데, 모르는 사람은 "기억력이 뛰어나네."라고 말하니, 이런 말을 들을 때마다 모르는 사이에 땀이 나고 송구스럽다. 이를 태연히 인정하여 남들이 속아줌을 즐기다가 진짜 큰 일을 맡기는 경우 군색하고 답답함에 몸 둘 곳이 없을 터이니 매우 두려운 일이다.

⋯⋯⋯ 내가 돌아갈 곳은 퇴계뿐이다

이어서 다산은 퇴계의 겸손미를 극구 칭찬하면서, 자신이 의지하며 돌아갈 곳이 퇴계뿐임을 진솔하게 고백하고 있다.

아! 선생은 경천위지(經天緯地)의 학문과 계왕계래(継往継來)의 대업을 이룩한 분이면서도 오히려 자신은 공소(空疎)한 사람이라고 자처하면서 세상에서 자신의 포부와 능력을 알아주지 못함을 한탄하지 않고, 겸손하기 짝이 없던 군자였으니, 선생이 아니고서야 누구를 의지하여 돌아갈 곳이 있겠는가.

군자가 지녀야 할 가장 큰 덕의 하나는 바로 겸손이라는 것을 다산은 설명하고 있다. 공자는 『논어』의 서두에서 "남이 알아주지 않아도 화내지 않는 사람이 군자니라.(人不知而不慍 不亦君子乎)"라고 명확하게 천명하였다.

그러나 이런 경지가 어디 쉬운 일인가. 세상이 시끄러운 이유야 많겠지만, 가장 큰 이유의 하나는 자기를 알아주지 않는다는 오만방자한 인간들에게서 시작된다. 당쟁이나 사람 사이의 싸움, 나라 사이의 싸움 모두가 자신을 가장 많이 알아주고, 가장 높이 평가해 달라는 데서 시작된다. 자신의 능력이나 포부를 알아주지 못함을 한탄하지 않고, 오히려 능력이나 계책이 없음을 알아차리지 못하는 것을 탄식하는 퇴계의 겸손한 마음을 부러워하는 다산의 뜻은 더욱 미덥기만 하다.

옛날 시조에도 있지 않은가. "옥에 흙이 묻어 길가에 버렸으니, 오는 이 가는 이 흙이라 하는구나. 두어라 알 이 있을지니 흙인 듯이 있거라." 참으로 능력이 있고, 포부가 훌륭하다면, 언젠가는 세상에서 알아주기 마련이다. 세상이 조용하고 평안하기 위해, 제발 자기를 알아주지 않는다고 화를 내는 마음을 가라앉히면 어떨까.

학자화가 윤두서

◇

◇   ◇

지난 9월 하순 남도여행을 한 뒤 또 남도를 찾았다. 그때는 한
창 벼가 익느라 황금벌판이더니, 이번에는 추수를 마친 들판은
텅 비어 있고 아직 지지 않은 단풍이 홍황의 빛깔로 우리를 맞
았다. 주말이면 북한산을 찾는 산악회 산우들이 남도의 늦가을
흥취를 느끼자고 떠난 여행인데, 마침 광주박물관에서 공재 윤
두서(1668~1715) 서세 300주년을 기념하는 유작전이 열리고
있어 그곳을 찾지 않을 수 없었다. 해남 땅끝 미황사에서 템플
스테이로 숙박을 하고, 도솔암까지 등산도 하고, 화순의 운주사
도 구경하고, 강진 무위사의 탱화와 벽화, 선각대사의 웅장한 사
적비까지 살펴본 뒤여서 여행의 맛이 도도하게 느껴지던 참이
었다.

공재의 전시회로 끝나지 않고 공재의 아들 낙서(駱西) 윤
덕희(尹德熙, 1685~1776), 낙서의 아들 청고(靑皐) 윤용(尹熔,
1708~1740)의 3대 화가 전시회여서 더욱 의미가 깊었다. 공재
는 조선 3재 화가로 너무나 저명하지만, 아들·손자까지 뛰어난
화가임은 세상에 널리 알려지지 않았다. 고산 윤선도의 후손인
그들, 고산의 높은 학문과 예술의 유전자를 받은 듯 모두 학문
도 높고 예술에도 뛰어난, 참으로 대단한 가문의 전통을 세상에
알려 주고 있었다.

추사가 글씨 잘 쓰는 서예가로만 알려졌듯이 공재는 화가로
만 알려진 경우가 많은데 그의 외증손자인 다산에 따르면 결코
그렇지 않다. 전시장에는 공재가 손수 베꼈던 일본지도 1부, 조
선지도 한 폭까지 전시되어 공재의 박학다식한 학문영역을 잘
보여 주고 있었다.

공재께서는 성현의 자질을 타고나시고 호걸의 뜻을 지니셨기에
저작하신 것에 이러한 종류가 많습니다. 애석하게도 시대를 잘못
만났고 수명까지 짧으셔 끝내 벼슬도 못하고 세상을 마치셨습니
다. 내외(內外) 자손 중에서 그분의 피를 한 점이라도 얻은 자라면
반드시 뛰어난 기상을 지니고 있을 터인데, 역시 불행한 시대(남
인이 쇠락한 시대)를 만나 번창하지 못하고 있으니 어찌 운명이 아
니겠습니까.

다산이 형 정약전에게 보낸 편지에 들어 있는 내용이다.

아들 낙서나 손자 청고도 뛰어난 예술가이지만 친증손자인 윤지범·윤지눌 등도 뛰어난 재주와 학문으로 문과에 급제했다. 그러나 윤선도의 후손이라는 이유로 크게 현달하지 못하고 궁하게 살다가 시든 점을 다산은 이야기했을 것이다. 그러나 한 점의 피가 다산에게도 전해져 그만한 대학자가 나왔지만 역시 귀양살이 18년의 궁한 세월을 보낸 점은 또 어찌할 수가 없었다.

3대에 걸친 화가 집안

다산은 「'취우첩'에 대한 발문(跋翠羽帖)」이라는 글에서 공재·낙서·청고 3대 화가에 대한 그림 평을 참으로 격조 높은 글로 기록한 바 있다. 공재는 외증조, 낙서는 외백조, 청고는 외가 아저씨가 되는데, 그들에 대한 화평은 고전적인 글임에 분명하다.

청고의 작품으로 꽃과 나무, 새의 깃과 짐승의 털, 각종 벌레 등은 그 참모습과 핍진하여 정연하고, 섬세하고, 살아 움직이는 듯하니, 이야말로 몽당붓으로 수묵을 칠하여 그릇되이 기괴한 것을 그려 놓고는 스스로 "나는 뜻을 그린 것이지, 외형을 그린 것이 아니다."라고 자부하는 하찮은 화공들의 작품과는 비할 바가 아니다.

공재 집안의 문인화는 일반 화공의 그림과는 다르게 묘사 기법도 탁월하지만, 거기에는 학문과 철학이 담겨 있다는 뜻으로 평했다.

우리는 국보인 공재의 자화상 진품을 보고 또 보면서 다산의 평이 과장이 아님을 여실히 알 수 있었다. 지난 남도 여행에서는 자유의 그리움을 느꼈고, 이번에는 예술의 높은 경지에 찬탄을 금하지 못하였다.

다산의 학문을 이끈 대학자 권철신

.... 신유옥사 때 천주교 신자로 몰려 죽다

권력의 횡포는 참으로 무섭다. 1801년의 신유옥사(辛酉獄事)는 천주교인을 무자비하게 죽인 사건이다. 진짜 천주교인의 죽음도 슬픈 일이지만, 가짜뉴스에 근거하여 죽음을 당한 억울한 사람도 많았다. 억울한 사람의 대표자야 당연히 정약전·정약용 형제지만, 그래도 그들은 옥사(獄死)는 당하지 않았다.

다산이 꼽은 대표적인 억울한 죽음으로는 녹암 권철신(權哲身, 1736~1801)과 정헌 이가환(1742~1801)이다. 다산이 귀양살이를 마치고 고향에 돌아와 평생의 작업으로 자신의 일대기인 「자찬묘지명」 두 편을 기술하고, 자신의 일생 못지않게 반드시 세상에 전해야 할 대표적인 두 인물에 대해 「녹암 권철신 묘지명」과 「정헌 이가환 묘지명」이라는 대문자를 남겼다.

자신과 중형인 정약전의 일대기에서 당연히 자신과 중형은 천주교 신자가 아님을 누누이 밝혔고, 권철신·이가환 또한 절대로 신자가 아니라고 온갖 증거를 제시하여 신자일 수 없음을 밝히고 있다. 그러나 오늘날 권철신은 천주교 순교자 묘역이라는 천진암 옛터에 묘소가 있다. 이 문제는 앞으로 더 큰 논쟁거리로 남겨 두고, 권철신이 살았던 옛 마을을 찾아가 본다.

며칠 전 다산 선생의 묘제(墓祭)를 마친 뒤 실학학회 회장인 안병걸 교수의 안내로 까맣게 잊고 지냈던 권철신의 옛 고향 마을을 찾아갔다. 다산의 기록에 "스스로 지은 호는 녹암(鹿庵)이요, 그가 거처하던 곳은 감호(鑑湖)라고 불렀다."라는 말에서 알 수 있듯이, 권철신은 녹암 대신 '감호'라는 호로도 불리었다. 경기도 양평군(그때는 양근군) 양평읍 오빈리 424번지에 위치한 곳이다.

다산의 마을에서 남한강을 따라 한참 멀리 올라가면 강가에 절벽이 있는데, 그 절벽 바위에 '감호암(鑑湖岩)'이라는 세 글자가 새겨져 있다. 그 바위 위쪽에는 '감호정(鑑湖亭)'이라는 정자의 빈터가 허허롭게 자리하고 있다. 정자에서 뒤쪽은 덕구실 마을로 권철신이 살았던 마을이고, 앞쪽은 넘실대는 남한강 물이 흐르고 있다. 강 건너 큰 산이 앵자봉이고, 앵자봉의 서쪽은 천진암, 동쪽은 주어사여서, 권철신과 그 제자들이 경학을 토론하는 강학회가 열렸던 곳이다.

강물을 따라 조금 내려가면 그곳이 여주여서, 가끔 감호는 여주 땅이라고 적을 때가 있었는데, 이번에야 감호가 양평 땅임을 분명히 알았다. 지금 마을에는 권철신의 유적이 전혀 남아 있지 않아 '감호암'이 발견되지 않았다면 그곳이 권철신이 살던 곳임을 알 길조차 없었을 것이다.

권철신은 안동 권씨 명문가의 후예이다. 양촌 권근, 우찬성 권제, 좌의정 권람은 3대 대제학으로 조선 초기 찬란한 명성을 얻은 가문이다. 그의 후손 길천군 권반은 병조 판서, 그의 후손 권흠은 이조 참판을 지냈으니, 권철신의 증조부이다. 이런 명문 집안 후손으로 학문이 높아 성호 이익의 학통을 이은 제자였으며, 수많은 제자가 그 문하에서 학문을 닦은 대학자였지만, 가짜뉴스에 얽혀 억울하게 천주학쟁이로 몰려 죽음을 당했다는 것이 다산의 주장이다.

다산이 가장 뛰어난 학자라고 수없이 강조한 분이어서 언젠가는 찾아가서 그 유적지를 살펴보리라는 생각을 잊지 않고 있었는데, 비록 '감호암'이라는 세 글자의 자취뿐인 유적지였지만, 그런 대학자의 유적지를 답사했다는 것만으로도 마음이 매우 흐뭇했다.

언제쯤 다산의 주장처럼 천주학쟁이가 아니었다는 사실이 밝혀져 다산의 학문을 이끌어 준 대학자 권철신으로 부활할 수 있을 것인가. 학자들의 노력을 기다릴 뿐이다.

6부
—

다산과 마음을 나누다

다산과 직접 만나거나 편지를 통해 다산의 학문을 평가한 학자로는 대표적으로 세 사람을 꼽을 수 있다. 첫째는 석천 신작이다. 두 번째는 노론계의 대표적인 학자이자 문장가였던 대산 김매순, 세 번째는 연천 홍석주이다. 두 사람 또한 다산의 예서(禮書)와 상서(尙書)에 대한 주석서를 평하면서 극찬에 가까운 평가를 내렸다. 당론에 매여 다른 당파의 학자에게 칭찬을 안 하던 때에 그런 평가를 내린 점이 더욱 의미가 크다.

친구란 누구인가

.... **천륜에 야박하면 친구도 쉽게 배반한다**

신의(信義)라는 단어는 인간의 윤리에서 참으로 중요한 말이다. 두보 같은 시성(詩聖)도 그의 시에서 신의를 손바닥 뒤집듯이 쉽게 저버린다는 탄식을 읊은 바 있다. 동양사상에서 친구끼리 믿음과 의리를 지키는 일은 오륜(五倫)의 하나로, 그 값과 가치를 매우 높게 여겼던 것도 한 번쯤 생각해 볼 일이다. 진영논리로 당파싸움으로 정쟁으로 싸우지 않는 날이 없는 요즘으로 보면 도의(道義)로 친구를 사귀는 일이 얼마나 훌륭한 인격의 소유자로 만들어 주는 일인가를 바로 짐작하게 해 준다.

서양에서 도의로 친구를 사귀었던 대표 인물로는 흔히 괴테와 쉴러를 들고, 동양에서는 '관포지교'라고 해서 관중과 포숙의 사귐을 언급한다. 조선에서는 많은 도의의 사귐이 있었지만, 많

| 6부 | 다산과 마음을 나누다

이 알려진 바로는 율곡 이이와 우계 성혼의 사귐을 말하는 경우가 많다. 인류 역사상 그 긴 세월에 그 많은 인간들의 사귐이 있었지만 세상에 크게 알려진 사귐이 그렇게 많지 않다는 것을 보면, 도의로 친구 사귀는 일이 쉽지 않음을 알게 된다.

그래서 다산은 아들에게 가훈으로 내려준 글에서 친구 사귀는 어려움을 가르쳐 주었다.

늙은 아비가 험난한 일을 고루 겪어 보아서 사람들의 마음을 아는데, 무릇 천륜(天倫)에 야박한 사람은 가까이해서도 안 되고 믿을 수도 없다. 온 세상에서 깊은 은혜와 두터운 의리는 부모·형제보다 더한 것이 없는데, 부모·형제를 가볍게 버리는 사람이 벗들에게 어떠하리라는 것은 쉽게 알 수 있는 이치다. 그들은 끝내 친구의 은혜를 배반하고 의(義)를 잊어먹고 아침에는 따뜻이 대해 주다가도 저녁에는 차갑게 변하고 만다.

그러니 진짜 친구를 사귀려면 그 사람의 집에 가서 며칠 묵으면서 그가 부모·형제를 대하는 태도와 마음을 살핀 뒤에 사귀라고 했다.

도의로 사귄 친구는 영원하다

지봉 이수광(1563~1628)도 일찍이 『지봉유설』에서 도의로 친구 사귀는 문제를 언급했다.

장기와 바둑으로 사귄 친구는 하루를 가지 않고, 음식으로 사귄 친구는 한 달을 못 가며, 또 권세와 이익으로 사귄 친구는 1년을 가지 못하는데, 오직 도의로 사귄 친구만은 죽을 때까지 간다.

그러면서 착한 일을 권하는 것은 친구 사이의 도리이고 허물이 있는 경우 경계해 주는 것도 당연한 도리인데, 자기가 사는 시대는 친구 사이에 경계하고 충고해 주는 풍조가 없는 야박한 시대라고 한탄하기도 했다.

부모에게 효도하고 형제 사이에 우애하는 일이야 인간의 기본 윤리이다. 이것도 못 하는 사람, 친구끼리 착함을 권장하고 잘못을 경계해 주는 일은 붕우유신(朋友有信)의 기본 도리인데, 그런 일도 못 하면서 정치지도자가 되어 온갖 막말로 서로를 짓밟는 오늘의 정치판을 구경하다 보면 다산이나 지봉에게 얼굴을 들 수 없는 세상이 되어 버렸다. 학교의 동기동창이니, 같은 고향의 죽마고우니, 과거에는 서로의 절친이었다고 자랑하는 정치인들, 진영이 다르고 당파가 다르면 온갖 의리는 모두 내팽개치고 이전투구(泥田鬪狗)에 여념이 없는 행태에서 타락한 세상의 실상을 보는 것 같아 마음이 불편하다. 우도(友道), 도의지교(道義之交)가 살아나 정책으로만 대결하고 입이나 몸으로는 싸우지 않아 품격 높은 정치판이 된다면 다산과 지봉이 얼마나 기뻐하겠는가.

달밤에 배를 띄우고

정확하지는 않으나 대체로 경인년(1830) 즈음 가을에 지은 다산의 시가 마음에 든다. 다산의 나이 68~69세 때로 짐작이 되는데, 그 무렵 다산의 시심은 참으로 멋지기만 하다. 세상에 귀한 신분, 만인이 우러러보는 임금의 사위, 해거도위(海居都尉) 홍현주(洪顯周)가 능내로 다산을 찾아오자 함께 달밤의 강가에 배를 띄우고 읊은 시다.

홍현주는 풍산 홍씨의 명문대가로 정조대왕의 외동딸인 숙선옹주(淑善翁主)에게 장가들었다. 시문(詩文)에 뛰어나고 학문도 깊은데 영명위(永明尉)에 봉작되어 당대의 명사들과 자주 어울리면서 문화창달에 큰 힘을 보탠 분이다.

그는 다산의 학문과 인격에 깊은 존경심을 지녀서 시간만 나

면 먼 길인 능내로 자주 다산을 찾아뵈었다. 자신의 아버지보다
더 높은 나이의 다산이지만 서로 뜻이 맞아 흉허물없이 왕래가
빈번했다.

이제껏 물마을에 살아오면서	我玆居水鄉
이처럼 밝은 달은 보지 못했네	未見此明月
비바람 앞세워 앞으로 몰아붙여	風雨使前驅
강한 군사처럼 소탕전 벌였네	掃蕩如勁卒
일체의 티끌 기운을	一切埃壒氣
추호라도 남기지 않았네	斷不留絲髮
위로는 붙박이별 하늘까지 이어지니	上連恒星天
하늘의 맑음이 뼈에까지 미치네	玉宇清到骨
달 하나가 온 하늘 차지하여	一輪專九霄
외롭게 높이 떠서 오만을 피우네	孤高矜傲兀
이태백 서거한 지 이미 오래나	李白雖已逝
달이야 끝내 사라질 수 없구려	此月不可沒
이태백 대신하여 그대 달주인 되면	許君遞作主
풍류까지 끝내 사라지지 않으리	風流未銷歇

_「가을날 해거도위가 왔으므로 달밤에 앞 강에서 배를 띄우다(秋日海
尉至 前江泛月)」

"달아 달아 밝은 달아 이태백이 놀던 달아"라는 유명한 노래
가사처럼 달하면 이태백이고, 이태백하면 달밤에 배 타고 술 마

시다가 물속의 달을 잡으러 들어가서는 끝내 생환하지 못하고
말았던 고사(故事)를 만든 사람이다. 달밤, 그것도 가을의 달밤,
티끌 하나 없이 맑고 청명한 달빛, 강 위에 배를 띄우고 놀다 보
니 이태백은 이미 간 지 오래여서 풍류도 기억하기 어렵다. 이
태백과 그의 풍류는 가고 없으나 아름다운 달은 그때보다 더 밝
고 맑게 떠올라 있다. 홍현주의 풍류도 만만치 않으니 이태백
대신 그대가 달의 주인이 된다면, 그대도 있고 달도 있고 풍류
까지 남아 있다는 표현이 너무 좋다.

근년에는 기후가 이상하여 겨울 내내 춥다가 봄은 건너뛰고
바로 무더운 여름이 오고, 더운 여름에서 가을은 없이 추운 겨
울이 오고 말았다. 그러더니 금년의 가을, 요즘 날씨는 참으로
아름다운 가을이다. 달이 밝은데 하늘도 맑아 달밤에 강 위에
배를 띄우면 다산의 그때가 올 법도 하다. 맑고 밝은 달밤, 뜻 맞
는 귀공자와 뱃놀이하는 즐거움이 너무 좋아서 이태백에 귀공
자를 대신 넣어, 그만한 풍류 있음을 은근하게 칭찬하고 있다.

이태백과 홍현주의 풍류를 이해한 다산, 자연과 사람과 시가
함께하여 그림같이 아름다운 달밤 뱃놀이 풍경이 살아나고 있다.

·············· **임금의 사위가 찾아오다**

조선왕조 시절 세상에서 제일 높은 지위는 임금이다. 임금 다음
으로 높은 사람은 왕세자와 임금의 사위인 도위(都尉)의 지위일

것이다. 정조대왕은 몇 아들과 딸을 낳았으나 제대로 장성시키지 못하고 오직 뒤에 순조로 왕위에 오르는 아들 하나와 해거도위 홍현주에게 시집간 숙선옹주 외동딸 하나만을 키워 냈다.

풍산 홍씨 노론 대가인 홍현주 집안이야 세상에 떵떵거리던 명문 집안, 할아버지 홍낙성(洪樂性)은 영의정으로 영조 시절의 이름난 재상이고, 큰형 연천(淵泉) 홍석주(洪奭周)는 좌의정에 대제학, 둘째 형 홍길주(洪吉周)는 벼슬보다는 당대의 문장가로 이름을 날려 3형제가 정조시대와 순조시대를 빛낸 문사들이었다.

1800년에 정조가 붕어하고 벼슬길에서 멀어졌던 다산은 다음해에 신유옥사에 연루되어 18년의 귀양살이로 간난신고를 겪은 뒤, 1818년 귀향하여 한세월을 보내며 마지막 학문을 마무리하였다. 1831년이면 다산이 70세의 고희를 맞는 해인데, 이 무렵 홍씨 3형제와 가까워진 다산에게 하루가 멀다고 여기면서 해거도위가 서울에서 능내리 마현마을까지 찾아다녔다.

한양의 도성과 궁궐로 고개 돌려 바라보니	漢陽城闕一回頭
삼십 년 세월이 유수같이 흘렀네	三十年光似水流
대궐의 의관에다 대궐의 술 마시니	宮樣衣冠宮樣酒
하얀 마름꽃 가을에 그대 찾아 주어 고맙구려	感君來作白蘋秋

해거도위의 시에 화답한 다산의 시다. 벼슬길이 막힌 지 30년 세월, 도성이나 궁궐을 잊고 살던 다산, 임금의 사위가 궁궐의 옷을 입고 궁궐의 술을 가지고 찾아와 함께 술을 마시고 시를

지으니 얼마나 감회어린 일이겠는가. 위의 시는 「해거도위의 시에 차운하다(次韻酬海尉)」 가운데 절구 한 수이다.

나이도 고희가 넘었고, 오랜 죄인과 야인의 생활로 세상에서 영원히 잊힐 뻔했던 다산, 학문의 업적이 세상에 알려지고 고매한 인품이 소문나자 귀공자 임금의 사위가 시골의 집까지 자주 찾아 주었으니 얼마나 다행한 일인가. 30대 중반의 젊고 패기에 찬 문사가 제자처럼 도와준 일은 두고두고 잊지 못할 일이다. 궁중의 귀한 음식까지 가지고 와서 대접했으니 노쇠해 가던 다산이 얼마나 기뻤겠는가. 학자와 학문을 높이 여기던 해거도위의 높은 뜻이 훈훈한 온정으로 지금에도 전하는 것 같다.

선비는 세상일에 관심을 가져야

.... 겸양이 지나쳐서야

동양사상에서는 인간의 겸양을 매우 높은 가치로 평가했다. 그래서 『주역(周易)』의 겸괘(謙卦)에도 겸양의 도리가 얼마나 중요한가를 누누이 설명하고 있다. 다산도 여러 글에서 '겸(謙)'이라는 글자가 지닌 의미심장함을 강조하였다.

다산은 30대 중반 천주교 문제로 배척당하여 고관 벼슬에서 쫓겨나 충청도의 금정도 찰방이라는 낮은 벼슬로 좌천을 당했다. 그 무렵 다산은 내포(內浦) 지역 일대의 선비들과 교제하였다. 높은 학문을 지니고도 겸양의 마음이 지나쳐 세상과 담을 쌓고 숨어 살던 선비 방산(方山) 이도명(李道溟)과 주고받은 편지가 재미있다.

실학자인 다산은 아무리 높은 학문과 인격을 지녔어도 숨어 살면서 세상을 위해 공헌하지 않으면 실용성이 없기 때문에 권장할 일이 아니라고 말했다. 「방산 이도명에게 답함(答方山李道溟)」이라는 편지글에 겸양의 문제에 대한 다산의 입장이 잘 설명되어 있다.

대저 '겸'이라는 한 글자는 바로 만 가지 선(善)이 모이는 터전이기는 하지만 '사물의 이치를 열어 세상의 일을 성취하는(開物成務)' 업을 발휘하고 선양하지 않아서는 안 됩니다. 선비가 함양(涵養)을 귀하게 여기는 것은 앞으로 처리할 일에 수용(需用)하기 위함입니다. '나를 완성하고 타인을 완성케 하는(成己成物)' 일에 쓰임이 되기 때문입니다. 그런데 그대는 겸양이 너무 지나치고 함축함이 너무 깊어 남을 이끌어 주고 깨우쳐 주는 일에 전혀 점검함이 없는 것 같습니다.

인격만 수양하고 학문만 온축하여 혼자서 자신의 몸만 착하고 아름답게 닦는 겸양이야 좋기는 하지만 세상에 실용성이 없고서는 의미가 적을 수밖에 없다는 다산다운 주장이다.

공자도 숨어 살면서 뜻을 구함이야 참으로 좋은 일이지만 더 좋으려면 의(義)를 행하여 그 도(道)를 달성하는 경지에 이르러야만 지고지선하다고 했다. 학문을 연구하고 도를 닦는 일이 더없이 중요하지만, 세상을 구제하고 난세를 해결할 방도를 강구하여 현실에 수용되는 경지에 이르러야만 선비의 본무가 완성된다는 뜻이다. 상아탑에 안주하여 세상사에 오불관언을 표방하는 학자처럼 도만 닦고 인격만 수양한다고 썩어 가는 세상을 잊고 지내서는 참다운 선비가 아니라는 다산의 뜻이 높기만 하다.

수기(修己)를 통한 성기(成己), 치인(治人)을 통한 성물(成物), 이 두 가지를 함께 할 수 있을 때만 참다운 선비라는 공자와 다산의 뜻이 그래서 새롭기만 하다.

명철보신의 참다운 의미

########### **선악과 시비를 분별하는 일에 침묵하면 안 된다**

학자들끼리 학문논쟁을 통해 진리를 밝혀내는 것보다 더 보람 있는 일은 없다. 다산의 글을 읽다 보면 당대의 석학들과 직접 만나 학문을 토론했던 아름답고 의미 깊은 만남도 많았지만, 멀리 떨어져 살면서 함께 어울리기 어려운 학자들과는 편지를 통해 심도 깊은 학문토론을 전개했던 경우도 매우 많았다. 참으로 부럽고 본받고 싶은 학자들의 사귐이었다. 18년의 귀양살이를 마치고 귀향한 뒤 나눈 학자들과의 토론은 다산의 학문이론을 마무리하는 과정에서 특히 의미가 컸다.

다산의 편지를 차분히 읽어 보면 유독 대산(臺山) 김매순(金邁淳, 1776~1840)이라는 학자와의 학문토론이 따뜻한 온기까지 풍기면서 의미 깊게 생각된다. 김매순은 안동 김씨 권세가 집안 출신의 학자로, 문장도 뛰어나고 학문도 깊어 대단한 성망을 지녔던 학자이다. 다산이 벼슬할 때 젊은 김매순과 잠깐 조정에서 함께 근무했던 인연이 끈을 이어 주어 두 사람 관계는 몇십 년 뒤에야 복원되어 우정 어린 학문토론을 계속했다.

다산과 대산, 당파도 다르고 신분에도 차이가 있었지만, 그런 모든 장애요인을 벗어나 두 학자는 정말로 멋진 토론을 이어 갔다. 특히 대산이 다산의 학문적 깊이와 높이에 매료되어 한없이 높은 평가를 내렸던 것은 매우 중요한 사실이다.

그런 두 학자 사이에 '명철보신(明哲保身)'이라는 글자 네 자에 대해 토론한 편지가 있다. 세속에서는 이로우냐 해로우냐를 밝히는 것이 명(明)이고, 불리한 경우 침묵할 줄 아는 것을 철(哲)이라 하고, 몸을 온전하게 지키며 재난을 면하는 것을 보(保)라고 하던 때였다. 그러나 다산과 대산은 그런 뜻이 아니라는 견해의 일치를 보고 새로운 해석을 내려, 그 네 글자의 본래 의미가 어떤 뜻인가를 밝혀냈다. 옛사람의 주석을 인용한 다산의 해석은 이렇다.

선악(善惡)을 분별함을 '명'이라 하고, 시비(是非)를 분별함을 '철'이라 하고, 어리고 약한 사람 부지(扶持)함을 '보'라 한다.

김매순도 전적으로 찬성한 해석이었다. 그래서 다산은 더 부연했다. 대신(大臣)은 '명철보신'해야 한다고 했으니, 임금을 보필하는 고관대작은 사람을 천거하여 임금을 섬기게 해야 하기 때문에 선과 악을 밝게 구별하여 어진 선비들이 출사할 수 있게 해 주고, 시비를 밝게 분별하여 뛰어난 사람을 발탁해야 한다는 것이다. 그래서 어진 선비와 뛰어난 사람이 자신의 몸도 보존해야겠지만 그에 앞서 섬기는 임금이 더욱 보존되도록 하는 것이 '명철보신'의 의미라는 것이다.

임금이 하는 일이나 사람이 하는 일에서 어떤 것이 선악이고, 임금이나 신하들이 하는 일에서 어떤 것이 옳고 그른가를 분별하여 선하고 바르게 되도록 하는 고관대작의 일이 명철보신인데, 자신의 몸 보존만을 위해 선악도 시비도 가리지 않고 이해관계만 따져 불리할 때는 침묵해 버리는 것이 고관대작의 일이 아니라는 뜻이다. 자신의 보신을 위해 선악과 시비에 침묵을 지키는 오늘의 고관대작들, 그러니 인사의 난맥상은 끊일 날이 없다.

양심은 못 속인다

어제의 친구가 오늘의 원수로

어떻게 된 일인지 온통 거짓으로 둘러싸인 세상이 되어 버렸다. 누가 말해도 그대로 믿기가 어렵고, 어떤 언론 매체도 보도하는 그대로를 믿기에는 마음을 놓을 수가 없다. 독재가 기승을 부리던 유신시절, 그렇게 혹독하게 민주인사나 학생들을 고문했던 수사관들이 법정에서 고문을 당했다고 진실을 토로하는 민주인사나 학생들에게 눈도 깜짝하지 않고 전혀 고문한 사실이 없노라고 뻔뻔스럽게 답변하던 모습을 기억하지 않을 수 없다. 아직 남아 있는 신체에 남겨진 고문 흔적을 들이대면서 고문 사실을 폭로해도, 양심을 숨긴 수사관들은 입에 침도 바르지 않고 그런 사실이 없었다고 강변하는 데 주저함이 없었다.

부끄러움을 모르고 잘못을 뉘우칠 줄 모르는 사람을 양심이

274 | 6부 | 다산과 마음을 나누다

없는 사람이라고 하는데, 다산이 오래전에 '양심'의 문제를 거론한 내용이 있다. 「자찬묘지명」과 『사암선생연보』라는 글에 차이없이 기록되어 있다.

이기경(李基慶, 1756~1819)이라는 다산의 젊은 시절 친구가있다. 다산의 자형 이승훈과 동문수학한 친구여서 다산과도 친하게 지냈다. 또 1789년 다산과 함께 문과에 동방으로 급제, 요즘 말로 고시 동기생이어서 유독 친한 사이가 되었다. 재주도높고 글도 잘해서 아주 가깝게 지냈는데, 시국이 바뀌면서 생각이 달라지자 끝내는 다산을 죽음으로 몰아가는 데 '주모자' 역할을 했다.

이기경은 이승훈의 친구로서 서학(西學), 즉 천주교에 호의적이어서 다산 등과 함께 천주교 책도 읽으며 깊이 관여했으나 얼마 후 마음을 바꿔 곧장 다산 일가를 공격하는 데 앞장섰다.

신유옥사에 기경이 주모하여 반드시 다산을 죽이고야 말겠다고하였다. 辛酉之獄 基慶主謀 必欲殺鏞而後已

이 글은 이기경이 얼마나 심하게 다산을 공격했는가를 알게해 준다. 그러나 다산은 이기경이 유배살이 할 때 '옛날 친구는친구 삼았던 것 자체까지 없애서는 안 된다.'고 여기고 그의 가정을 돌봐주는 은혜를 베풀었다.

그런 연유인지 그렇게 다산을 죽이려 했던 이기경이지만 더러 다산과 인척 되는 사람을 만나면 다산이 불쌍하다고 눈물을 흘렸다는 것이다.

홍의호(다산의 사촌처남) 등을 대할 때 다산에 대한 이야기가 나오면 반드시 눈물을 철철 흘렸다니, 비록 큰 음모를 꾸미면서도 그 양심만은 마르지 않았다. 對洪義浩諸人 語及鏞 必泫然流涕 雖 大計所驅 而其良心未泯也

이기경같이 다산을 탄압했던 악한 사람조차도 한 줄기 양심만은 마르지 않아 불쌍한 생각에서 눈물을 철철 흘렸다니, 양심을 속이기가 그렇게 어렵다는 것을 알게 된다.

나는 40년 전 광주 5·18민주화운동 당시 광주에서 그 항쟁을 직접 목격하여 그때의 진실을 대강은 알고 있다. 또 그때의 경험을 「5·18광주의거 시민항쟁의 배경과 전개과정」이라는 기록으로 남기기도 했다. 그런데 누가 뭐라 해도 광주 양민 학살의 주모자들의 행위나 하는 말을 보면, 한 줄기의 '양심'마저도 완전히 말라 버렸다. 광주항쟁을 왜곡하는 사람들, 제발 양심의 일말이라도 회복하면 어떨까.

갑오농민전쟁을 예측하다

.... **남쪽 지방에 민란이 일어날 것이다**

1809년에서 1810년, 두 해 동안은 역사에 없는 가뭄이 들어 민생은 도탄에 빠지고 유민(流民)이 거리를 가득 메우는 참담한 광경이 벌어졌다. 그해가 간지(干支)로는 기사년·경오년이어서 흔히 '기경(己庚)의 가뭄'으로 알려졌다.

다산은 그때 강진 읍내의 귀양살이를 마치고, 만덕산 아래 백련사 곁의 다산초당으로 거처를 옮겨 학문연구에 몰두하고 있었다. 어떤 경우에도 백성의 문제와 나라의 일에 눈감지 못하던 다산, 역적 죄인으로 귀양 사는 몸, 속수무책인 상태였지만 마음속에서 끓어오르는 우국충정을 참지 못해 밤잠을 설치는 날이 하루 이틀이 아니었다.

생각 끝에 젊은 시절 벼슬할 때 매우 가깝고 다정하게 지냈던 친구, 판서급의 높은 벼슬에 있던 김이재(金履載, 1767~1847)를 떠올리고, 그에게 호남 일대의 가뭄 피해와 처참한 백성들의 실상을 민완(敏腕) 기자의 취재보고처럼 편지로 전했다.

5월 이후에는 구름 한 점 없고 40여 일 동안 밤마다 건조한 바람이 불고 이슬조차 내리지 않아 벼는 말할 것 없고, 기장·목화·깨·콩 따위와 채소·외·마늘·과일에서부터 명아주·비름·쑥까지 타서 죽지 않은 것이 없어, 흙에서 나와 사람의 입으로 들어갈 수 있는 모든 것과 우리 백성의 일용에 필요한 모든 것들이 하나도 성장하는 것이 없는 가뭄입니다.
그런 지경인데도 고을을 책임진 벼슬아치들은 귀를 막고 어떤 소리도 들어주지 않고, 백성들을 만나 주지도 않으며 더위만 피하고 있습니다. 그러면서 백성들에게 부과하는 부역은 풍년 때보다 심합니다. 교활하고 사나운 아전이나 군교들은 조금이라도 가진 사람의 것은 모두 토색해 가고 있습니다.
이 몸은 중풍병이 점점 심해지고, 온갖 병이 도져 죽을 날이 머지않아 기쁜 마음으로 유배지 강 속에 뼈를 던지겠으나, 우국의 충정을 발산할 길이 없어 점점 응어리가 되어 가므로 술에 취한 김에 이렇게 심중을 털어놓았습니다. _「공후 김이재에게 보냄(與金公厚履載)」

진실로 백성들의 말과 같다면 반드시 남우(南憂, 남쪽 지방의 민란)가 있을 것이니 성곽과 갑병(甲兵)을 수선하고 장수를 뽑아 군졸을 훈련시켜 요해처(要害處)를 지키게 하여 밖으로는 적의 침입을 막고 안으로는 백성들의 사기를 북돋아야 됩니다. 병을 숨기고 치료를 꺼려 종기를 키워 어느 날 느닷없이 닥치는 화란을 당해서는 안 됩니다. _「김공후에게 보냄(與金公厚)」

이런 가뭄, 이런 흉년에 죽어가는 백성들은 보살피지 않고 자기들의 몸만 살찌우고 탐관오리 짓만 한다면, 반드시 '남우', 즉 남녘지방에서 민란이나 민중봉기가 일어날 수밖에 없으리라는 무서운 경고를 내렸던 것이다.

·········· 언로를 열어야 한다

김이재는 형조·예조·이조 판서 등을 지낸 고관이었지만 다산을 많이 도와준 친구 중의 한 사람이었다. 그런 사이였기 때문에 다산은 유배 살던 강진의 현장에서 보고 들은 백성들의 실상을 고관인 친구에게 보고하였던 것이다. 하지만 김이재도 어쩌지 못해 문제의 해결책을 시행하지 못하고 말았다.

갑오동학혁명은 1894년의 일인데 1808~9년의 다산의 편지는 머지않아 큰 난리가 날 것을 예언한 셈이어서, 정인보(鄭寅普)는 신이 아니고는 불가능한 예측을 다산이 했노라고 감탄했다.

보라! 다산 선생은 신이 아니냐. 갑오 고부(古阜)의 난(亂)의 예조

(豫兆)를 그때 벌써 보지 아니하였느냐. 정성이 지극하기 때문에 남이 미치지 못한 데까지 미치고, 남이 못 보는 것까지 보는 것이다. _「다산 선생의 업적」

"정부는 백성의 심간(心肝)이고, 백성은 정부의 사체(四體)"라고 하니 심간과 사체가 합해져야 나라다운 나라가 되는 것인데, 백성의 뜻을 어기고 백성을 안중에 두지 않는다면, 민중 폭동이나 민란이 일어날 수밖에 없는 것은 너무나 당연한 논리이다.

중요 언론들은 오늘의 국가적 위기에 입을 꼭 다물고 있다. 고관대작들은 야당이나 백성의 주장에는 낄낄대면서 눈도 깜짝하지 않는다. 나오는 인사마다 국민들의 실망만 가중시키고 있다. 다산의 애통터짐이 나의 가슴에도 솟아오르고 있다. 언로를 열어야 한다. 백성들의 뜻을 존중해야 한다. 인사다운 인사를 해야 한다.

실용지학 유용지학

.... **신작, 김매순, 홍석주의 평가**

참다운 학자만이 다른 학자의 학문세계를 올바르게 평가할 수
있다. 다산 정약용의 학문세계에 대하여도 다산과 동시대를 살
았던 뛰어난 학자들의 평가를 통해서 알아볼 수 있다. 지금까지
전하는 자료를 통해서 살펴보면 다산과 직접 만나거나 편지를
통해 다산의 학문을 평가한 학자로는 대표적으로 세 사람을 꼽
을 수 있다.

첫째는 석천 신작(申綽, 1760~1828)이다. 신작은 다산의 『상
례사전(喪禮四箋)』과 『매씨상서평(梅氏尙書平)』이라는 저서를
읽어 보고 "재주가 뛰어나고 문장 또한 체제를 얻었으며 경전
주석에 대단히 박식하고 정밀하다."라고 높은 평가를 내렸다. 신
작은 남인이던 다산과는 당파가 다른 소론계 학자였다.

두 번째는 노론계의 대표적인 학자이자 문장가였던 대산 김매순(1776~1840), 세 번째는 연천 홍석주(1774~1842)이다. 두 사람 또한 다산의 예서(禮書)와 상서(尙書)에 대한 주석서를 평하면서 극찬에 가까운 평가를 내렸다. 당론에 매여 다른 당파의 학자에게 칭찬을 안 하던 때에 그런 평가를 내린 점이 더욱 의미가 크다.

기정진, 홍한주, 황현의 평가

앞의 세 분 학자들은 대체로 다산의 경학(經學)에 대한 평가였는데 경학 이외의 경세학(經世學)에 대한 평가를 겸해서 내렸던 학자가 또 세 분 있다. 성리학의 대가로 호남의 학자인 노사 기정진(1798~1879), 경화세족의 한 사람인 해사 홍한주(洪翰周, 1798~1868), 매천 황현(黃玹, 1855~1910)이다. 매천은 진사로서 포의였지만 역사에 밝은 우국지사였다. 앞의 세 분은 다산이 생존해 있을 때의 평가이고, 뒤의 세 분은 다산이 생을 마친 뒤의 평가이다.

기정진은 철종 말엽(1862)의 상소문에서 다산의 『목민심서』를 읽고 "백성들을 괴롭히고 병들게 하는 이유와 나라를 좀먹게 하는 실제 내용이 그 책 안에 있다."라고 말하여 세상을 구제할 내용의 책이라고 하였다.

홍한주는 1863년경에 저술한 『지수염필』이라는 책에서 다산의 학문이 '유용지학(有用之學)'이고 '실학(實學)'이었다고 학문의 성격까지를 명확히 밝히고 있다.

매천 황현은 『매천야록』이라는 책에서 홍한주와 큰 차이 없이 '지무실용(只務實用)'이라는 표현으로 오직 실용의 학문에 노력을 기울였고, 다산의 학문 모두는 '유용지학'이었다는 평을 내렸다.

조선왕조 시절의 학자였던 다산에 대하여 같은 시대에 살았던 학자들의 평가가 가장 믿을 수 있기 마련이다. 주자학과는 다르게 새로운 경학이론을 밝혀내 경학자로서의 평가가 그런 정도였고, 경세학에서도 '실용지학(實用之學)', '유용지학'이라는 평가가 나왔다면 다산은 1930년대보다 70년 이전에 이미 실학자로서의 명성을 얻었음이 분명하다.

그런데 요즘 '실학'은 없던 개념인데 1930년대 말 조선학을 말하다가 새로 나온 명칭이 '실학'이었다고 해석하는 사람이 있는데 홍한주나 황현 등의 학문적 평가를 참고하기 바란다.

다산 자신도 아들에게 보낸 편지에서 여러 학문에 힘써야 하지만 유독 '실용지학'에 힘쓰라고 권장했음은 '실학'에 대한 분명한 인식이 있었음을 증명해 준다. 색다른 이론만 제기하면 명성이 높아진다고 여기는 것은 온당한 생각은 아닐 것이다. '실용지학'이 '실학'이 아니고 무엇인가.

친구 아들에게 주는 송별사

.... **이재의와 나눈 아름다운 우정**

다산에 관한 기록을 읽다 보면 생각지 못한 새로운 사실을 발견하면서 깜짝 놀라는 경우가 많다. 예외적인 경우도 많지만, 대체로 조선 후기의 시대는 당파싸움이 그치지 않았기에 당이 다른 사람과는 교유를 하지 않는 것이 일반적인 사회의 관행이었다. 학문적으로 높은 수준의 학자들도 특별한 경우가 아니고는 가까이 거주하는 학자들끼리도 당이 다르면 교유하지 않았다.

그러나 다산은 우선 그런 사회적 관행을 훌쩍 뛰어넘어 아무리 당파가 다르고 정치적 견해가 같지 않은 학자라도 수준이 높은 학자들과는 참으로 다정하고 즐겁게 교유하면서 학문적 토론을 계속한 기록이 너무나 많다.

문산(文山) 이재의(李載毅)라는 학자는 다산보다 10세 연하인데, 아들 이종영(李鍾英)이 강진의 이웃고을인 영암 군수로 재직했기 때문에 영암에 와서 지내다, 강진에서 유배살이하는 다산을 찾아가 학문을 토론하면서 아주 가까운 사이가 되었다. 내로라하는 노론 가문 출신의 이재의는 남인 출신의 다산과는 여러 면에서 친해지기 어려운 처지였으나, 그들은 깊은 학문토론을 통해 견해를 달리하면서도 인간적으로는 정말로 가까운 사이가 되어 아름다운 우정을 후세에까지도 전해 주고 있다. 다산은 이종영을 아들이나 제자처럼 여기며 많은 교훈적인 이야기를 해 주었다.

######### 하늘과 백성을 두려워해야

영암 군수에서 함경도 부령 도호부사로 발령이 나 떠나는 이종영에게 송별의 뜻으로 지은 「부령 도호부사 이종영의 부임을 전송하는 서(送富寧都護府使李鍾英赴任序)」라는 글에는 목민관으로 지켜야 할 철칙 같은 매우 소중한 가르침이 들어 있다.

　목민관은 네 가지를 두려워해야 한다. 아래로는 백성을 두려워하고, 위로는 대간(臺諫)을 두려워하고, 그 위로는 조정(朝廷)을 두려워하며, 그보다 더 위는 하늘을 두려워해야 한다. 그러나 목민관이 두려워하는 것은 항상 대간과 조정뿐이고, 백성과 하늘은 두려워하지 않을 때가 많다. 대간과 조정은 가깝기도 하지만 멀기도 하다. 먼 경우 천 리나 되고, 더 먼 경우는 수천 리나 되니, 귀와 눈으로 살피는 것이 더러는 치밀하지 못한 경우가 많다. 그러나 백성과 하늘은 바로 앞에서 눈으로 보고 마음으로 헤아리고 몸으로 느껴 호흡을 함께 하고 있으니, 잠시도 떨어질 수 없이 가장 밀접한 관계가 백성과 하늘이다.

세상에 말이 없는 하늘, 아무런 힘도 능력도 없는 것 같은 백성, 그들을 두려워하지 않다가는 세상이 뒤집히고 만다는 것을 다산은 경고하고 있다. 이게 어찌 목민관에게만 해당되겠는가. 나라를 경영하고, 국가를 통치하는 사람이라면 외천(畏天), 외민(畏民)의 네 글자에 마음을 기울여야 하지 않을까.

중화주의에 물들지 말게나

.... **연경에 사신 가는 친구 한치응에게**

조선시대, 교통도 불편하고 통신시설도 불비하기 짝이 없던 시절이지만 벼슬아치로서 중국으로 가는 사신 일행에 발탁되는 일은 참으로 영광스러운 일이었다. 국가의 경비로 나라를 대표해 외국에 사신으로 가는 일은 여러 가지로 자랑스럽기만 했다. 더구나 중화주의(中華主義)로 한껏 우러러보던 중국으로의 사행(使行)은 더 말할 필요도 없었다.

다산의 가까운 친구 한치응(韓致應, 1760~1824)이 교리 벼슬로서 발탁되어 서장관(書狀官)의 직책을 받자 얼굴에 뽐내는 빛을 띠지 않을 수 없었다. 훌륭한 문명국가를 관광한다는 자부심과 중화의 세계를 직접 찾아간다는 여러 의미가 겹쳐 기고만장한 생각을 지닐 만도 했다. 이때 다산은 친구 한치응을 중국으로 떠나보내는 송별사를 지었으니, 이름하여 「연경에 사신 가는 교리 한치응을 전송하는 서(送韓校理使燕序)」라는 글이다.

대체로 해가 정수리 위에 있을 때를 정오(正午)라고 한다. 그러나 정오를 기준으로 해가 뜨고 지는 시간이 같으면 자기가 서 있는 곳이 동서의 중앙임을 알게 된다. 이미 동서남북의 중앙을 얻었으면 어디를 가도 중국이 아닌 나라가 없으니 왜 '동국(東國)'이라고 한단 말인가. 그리고 이미 어디를 가도 중국이라고 한다면 왜 별도로 '중국'이라고 한단 말인가.

.... **우리 땅이 중심이다**

특별히 중국이라는 나라에 가는 것을 뽐낼 이유가 없다는 것을 강조했다. 오랫동안 사대주의에서 벗어나지 못하던 조선, 다산은 바로 이런 미망에서 벗어나 민족 주체성에 눈을 떠야 한다는 뜻이 있었기에 나라 이름으로 문명국 여부를 가릴 수 없다고 말했던 것이다.

　동쪽에 뜨는 해가 서쪽으로 넘어간다
　그 사이 살고 있는 우리 땅이 중심이라
　옛 다산 남기신 말씀 그 속뜻을 알겠네

우리 시대의 원로 문학평론가 구중서 선생의 시조집 『불면의 좋은 시간』에 「다도해」라는 제목의 세 편 연작시조 중 마지막 시조이다. 전라도 완도군에 흩어져 있는 다도해, 보길도 등의 섬을 돌아보면서 지은 시조인 듯하다. '우리 땅이 중심'이라고 선언하면서 다산의 옛 이야기를 되살려 낸 정신이 곱기만 하다. 대학에서 교수·학장을 지낸 학자·평론가로서 어떻게 이런 아름다운 시조까지 창작할 수 있는지 부럽기도 하다.

스님들과 차를 나누다

··············· 유학자와 학승의 교유

다산이 차에 대한 지식이 해박하고 차를 무척 즐겼다는 것은 이미 세상에 널리 알려진 사실이다. 기록으로 보면 20세 전후에 차에 대한 시를 지었고, 친구와 이별하면서 술과 차를 마셨다는 시를 남기기도 했다. 더구나 자생차가 많이 나는 전라도 해변가로 귀양을 온 뒤에는 본격적으로 차를 마시며 차를 즐기는 스님들과의 교류가 잦았다. 자신보다 10세 연하의 대학승인 혜장선사(惠藏禪師)와 만나면서는 차와 시가 다산의 마음을 안정시키는 계기가 되었다.

유배살이 5년째인 을축년(1805)은 다산의 나이 45세이고 혜장의 나이 35세로, 유학자와 학승이 만나 유교와 불교의 경서도 논했지만 시를 짓고 차를 마시는 풍류도 즐겼다. 외롭고 적막하기 짝이 없던 유배객, 시와 경학에 밝은 학승과의 대화는 크게 위로되는 일이 아닐 수 없었다. 이 무렵 참으로 많은 시가 혜장과 어울리면서 지은 시였다.

그러나 5년 뒤, 혜장은 40세라는 너무도 아까운 나이에 술로 인한 병으로 연화세계로 입적하고 말았다. 다산의 기록에 따르면 그때 이미 혜장에게는 도를 전해 준 두 사람의 큰 제자가 있다고 했다. 수룡색성(袖龍賾性)과 기어자홍(騎魚慈弘)이라는 두 제자는 다산에게서 스승 혜장의 묘비문도 받았고, 또 스승을 이어서 다산과 교류하며 차를 마시고 시를 지었다. 대를 이은 그들의 사귐과 교류는 조선 후기 차 문화 발전에나 학술사에서 빛나는 모임이었다.

혜장의 많은 제자 가운데　　　　　藏公衆弟子
수룡색성이 가장 뛰어나다고 했네　賾也最稱奇
화엄의 교리 이미 다 마쳤고　　　　已了華嚴敎
두보의 시까지 다 배웠다네　　　　兼治杜甫詩
좋은 차도 제법 말려 내서　　　　　草魁頗善焙
외로운 유배객을 몹시도 위로해 준다네　珍重慰孤羈

혜장의 제자 색성이 차를 보내오자 고마움을 잊지 못해 지은 시다. 수룡은 호이고 색성이 스님의 법명이어서 '색야(賾也)'는 색성을 약해서 이르는 말이다. 또 기어자홍에게 증언(贈言)한 글도 있으니 그들과 친하고 가깝게 지냈던 것이 사실이다.

다산은 귀양살이를 마치고 고향에 돌아온 뒤에도 강진 일대의 제자나 스님들이 선물해 주는 차를 매우 즐겼다. 요즘이야 차 마시는 사람이 참으로 많아졌지만, 그때는 역시 차는 일반인보다는 학자나 스님, 문인 및 관인이 즐기던 기호품이었나 보다. 다산이 정신의 안정을 되찾고 외로움을 이겨 내며 학문에 전념한 데는 역시 차와 스님들이 도와준 점이 많았다는 생각이 든다.

수준 높은 선문답

『다산 증언첩』에 실린 침교 법훈, 초의 의순, 인허(印虛) 만순(萬淳) 등 세 학승들과 선문답을 주고받은 글을 읽으면서 다산의 뛰어난 선지식(禪知識)에 감탄의 심정을 금할 수 없다. 불교에 대해서는 언제나 못마땅하게 여겼던 다산이지만 선지식의 높고 깊은 수준에 대해서는 그냥 넘길 일이 아니다.

다산은 세 스님이 힘써야 할 삶의 방향을 제시했다.

"만순은 먼저 진로쇄탈(塵勞灑脫)하고 의순은 천답실지(踐蹹實地)하고 법훈은 모름지기 초투오란(超透悟闌)하라."

만순이 물었다.

"어떻게 해야 티끌이 가득한 세상에서 쇄탈합니까?"

다산이 답했다.

"가을 구름 사이의 한 조각 달빛(秋雲一片月)"

의순이 물었다.

"어떻게 해야 실제 일을 실천합니까?"

다산이 답했다.

"날리는 꽃 서울 하늘에 가득하다.(飛花滿帝城)"

법훈이 물었다.

"깨달음의 관문을 어떻게 터득합니까?"

다산이 답했다.

"나는 새 그림자가 차가운 방죽을 건너가누나.(鳥影渡寒塘)"

어떤 고승이 그런 정도의 선문답을 주고받을 수 있을까. 사서 육경(四書六經) 연구에도 온갖 난관을 겪어야 했는데, 어느 시절에 선의 경지도 그렇게 높을 수가 있었을까. 5언으로 지은 문답시들이 그렇게 훌륭하다. 만순은 티끌세상의 번뇌를 벗어나 가을 구름 사이의 달빛처럼 밝아야 한다. 의순은 관념의 늪에서 벗어나 꽃잎 날리는 저자로 내려와 삶의 실제를 실천하라고 한다. 법훈에게는 지나가 버리는 새의 뒷모습처럼 툭 터져야 한다는 뜻으로 해석할 수 있다.

법훈·의순·만순 등 제자와 같은 젊은 학승들의 인품과 사람됨을 어떻게 그렇게 정확하게 파악하고, 그들이 지닌 약점을 보완하여 수준 높은 선승(禪僧)이자 학승(學僧)이 되도록 올바른 가르침을 내릴 수 있었을까. 역시 사람 알아보는 다산의 지인지감(知人之感)은 탁월하기만 하다.

젊은 시절에 정조라는 학자군주와 학문토론을 통해 경학과 경세학에 익숙한 연마를 거치고, 벼슬하던 시절이나 곡산 도호부사 시절에는 익힌 학문과 닦은 경륜으로 백성 살려내는 애민

(愛民)과 치인(治人)에 정성을 다 바쳤던 다산이다. 40세 이후 귀양 살던 시절에는 다산초당 인근의 스님들과 어울리며 불교 경전도 연구하지 않은 부분이 없었다. 평생을 선학(禪學)에 몸 바친 학승들이 삶의 도리를 다산에게 물었던 선문답을 읽으면서 학자란 그런 정도의 진리탐구에 열성을 보여야만 학자로 대접받을 수 있다는 것을 알 수 있다.

다산의 해배와 다신계

.... 서로를 잊지 말자

세상의 모든 일에는 시작이 있고 끝이 있다. 그래서 중국의 고
경(古經)에서는 "물유본말 사유종시(物有本末 事有終始)"라고
말하여 본말이 있고 종시가 있다고 했다. 1801년 신유옥사로 시
작된 다산의 귀양살이, 처음에는 경상도 장기에서 시작했으나
그해 겨울 다시 체포되어 국문을 받고 또 감옥에 갇혀 있다가
유배지가 바뀌어 전라도 강진으로 떠났다. 중형 정약전과 함께
떠나 나주읍 북쪽 5리 지점인 밤남정 마을에서 형제가 생의 마
지막 동숙(同宿)을 하고 헤어진 것이 그해 음력 11월 22일이었
다. 거기서 형은 흑산도로 아우는 강진으로 떠나야 했다.

음력 11월 하순부터 강진의 유배생활을 시작한 다산은 동문
밖 주막집에 거처를 정하고 신산한 귀양살이를 시작했다. 읍내

의 어느 누구도 받아 주는 사람이 없어 노파가 운영하는 주막집에서 시작된 삶, 그런 귀양살이가 18년에 이르도록 긴 세월일 줄이야 처음에는 생각도 못했을 것이다. 주막집 주모의 인정 어린 접대에 다산은 울분도 억울함도 모두 녹이고 "나는 이제 겨를을 얻었다. 즐겁고 기쁜 마음으로 학문에 몰두하자."라고 다짐한다. 그 결과 상상을 불허할 정도로 방대한 500권이 넘는 학문적 업적을 남기고 1818년 음력 9월 14일 고향으로 돌아왔다.

18년의 삶을 정리하고 다산초당을 떠나는 다산의 해배는 또 하나의 아름다운 마감으로 정리되었으니 다름 아닌 '다신계(茶信契)'의 결성이다. 초당에서 가르친 18제자와 주막집에서 가르친 여섯 제자의 인적 사항을 열거하고 계안(契案) 즉, 약속의 문서를 남기는 아름다운 끝을 이룩해 놓았다.

인간이 귀하게 여기는 것은 믿음이 있기 때문이다. 만약 여럿이 모여 서로 즐겁게 지내다가 헤어지고 나서 서로를 잊어버린다면 이거야 짐승들이나 하는 짓이다. _「다신계 절목」

다산초당으로 옮긴 1808년부터 지금까지 형제처럼 지냈으니 그런 우정을 잊지 말고 서로의 학문을 격려하고 도와주기 위해서라도 모임을 계속하자고 만든 계(契)가 바로 '다신계'이다. '다신(茶信)'이란 다산에서의 약속이기도 하고, 차를 마시는 일과 차를 마시는 모임을 잊지 말자는 의미로도 해석할 수 있다. 그래서 약속의 내용에는 다산의 차를 반드시 선생의 고향으로 보내 주라는 약속이 큰 비중으로 적혀 있다.

더구나 주막집 시절 신분이 낮은 제자들까지 모두 챙겼다. 그들은 다산초당의 제자들 못지않게 유배 초기 참으로 어렵던 시절에 말벗이 되어 주고 글을 배우며 다산의 근심과 걱정을 함께 했다. 그러한 고마움까지 생생하게 기억하도록 했으니 얼마나 아름답고 의미 깊은 유배살이의 마지막 끝맺음이었던가. 주모의 아름답고 훈훈한 인정으로 시작된 유배살이의 처음이 글 잘하고 시 잘하는 제자들과 만남을 계속하자는 약속으로 끝을 맺었으니, 다산에게는 분명히 사유종시(事有終始)의 원칙이 지켜진 유배살이였다.

.... **제자 이강회의 바다 연구**

최근에 들어 다산학단(茶山學團)에 대한 연구가 시작되기에 이르렀다. 18년의 강진 생활에 다산의 가르침을 받은 학자군(學者群)의 집합체를 학단이라 부른다고 여기면 된다. 강진 읍내 8년 생활에 제자 5~6명, 다산초당 생활 10년의 다신계(茶信契) 소속 18제자를 모두 합해서 부르는 이름이기도 하다. 다신계에는 들어 있지 않지만 다산의 학풍을 제대로 계승한 외손자 윤정기(尹廷琦) 같은 학자도 포함됨은 물론이다.

성균관대학교 대동문화연구원에서 『다산학단문헌집성』 9책이 간행되면서 다산의 경학이나 경세학이 후학들에게 어떻게 전수되어 확대 발전되고 있는가를 살피는 일이 다산학단의 연구라고 할 수 있다.

많은 제자 중에서도 수제자임에 분명한 이강회(李綱會)의 학문적 수준과 남긴 업적이 특별히 관심을 끄는 이유가 있다. 자(字)가 굉보(紘甫)이며, 유명한 영의정 이준경(李浚慶)의 후손이자 고산 윤선도의 사위인 이보만(李保晚)의 5대손이 바로 이강회이다. 다산이 28세로 문과에 급제하여 벼슬살이를 시작한 해에 태어난 이강회는 외선조의 고향에서 가까운 강진에 세거했는데, 다산이 48세의 나이로 다산초당으로 삶의 근거지를 옮기던 1808년 20세의 청년으로 다산의 제자로 참여했다.

제자가 되기 전에 이미 일정 수준의 학식이 있던 이강회는 1808년 다산이 저작한 『역학서언』이라는 책에 등장하며, 1812년의 저작인 『춘추고징』에도 이강회의 도움이 있었다고 기록되어 있다. 1813년의 『논어고금주』, 1817년 해배 한 해 전의 『상의절요』라는 책에도 이강회의 조력이 있었다고 기록되었다.

1818년 57세로 다산은 해배되어 귀향하고, 이강회는 손암 정약전이 귀양 살다 세상을 떠난 소흑산도, 즉 우이도(牛耳島)로 들어가 손암의 『표해시말』을 새롭게 정리하였다. 그 책의 주인공인 문순득의 집에 기거하면서 더 자세히 『표해시말』에 대한 이야기를 들으며, 바다의 해운과 어업에 절대적으로 필요한 선박제도에 대한 깊은 연구를 했다. 『운곡선설(雲谷船說)』에 보이는 배에 대한 이강회의 연구는 당시로서는 대단한 연구임에 분명하다. '바다로 들어간 이강회'라는 말이 나올 정도로 해양산업의 발전과 선박제도의 개선을 위한 이강회의 실용주의적 학문은 경이로운 분야가 아닐 수 없다.

다산의 『경세유표』에도 조운책(漕運策)의 논의가 많은데, 그런 정신을 이어받은 이강회의 해운책은 더 귀중한 내용이다. 3면이 바다로 둘러싸인 대한민국, 그런 학자들의 해운정책을 활성화하는 일이 급선무가 아닐까.

궁해도 학문을 좋아해야

조선왕조 후기, 문인과 학자도 많았지만 나라의 운세가 기울면서 백성들은 도탄에 빠졌다. 탐관오리가 날뛰어 어떻게 해야 나라의 기강을 바로잡고 새로운 활력을 불어넣을까 고민하는 선비도 많았지만 방법을 못 찾아 암담하던 시절이었다. 겸하여 극심해진 세도정치는 해가 갈수록 발호하여 안동 김씨, 풍양 조씨, 여흥 민씨의 위세가 등등하여 일반 서민들은 숨도 크게 쉬지 못하고 살아가야 했다.

탁월한 인재라도 등용해 획기적인 국가개혁으로 변화라도 추구해야 하는데, 천하의 경세가 다산 정약용이 귀양지에서 풀려서 돌아왔건만, 사감(私感)에 흔들리던 고관대작의 방해로 등용될 길까지 막히자, 나라에 희망이라고는 보이지 않았다.

그러나 뜻있는 선비나 문인들은 서울에서 가깝지 않은 다산의 마재마을을 찾아다니며 도(道)를 구하려는 마음을 버리지 못했다. 정조대왕의 외동 사위 홍현주나 당대의 시인 동번(東樊) 이만용(李晚用, 1792~1863) 같은 분들이 그들이었다. 70이 넘은 신선 모습의 다산을 자주 찾아와 시를 짓고 마재 일대의 아름다운 풍광을 구경하면서 세월을 보냈다.

.... **학문의 대업 이루다**

1836년 음력 2월 22일(양력 4월 7일), 75세의 다산은 끝내 눈을 감고 세상을 떠나고 말았다.

남녘 땅끝 귀양살이 20년 세월　　　　　卅載南荒泣玦餘

떠날 때 검은 귀밑머리 올 때는 백발이라　　去時靑鬢白紛如

참으로 천명을 알아 궁해도 학문만 좋아해　窮猶好學眞知命

옛날 학자들 못 이룬 학문 책으로 다 엮었네　撰盡先儒未了書

_『동번집(東樊集)』「정다산 선생 만시(挽丁茶山先生)」

아버지처럼 스승처럼 자주 찾아뵙던 다산이 서거하자 이만용은 시재(詩才)를 한껏 발휘하여 다산의 서거를 슬퍼하는 만시(挽詩) 12수를 지었다. 첫 수부터 마지막 열두 수까지 다산의 일생을 서술했는데, 다섯 번째 시에서는 바로 다산의 학문을 이야기했다.

마흔 살 한창의 장년에 귀양살이를 떠났지만, 18년의 세월이 흐른 57세의 중늙은이로 귀향한 다산, 백발이 성성한 신세였다. 그렇게 간절한 애국심이 있었건만 모든 것을 접고 오로지 학문에만 생을 바쳤던 다산, 그래서 시인은 '진지명(眞知命)' 즉 정말로 옳게 천명을 알았기에 어떤 원망이나 불평도 모두 이기고, 학문연구에만 심신을 바쳐 옛날의 큰 학자 어느 누구도 이룩하지 못했던 학문의 대업(大業)을 이룩했노라고 찬양하였다.

공자는 일찍이 '궁사남(窮斯濫)'이라고 하여, 사람이 궁하게 되면 분수를 잃고 엉뚱한 짓을 하여 인간이 지켜야 할 도리에서 벗어나 버린다고 했다. 그러나 다산은 아무리 궁한 처지에서도 본분을 잃거나 벗어나지 않고, 해야 할 학문연구에 온 힘을 기울였다.

다산 생시에 함께 어울렸던 사람으로 다산의 죽음에 애도의 만시를 지은 사람이 없는데, 이만용의 만시 12수는 그래서 더욱 귀중하다. 38세에 벼슬이 끝났던 점으로 보면 귀양이 풀릴 때까지는 20년이었으니, 20년 귀양살이가 그래서 나온 말이다. 우리 역시 다산처럼 아무리 궁하더라도 본분에서 벗어나지 말고 해야 할 일을 해야 한다.

7부

다산의 길을
걷다

살 줄 아는 사람은 어떤 상황 아래서라도 자신의
인생을 꽃피울 수 있다. 그러나 살 줄을 모르면 아
무리 좋은 여건 아래서라도 죽을 쑤고 마는 것이
인생의 과정. 그는 18년 유배생활에서 수백 권의
저서를 남겼다. 그의 재능과 출세를 시기하여 무
고한 죄를 씌워 유배를 보낸 그때의 지배계층은
오늘날 그 존재마저 사라져 버렸다. 그러나 귀양
살이에서도 꿋꿋하게 살았던 다산은 오늘까지 숨
을 쉬면서 후손들 앞에 당당하게 서 있다.

다산의 업적을 일깨운 정인보

반계·성호·다산으로 이어진 학통

옛날의 제도나 문물을 아는 데 증거가 되는 자료나 기록을 '문헌(文獻)'이라고 한다. 문헌이 없고서야 어떻게 옛일을 알며, 지나간 시절에 대한 실상을 파악할 방법이 있겠는가. 그런 의미에서 문헌의 중요함을 다시 한번 깨닫게 된다.

다산에 대해 오랫동안 관심을 지니고 온갖 서적과 자료를 검토한 지 오래되었지만 특히 가장 중요하고 값지게 여기는 문헌이 있는데, 오늘은 그에 대한 이야기를 하고 싶다. 앞으로 다산을 연구하려는 사람들에게도 좋은 자료라고 권해 주고 싶다.

다산은 생전에 500여 권이 넘는 방대한 저서를 남겼다. 경학에 대한 연구서가 가장 많고, 정치·경제·역사·지리·의학 등 관심을 기울이지 않은 분야가 없을 정도로 백과사전적 연구업적을 남겼다. 다산은 1836년 세상을 떠났는데, 100년이 지난 1938년에야 『여유당전서』라는 이름으로 문집이 간행되었다. 그때 저서 간행 작업에 힘을 기울인 위당 정인보는 당시 언론을 통해 다산이 누구이고 어떤 업적을 남긴 분인가를 알리려는 뜻에서 동아일보에 「다산 선생의 생애와 업적」이라는 글을 썼다. 날짜를 확인해 보니 1936년 6월 16일이라는 기록이 있다.

소제목만 보아도 다산을 이해하는 데 얼마나 중요한 글인가를 금방 알게 된다. 정인보는 다산의 일생을 4개 분야로 설명했다. '다산 초년과 그 시대의 학술 경향'이라 하여 다산이 살던 시절 조선의 학계 동향을 알기 쉽게 설명했다. 유형원·이익 등의 학문이 조선의 학문 경향을 바꿔 놓은 시대적 상황을 살피면서 다산의 탄생을 이야기했다.

'석학굉식(碩學宏識)을 보성(輔成)하던 가지가지'라는 제목으로 다산이 영향을 받은 반계·성호의 학문과 친가와 외가 쪽의 축적된 학문이 다산을 키워 주는 과정을 설명했다. 바로 이 항목에서 반계·성호·다산이 조선 근고의 학술사에서 일조·이조·삼조의 지위를 차지하고 있다는 명언을 남기고 있다.

실사구시의 학문 경향을 강조하다

'주우(主遇)는 화태(禍胎)요 학풍은 살기(殺機)'라는 제목에서는 정조의 지극한 예우를 받으면서도 화란이 키워졌고, 다산의 실사구시적 학문 경향은 오히려 죽음에 이르는 불행의 단초가 되었음을 밝히고 있다.

마지막은 그의 힘들고 불행했던 유배생활을 이야기하면서 불행과 고통 속에서 위대한 실학사상을 집대성한 학자로 성장했음을 알리려고, '신익궁(身益窮) 학익정(學益精)한 그의 반생'이라는 제목으로 몸이 궁함에 빠질수록 더욱 학문은 정밀하고 높은 수준에 이르렀다는 사실을 알려 주고 있다.

정인보가 한말에서 해방 전후 사이 조선 최고의 한학자이자 국학자였음을 분명하게 알게 해 주는 글이 바로 그 글이다. 위당의 다산학문에 대한 평가는 참으로 고전이기에 충분하다.

조선 5천 년간 둘도 없는 대저를 남겼다. 그 모든 저술은 '물(物)은 그 실(實)을 구(求)하고 사(事)는 그 실(實)을 고(考)한다.'는 것이 중심이 되어 가지고는 일언일구가 민(民)과 국(國)의 실익을 도(圖)하는 이외에 번짐이 없게 하였다.

다산의 학문은 실구(實求) 실고(實考)한 학문, 바로 실사구시의 학문임을 밝히고 있다. 민과 국, 백성과 나라에 실익을 추구한 실학의 학문임을 다시 강조해 주고 있으니 다산의 전모가 위당의 글에서 잘 드러난다. '일생' 다음에 이어지는 글을 종합해서 읽으면 다산연구의 길잡이가 거기에 있다. 위당의 업적이 그렇게 큼을 또 거기에서 느끼게 된다.

다산을 사랑한 법정스님

2010년 3월 11일, 큰 별 하나가 떨어졌다. 법정스님이 열반하셨다. 그 후 10여 일 동안 스님에 대한 보도를 지켜보면서 참으로 많은 느낌을 받았다. 오욕칠정에 사로잡혀 살아가는 인간이 어떻게 저럴 수 있는가라는 질문을 연발하면서 반성과 회오의 느낌에 빠지지 않을 수 없었다. 조금이라도 더 많이 가지고, 조금이라도 더 높은 지위에 오르고, 쥐꼬리만큼의 명예라도 더 얻기 위해 그동안 얼마나 발버둥치면서 살아왔던가라는 느낌 때문에 한없는 자괴감에서 헤어나기 어려운 충격에 빠지기도 했다.

버리거나 남에게 주어 버릴수록 얽매임에서 풀려나고, 더 많이 지니고 쌓아 놓을수록 옥죄여 살아간다는 스님의 말씀이 왜 그렇게 절절히 가슴에 와 닿았을까. 그분이 글에서 말했던 내용이 아니라, 입적한 뒤부터 다비에 이르고, 유언이 공개될 때까지의 모든 과정은 짐승과 큰 차이 없이 살아가는 인간 모두에게 너무나 큰 교훈을 남겨 주었다. 말빚을 더 이상 세상에 남겨 두지 않겠다고 모든 책의 절판을 권고한 대목에서는 더욱 숙연해지지 않을 수 없었다.

스님은 다산의 편지글을 엮은 『유배지에서 보낸 편지』라는 책을 가장 사랑하는 책 중의 하나라고 명확히 말했다. 그 책을 들고 유배지이던 다산초당에 찾아가 마루에 앉아서 읽는 재미는 더 특별한 느낌을 주었다고까지 말했다. 권력에 짓눌려 18년의 유배살이를 했던 다산은 500권의 저서를 남겨 그 책이 더욱 많은 사람에게 읽히고, 더 오래 세상에 전하기를 간절히 바라고 바랐다. 자유의 몸이면서 스스로 유배살이를 선택해 깊은 산속에 숨어 도를 닦으며 글을 쓰고 책을 펴내 많은 독자를 확보했던 스님은 유언으로 더 이상 책의 출간은 하지 말아 달라는 부탁을 했다.

다산과 법정, 처한 시대가 다르고 처한 입장이 다르며 학자와 신앙인이라는 큰 차이가 있지만, 그 두 분의 글과 행동이 사람을 감동시키고 큰 교훈을 남겨 준 점은 큰 차이가 없어서 두 분에 대한 이야기를 꺼냈다. 그렇게도 독서의 중요함을 아들이나 제자들에게 강조했던 다산과, 책과 차와 음악만 있으면 가장 행복했다는 스님의 뜻은 상당히 가까웠다. 도와주었다는 말을 하지 않고 도와주는 일이 참다운 도움이고, 입을 열어 말하는 도움은 도움이 아니라는 뜻도 두 분은 같았다.

글에 쓴 대로 말을 했던 대로 삶과 죽음에 이르기까지 그대로 실행했던 법정스님, 행동이 없는 논리만으로는 이루어지는 것이 없다고 주장한 다산과 통하는 부분이 많았다. 다산과 법정, 역시 큰 민족의 스승임에 분명하다.

⋯⋯⋯⋯ 참과 거짓은 세월이 금을 긋는다

나이가 들어가면 잠이 적어지는지 새벽이면 일찍 눈을 뜨게 되고, 그런 때에는 가벼운 내용의 책을 읽으면 마음이 편안해진다. 법정스님의 『내가 사랑한 책들』을 읽어 가노라니, 그 책이 나온 뒤 한 달도 채 안 되어 입적한 스님이 다산을 매우 사랑했음을 알게 되었다. 스님이 건강하던 때로부터 병고로 시달리던 때까지 오랜 시일에 걸쳐 스님과 가까운 후학들이 머리를 맞대고 논의를 거듭하여 300여 권이 넘는 스님이 아끼던 책 중에서 가장 사랑했던 책 50권을 골라냈다고 한다. 그 책들의 좋은 내용을 요약하고, 해설을 달고, 스님이 직접 가필하여 출판한 책이 바로 이 책이다.

책의 부록에 실린 '법정스님의 글과 법문에서 언급된 책들'에 300권 가까운 책의 이름이 있는데, 거기에 다산의 『경세유표』, 『목민심서』, 『유배지에서 보낸 편지』, 『흠흠신서』 등의 저서가 열거되어 있는 것만으로도 스님의 마음을 금방 알아낼 수 있다. 그중에서도 사랑한 책으로 꼽힌 50권 중에는 유일하게 『유배지에서 보낸 편지』가 들어 있다. 50권 안에는 5, 6권에 이르는 국내의 책이 있는데, 그중에 다산의 책이 들어 있음은 스님이 얼마나 다산을 사모했는가를 알 수 있다.

일생 동안 참선, 독서, 글쓰기로 생애를 마친 스님은 18년의 귀양살이 동안 책과 붓으로만 살았던 다산에 대하여 애정을 느끼지 않을 수 없었으리라는 생각이 든다. 스님의 글에는 다산이 아들들에게 보낸 편지 글귀를 그대로 인용한 대목이 많다.

천지간에 외롭게 서 있는 내가 운명적으로 의지할 곳이라고는 오로지 책과 붓뿐이다. 너희들이 책을 읽지 않는다면 내 저술은 쓸모없는 것이 되고 말 것이다. 내 저술이 쓸모없다면, 나는 할 일이 없는 사람이 되고 만다. 그렇다면 나는 앞으로 눈을 감고 흙으로 빚은 등신처럼 앉아 있어야 한다고 생각해 보아라. 열흘이 못 가서 병이 날 것이고, 이 병을 고칠 수 있는 약도 없을 것이다. 그러니 너희들이 독서하는 것은 내 목숨을 이어 주는 일이나 마찬가지다. 깊이 새겨 주기 바란다.

다산의 독서 이야기가 그렇게도 마음에 들었나 보다. 그러면서 스님은 다산의 삶을 아름답게 기술했다.

살 줄 아는 사람은 어떤 상황 아래서라도 자신의 인생을 꽃피울 수 있다. 그러나 살 줄을 모르면 아무리 좋은 여건 아래서라도 죽을 쑤고 마는 것이 인생의 과정. 그는 18년 유배생활에서 수백 권의 저서를 남겼다. 그의 재능과 출세를 시기하여 무고한 죄를 씌워 유배를 보낸 그때의 지배계층은 오늘날 그 존재마저 사라져 버렸다. 그러나 귀양살이에서도 꿋꿋하게 살았던 다산은 오늘까지 숨을 쉬면서 후손들 앞에 당당하게 서 있다. 참과 거짓은 이렇듯 세월이 금을 긋는다. _『물소리 바람소리』

고귀한 영혼의 법정스님, 역시 스님은 고귀한 영혼의 다산을 알아보고 그렇게도 다산을 사랑했나 보다.

학자와 선승과 시인

문득 옛 추억이 떠오른다. 1976년 8월, 무더운 더위 속에 고 김남주 시인, 옥우 김정길과 함께 불일암으로 스님을 뵈러 갔다. 점심 뒤에 광주에서 출발한 여정이어서 저녁 해질 무렵에야 암자에 도착했으나, 스님은 안 계시고 빈 암자만 외롭게 서 있었다.
한참을 기다린 뒤 저 밑에서 땀을 뻘뻘 흘리며 스님이 올라왔다. 가지고 간 수박을 쪼개 먹으며 뜨락에 한창 피어나던 그곳이 원산지라던 달맞이꽃을 구경했다. 유신독재에 신음하던 우리, 소리 없는 함성처럼 터져 나오던 달맞이꽃을 보면서 마음을 달래는데, 스님은 수박씨를 하나하나 쓸어 담고 계셨다. 왜 그러시느냐고 물었더니, 냄새를 맡으면 개미가 달려들고, 그러다 보면 우리는 무의식중에 발로 밟아 살생을 하게 되니 개미가 오기

전에 씨를 주워야만 한다고 했다. 스님다운 화법이었다.

그날 밤 우리는 밤새워 가며 스님의 수필 이야기를 하고, 민주
회복에 대한 우리의 소원을 이야기했다. 스님도 다산을 좋아했
지만 김남주 시인도 다산이 좋다며 이야기는 진진하기만 했다.

오랜 세월이 지나 스님은 떠나고 빈 암자만 남아 있는 그곳을
김정길 동지와 함께 찾았다. 한 세대가 지나 숲이 우거져 옛 정
취와는 다르나, 17년간 도를 닦으며 글을 쓰던 스님의 모습이
떠올랐다. 민족시인 김남주도 생각났다. 학문연구에 밤낮을 모
르고 몰두하던 다산초당의 다산도 생각났다. 비는 계속 내리는
데, 학자와 선승과 김 시인이 오버랩되면서 찬비를 맞는 쓸쓸함
은 견디기 어려웠다.

참지식인 리영희

경술국치 100년이 되는 금년도 이제 저물어 가고 있다. 국가적
수치를 당한 해가 100년쯤 흘렀다면 나라와 세상이 확연하게
달라져서 살만한 세상이 되었어야 하는데, 그렇지는 못하고 아
까운 인물들만 세상에서 떠나는 해가 되고 말았으니 가슴 아프
기 그지없다.

봄에는 불교계의 대종사(大宗師) 법정스님이 홀연히 열반하
더니, 이 추운 겨울에는 이 나라 '사상의 스승' 리영희 선생이 또
하늘나라로 가고 말았다. 80을 넘긴 리영희 선생, 천수를 누렸
다고 할 수 있으니 통곡할 일이야 아니지만, 때가 마침 이런 국
난(國難)의 시기여서 그만한 용기와 지혜를 지닌 어른을 잃은
우리는 슬픔에 빠지지 않을 수 없다.

임금이 승하하면 '천붕지통(天崩之痛)'이라 하여 하늘이 무너지는 아픔이라 말하고, 스승이 세상을 떠나면 '산퇴양괴(山頹樑壞)'라 하여 산이 무너지고 대들보가 파괴된 것으로 비유하였다. 연평도 사건, 남북문제, 노사갈등, 4대강 문제 등 온갖 나랏일에 지혜롭고 용기 있는 국가적 인물이 있어 그런 모든 문제를 제대로 풀어야 할 요즘, 리영희 선생의 타계는 참으로 산이 무너진 비통함을 느끼게 된다.

기자로서의 양심을 실제 행동으로 앞장서서 보여 준 대기자, 대학교수로서 학자적 소신을 어떤 경우에도 굽히지 않고 행동으로 직접 보여 준 지식인, 사상과 이념의 혼돈에 빠진 불확실한 시대에 사상의 푯대를 높이 세우고 가장 합리적이고 정당한 방향으로 젊은 세대를 인도한 사상의 선구자였던 선생을 과거의 역사에서 어떤 사람과 비교할 수 있을까.

여기서 생각나는 분이 바로 다산 정약용이다. 18년의 긴긴 유배생활에서도 한 치의 흐트러짐 없이 새로운 사상과 철학을 세우며 인간이 가야 할 올바른 방향을 빈틈없이 면밀하게 정리해 준 분이 바로 다산이다. 실학사상을 집대성하여 나라와 백성이 요순시대로 나아가는 길을 열어 주었다.

처한 시대가 다르고 역사적 조건이 분명히 달랐지만, 다산과 리영희 선생은 크게 보는 범위에서 상당한 유사점을 발견할 수가 있다. 아닌 것은 죽어도 아니고, 진실은 끝까지 진실이라고 주장하면서 그로 인한 온갖 고통을 감내했던 분이 리영희 선생이라면, 학문적 소신을 어떤 경우에도 굽히지 않고 자신의 결단에 의한 실사구시(實事求是)의 훌륭한 학문을 개척했던 학자가 다산이기 때문이다.

법정도 가고 리영희 선생도 갔다. 다산 탄생 250주년이 2012년인데, 다산의 뜻은 전혀 세상에서 펴지지 않고 있다. 정말로 평화로운 나라이기 위한 온갖 지혜가 그리운 때인데, 지혜를 지닌 분들은 떠나고 옛날의 지혜는 다시 부활할 줄을 모르니 이 안타까움을 어찌할까.

행동가 백기완

썩은 세상을 개혁해야

1836년 음력 2월 22일, 다산 정약용은 75세를 일기로 세상을 떠났다. 그로부터 185년째인 2021년 음력 정월 4일, 백기완은 89세로 삶을 마쳤다. 2세기에 가까운 시간 차가 있으나 다산 선생과 백 선생은 서로 비교해서 거론할 만한 이야기가 많다.

백 선생의 부음을 듣고 빈소에 찾아가 문상을 하고 영결식이 열리는 시청 앞 광장에도 참석해서 선생에 대한 여러 이야기를 듣고 또 눈으로 보면서, 참으로 대단한 어른 한 분이 세상을 떠났구나라는 슬픈 마음을 지니지 않을 수 없었다. 타계한 때로부터 각종 매체를 통해 보도되는 선생에 대한 이야기를 꼼꼼하게 듣고 읽어 보면서, 평소에 뵙던 때와는 또 다른 많은 감동을 주는 내용에 절로 머리가 숙여졌다.

우리가 잘 알고 있는 대로 다산은 뛰어난 천재에 각고의 노력까지 아끼지 않았던 탁월한 학자이자 사상가였다. 다재다능한 데다 박식하기가 이를 데 없는 분이었음도 분명한 사실이다. 최근의 위키백과 인물난에 "백기완은 대한민국의 시문학가 겸 소설가이고, 시민사회운동가, 통일운동가, 정치인이자 작가이기도 하다."라고 표현하여 그의 다재다능함을 그대로 말해 주었다.

다산은 본질적으로 탁월한 애국자였다. 모진 고난의 유배살이에서도 하루인들 나라와 백성에 대한 걱정을 잊지 못하고, 나라가 잘 되고 백성이 편안하게 살아갈 학문적 연구에서 손을 놓은 적이 없었다. 백 선생도 타의 추종을 불허하는 애국자였다. 분단된 조국의 통일을 위해 할 수 있는 일은 하지 않은 일이 없었고, 군사독재와 정면으로 대결하며 고문에 찌든 몸을 이끌고 하루인들 투쟁의 대열에서 벗어난 적이 없는 행동가였다. 그런 데서 두 분의 애국심을 쉽게 읽을 수 있다.

다산은 자신이 살아가던 조선이라는 나라는 '썩은 지 이미 오래(腐已久矣)'되었다고 한탄하면서 썩은 것보다 더 정도가 심한 '썩어 문드러졌다(腐爛)'라는 용어를 자주 사용했다. 부패한 조선을 '부란'한 조선이라고 표현하여 지금 당장 개혁하지 않고 그대로 둔다면 나라는 반드시 망하고 말 것이라는 엄중한 경고를 했다. 백 선생은 그의 대표적인 시 「묏비나리」에서 "저 썩어 문드러진 하늘과 땅을 벅벅 네 허리 네 팔목으로 역사를 돌리시라"라고 말하고, 또 "이 썩어 문드러진 세상 하늘과 땅을 맷돌처럼 벅벅…"라고 거듭 썩어 문드러진 세상을 엎어야 한다는 간절한 소망을 토로하였다.

200년의 긴 시간 차이가 있건만, 다산과 백기완은 썩어 문드러진 세상에 대한 개혁사상을 그대로 지녔음을 알게 해 준다.

장산곶매처럼 살다 가다

백기완에게는 매에 대한 이야기가 따라다닌다. "장산곶매처럼 살다 가셨습니다. 자신을 비워 시대의 어둠을 쪼아 깨뜨리고, 한 줄기 빛을 밝혀 주신 분"이라는 어떤 분의 조사처럼, 장산곶매의 기상이나 투혼에 선생을 비교하기도 한다.

다산 또한 매의 이야기를 빼놓지 않았다. 둘째 아들 학유에게 주는 가계(家誡)에서 "사나이의 가슴 속에는 언제나 가을 매가 하늘로 치솟아 오르는 듯한 기상을 품고서 천지를 조그마하게 보고 우주도 손으로 가볍게 요리할 수 있다는 생각을 지녀야 한다."라고 말한 바처럼, 비록 작지만 당차고 사나운 송골매처럼 날쌔고 용감한 기상을 지니라는 뜻이니, 백 선생과 같은 생각을 지녔다고 보인다.

다산은 바르고 평등한 세상을 그렇게도 희구했다. 백기완 또한 '노나메기세상', 너도나도 일하여 함께 잘 살되 올바르게 잘 사는 세상을 그렇게도 원했으니, 그 점에서 또 두 분의 생각은 많이 닮았다.

다산은 순수 우리말에 대한 애착이 참으로 컸다. 비록 한자를 빌려서 사용했으나, '높새바람'을 고조풍(高鳥風)이라 써서 새는 새 을(乙)이 동쪽과 같으니 고조풍이 동풍이라고 표현했고, '마파람'을 마아풍(馬兒風)이라 표현하며 말은 오(午)이고 남쪽이어서 마아풍은 남쪽에서 부는 바람이라고 했다. 백 선생이 '노나메기,' '새내기' 등 수없이 많은 우리말을 되살려 냈던 점도 어쩌면 그렇게 닮은꼴이 되었을까.

시대가 다르고 세상이 달라 정확한 비교야 어렵지만, 상당한 부분에서 두 분은 비슷한 점이 많았다. 타고난 착한 성품을 행동으로 옮겨야만 덕(德)이 된다던 다산처럼, 백 선생은 모두가 우러러볼 수 있도록 행하고 실천하고, 싸우고 투쟁만 하다가 떠난 분이다.

200년 전에 우리는 다산을 이별했는데, 금년에 또 백 선생을 이별했다. 두 분의 뜻이 언제쯤 현실에서 실현되는 날이 올까.

민족시인 김남주

◇   ◇

.... **아버지의 논으로 가고 싶다**

추분이 가까워 오는 9월 20일 토요일, 남도 여행길에 올랐다.
모처럼 광주에 들러 친구들과 만나 오랜만에 맛있는 남도의 음
식 생고기 비빔밥을 먹은 뒤 광주-해남의 쭉쭉 뻗은 도로를 달
렸다. 길 양옆에는 벼가 익어 가느라 황금빛 물결이 바람 따라
일고 있는 아름다운 풍경, 참으로 한가한 마음으로 차창 밖을
내다보며 달리고 달렸다.

　이윽고 해남군청 곁에 있는 해남문화예술관에 도착했다. 조
선 시대 해남현 관아가 있던 군청 앞 광장에는 수백 년 전의 노
거수, 소나무와 느티나무가 몇 그루 정정하게 서서 지나간 역사
를 몸으로 보여 주고 있었다.

이 가을에 나는 푸른 옷의 수인이다
오라에 묶여 손목이 사슬에 묶여
또 다른 감옥으로 압송되어 가는

어디로 가는 것일까 이번에는
전주옥일까 대구옥일까 아니면 대전옥일까

나를 태운 압송차가
낯익은 거리 산과 강을 끼고
들판 가운데를 달린다

아 내리고 싶다 여기서 차에서 내려
따가운 햇살 등에 받으며 저만큼에서
고추를 따고 있는 어머니의 밭으로 가고 싶다
아 내리고 싶다 여기서 차에서 내려
숫돌에 낫을 갈아 벼를 베는 아버지의 논으로 가고 싶다
_「이 가을에 나는」

　이런 시를 쓰다가 50세도 못 되어 세상을 떠나 버린 김남주
시인의 20주기를 기념하는 '문학제'에 참석하려고 찾아온 길이
었다.

영상물에서 김남주의 육성으로 이 시가 낭송될 때, 그 절절한 자유에의 그리움을 들으면서 눈물이 쏟아짐을 견디기 어려웠다. 그런 순간에 또 유배살이의 서러움에 잠겨 그곳에서 자유를 찾아 탈출하고 싶어했던 다산, 김남주가 그렇게도 좋아했던 다산의 시가 떠올랐다.

가을바람 흰 구름에 불어	秋風吹白雲
푸른 하늘 가린 것 없구나	碧落無纖翳
이 몸도 갑자기 가볍게 느껴져	忽念此身輕
훌쩍 날아 세상으로 나가고 싶네	飄然思出世

「흰구름(白雲)」이라는 제목의 짤막한 시다. 경상도 장기라는 첫 번째 유배지에서 처음 맞는 가을, 창살 없는 감옥인 유배생활, 그런 얽매임에서 벗어나고 싶던 다산의 자유에 대한 그리움, 오라와 쇠사슬에 묶여 이감을 가면서 차창을 내다보다 들에서 일하는 어머니와 아버지의 곁으로 자유롭게 가고 싶다던 김남주의 그리움은 왜 그렇게 정확하게 일치할까.

무서운 것은 권력욕이다. 자신들의 권력욕 때문에 큰 죄도 짓지 않은 다산을 유배 보내고, 김남주를 감옥에 가뒀던 독재자들의 양심이 미울 뿐이다.

전국에서 모여든 작가회의 회원들과 김남주를 못 잊는 많은 사람들이 함께 모여 김남주 20주기 문학제를 잘 치렀다. 밤에는 땅끝의 명찰 미황사에서 템플스테이로 숙박을 했다. 금강스님의 따뜻한 배려와 우화보살님의 우정 어린 안내로 아침 산책까지 마치고 공양도 제대로 대접받았다.

아침 공양을 마친 우리는 해남 봉학리의 김남주 생가에 들러 남주의 흔적을 살폈다. 남주의 동지이자 아내였던 박광숙 여사와 그의 아우 김덕종 등과 함께 사진을 촬영한 뒤 그곳을 떠나왔다.

패악한 독재자들이 언제쯤 세상에서 사라질 날이 올까. 민족 시인 김남주와 민족 최고의 학자 다산이 자유를 잃고 묶여 살았던 아픔을 기억하면서 이번 여행은 자유의 가치를 일깨운 시간이었다.

현대사를 시에 담은 정희성

######### 시대를 슬퍼하지 않으면 시가 아니다

우리 시대의 시인 정희성이 최근에 출간한 시집 『그리운 나무』,
시인의 명성만큼 그분의 시는 언제나 좋아 책을 받는 즐거움까
지 합하여 기쁘고 재미있게 읽고 있다. 시인의 서문이나 발문은
없지만, 문학평론가 이숭원의 해설이 있다. 시를 읽다가 궁금하
여 평론가는 이 시에 대하여 뭐라고 말했는지 찾아 보니 '아득
한 별과 싸락눈 소리'라는 제목으로 써 내려간 글의 첫 대목부
터 다산 정약용의 시론(詩論)과 무관하지 않아 쭉쭉 읽어 내려
갔다.

시대를 슬퍼하지 않으면 시가 아니며, 옳은 것을 권장하고 그른
것을 비판하는 뜻이 없으면 시가 아니라 했다. 정희성은 이 가르

침을 좇아 40여 년 여일하게 올바른 시의 경지를 추구하는 데 온 마음을 바쳐 왔다.

시대를 슬퍼하고 시속을 개탄하는 시의 근원이 여기에 있음을 안다.

이 두 인용문은 바로 다산이 아들에게 유배지에서 보낸 편지에 그대로 나오는 글귀임을 알아차릴 수 있다. 다산은 시란 '상시분속(傷時憤俗), 권징미자(勸懲美刺)' 즉 시대를 아파하고 세속에 분개해야 하며 권선징악과 아울러 아름다움을 아름답다, 미운 것을 밉다라는 뜻이 시에 담겨 있어야 한다고 말했다.

제국주의의 침략으로 나라를 잃은 지 100년
동족상잔의 비극을 겪은 지 60년
피로써 민주주의를 외친 4·19혁명 50주년
그로부터 세월이 흘러 다시 피맺힌 광주항쟁 30주년
5월은 오래 전에 죽은 이들을 생각하는 달
민주주의로 가는 길은 멀구나
가슴에 손을 얹고 생각해 보라
더는 슬픈 기념일을 만들지 말자
_「2010년」

정 시인의 시가 좋다는 것은 바로 이런 시 때문이다. 몇 줄 안 되는 짤막한 시에 한국 현대사의 아픔을 고스란히 열거하고, 다시는 그런 아픔을 주는 일이 없기를 간절히 바라는 시이다.

어떻게 얻어낸 민주주의인가. 2013년에 정 시인이 이런 시를 썼다면 아마 그의 톤은 훨씬 높고 더 간절한 바람이 들어 있었을 것이다. 4·19의 무자비한 발포로 홍건했던 피의 광화문, 계엄군의 무자비한 양민 학살로 선지피가 흐르던 금남로의 30년 전의 아픔, 불통 권력으로 시시각각 다가오는 그때의 아픔이 되살아나 꿈자리가 뒤숭숭한 요즘, 다산은 시를 어떻게 썼을 것이며, 정 시인의 시는 또 어떻게 변했을까. 반복되는 비참함을 시인들은 어떤 시어로 읊어 댈까.

다산은 시를 간림(諫林)이라고 했다. 위정자들이 시인이 읊어 대는 시를 듣고서 패악한 정치를 멈출 수 있는 시라야 참다운 시라는 뜻이다. 위정자의 잘못을 꾸짖고 비판하고 울부짖으며 간(諫)하는 내용이 시의 본령이라고 설명했다. 그런데 요즘, 꾸짖고 비판하면 다른 딱지를 씌워 탄압하려 할 것이니, 시인들이 다치면 어쩔까.

직설적인 시보다는 은유와 풍자로 은근하게 시대를 아파하는 시들이 좋다. 근원적인 아픔에 서러워하고 마음 졸이는 정 시인의 시가 좋아서 읽고 또 읽어 본다.

춤꾼 이애주

간절한 염원을 담은 춤

『주역』의 대가 대산(大山) 김석진 옹이 애주춤인 '천명무'에 축
사를 썼다.

본인의 이름이 애주이니 '사랑(愛), 구슬(珠)'로 구슬이 쟁반 위에
구르는 귀엽고 사랑스런 그 모습이 그대로 애주춤인 것이다. 주역
바람괘에 춤추는 이야기가 나온다. 음(陰)인 발을 구르고 양(陽)인
손을 흔드는 수무족도(手舞足蹈)이다. 아! 애주춤의 선무풍향(仙
舞風香)이 이 세상에 널리 풍기고 후세까지도 길이 전하기를 바란
다.

제자를 격려하는 스승의 말씀이다.

춤꾼 이애주 교수가 언제부터 그 어려운 『주역』까지 공부하고 연구하고 있다는 것인지 의아스럽기도 한데, 춤의 제목을 '천명(天命)'이라 붙이고 구경 오라고 초청장을 보낸 것으로 보면 예사로운 일이 아니었다.

『중용』의 '천명지위성(天命之謂性)'에서 나온 '천명'이라니, 그 심오한 춤의 제목부터가 사람을 끌게 하였다. 대학로의 극장에 당도해 보니 구경 온 사람들 또한 대단한 사람들만 눈에 띄었다. 이름만 들어도, 얼굴만 보아도 누구라도 알아볼 수 있는 당대의 명사들이 로비에 가득하게 서 있었다.

공연이 시작되자 '완판승무', '본살풀이', '터벌림태평'의 춤이 차례로 공연되는데, 중요무형문화재 승무 예능보유자답게 세 판의 춤은 극장을 가득 메운 관중을 천상으로 날아가기에 충분하도록 흥분시켜 주고 말았다. "얇은 사 하이얀 고깔은 고이 접어 나빌레라"라던 시의 구절이 절로 떠오르게 우리의 마음을 설레게 해 주고 말았다.

한국의 춤은 사람의 몸짓이요, 사람의 염원을 빚는 몸짓의 총화이다. 그 특징은 피해받은 사람의 생채기를 달래고 일그러진 사람의 꿈을 몸으로 빚어 실현하는 경지라 할 수 있다. 이것은 우리 춤의 특징임과 동시에 삶의 염원을 형상화하는 측면에서 세계 인류문화의 특징이다.

이애주의 춤이 한국의 춤이자 세계 모든 인류의 춤이라는 해설이다.

다산도 춤에 대한 높은 경지의 이론을 열거했다. 그의 「원무(原舞)」라는 글은 춤의 생성 과정과 그 공효(功效)를 정확히 밝혔다.

춤이란 이뤄진 일을 상징한다(象成). 상성(象成)이란 어떤 뜻인가. 할아버지·아버지 등 선조의 공(功)과 덕(德)이 이뤄진 것을 상징한다는 말이다.

이처럼 이룩된 공덕을 소리로 읊으면 음악이요, 몸으로 표현하면 춤이라고 설명했다. 요순의 악(樂)이 있으면 요순의 춤이 있어, 악과 무가 함께해야만 성인 정치의 공덕을 제대로 나타낼 수 있게 된다는 결론이었다.

후세로 내려오며 공덕을 이룬 정치가 이룩되지 못하자 원망하고 염원하는 노래와 춤으로 바뀌면서 애주춤에까지 내려왔다는 생각이 들었다. '피해받은 사람의 생채기를 달래고, 일그러진 사람의 꿈을 몸으로 실현하는 춤'이 애주춤임을 확인하게 된다.

요순시대가 다시 돌아와야만 다산의 주장대로 요순의 공덕을 읊고 춤추는 '소무(韶舞)'의 세상으로 돌아갈 수 있을까. 애주춤은 언제 그런 세상을 만나 그런 춤으로 바뀔 것인지 요원하기만 하다.

프란치스코 교황

############# **언제나 작고 낮은 자세**

대한민국의 서울과 충청도가 프란치스코 교황의 방한으로 대형 태풍이 불어닥친 듯 한바탕 회오리바람에 휩싸여야 했다. 그야 말로 자발적으로 참여한 그 수많은 인파와 환호성에 못지않게 참으로 많은 화제를 남기고 또 엄청난 화두를 던지고 교황은 다시 로마로 돌아갔다. 이른바 '교황앓이'니, '프란치스코 현상'이라는 신조어가 만들어진 것처럼 표현하기 어려운 기막힌 현상이 일어나고 말았다. 모든 방송, 신문 등 온갖 매체들은 교황 방문 동안 그에 대한 기사 아니고는 빛을 발할 수 없도록 대부분 그에 관한 뉴스로 도배했다.

그는 작았다. 차도 작고 숙소도 작고 방명록에 남긴 글씨까지 작왔다. 그럼에도 그는 컸다. 바닥이 보이지 않을 만큼 낮추는 겸손이 컸고 아픈 사람을 끌어안는 가슴이 컸고 인간과 세상을 바라보는 눈이 크고 깊었다.

이 중앙일보 기사 속에 4박 5일 교황의 행보와 인품까지 모두 표현되어 있다. 그래서 교황은 좌파도 우파도 아니고 '저파(低派)'라는 색다른 주장까지 나왔다.
교황, 참으로 대단한 화두를 던졌다.

이 나라의 그리스도인들이 새로운 형태의 가난을 만들어 내고 노동자들을 소외시키는 비인간적인 경제 모델들을 거부하기를 빈다.

막대한 부 곁에서 매우 비참한 가난이 소리 없이 자라나고 가난한 사람들의 울부짖음이 좀처럼 주목받지 못하는 사회

이렇게 비판하면서 사회·경제적 약자에 대한 무한한 애정을 베풀어 주었다. 격화일로에 있는 빈부격차, 소통의 부재로 갈수록 비참해지는 억울한 사람들을 모두 껴안아 주고 교황은 떠났다. 그러면서 자신은 그런 화두를 던졌으니 앞으로 지도자들이 자신이 지적한 모든 것들을 제대로 해결하여 평화와 화합, 정의로운 세상을 이룩하는 실천을 행하라고 주문했다.
교황이 떠난 대한민국, 과연 무엇 하나라도 바뀌는 것이 있을까. 청와대나 여야 정치인들의 행태를 보면 변화하는 것이 없을

것만 같아 더욱 마음이 무겁다. 200년 전에도 위대한 실학자 다산은 아들에게 보내는 편지를 통해 교황에 못지 않은 의미 깊은 화두를 우리에게 던졌다.

국량의 근본은 용서해 주는 데 있다. 용서할 수만 있다면 좀도둑이나 난적(亂賊)이라 할지라도 아무 말 없이 용인할 수 있을 것인데 하물며 보통 사람에 있어서랴.

화해와 평화의 바닥에는 용서가 있다는 다산의 말씀을 교황도 여러 차례 반복해서 말했다. '저파'인 교황처럼 다산도 겸양만이 가장 큰 인간의 미덕임을 강조했다.

스스로 높다고 여기는 사람은 남들이 끌어 내리고, 스스로 낮다고 여기는 사람은 남들이 들어 올려준다. 自上者人下之 自下者人上之 _『주역사전』겸(謙)의 해석

천고의 명언이 아닐 수 없다.

우리 지도자들은 대부분 다산의 말씀에 따르지 않았지만, 오직 교황만은 다산의 뜻을 따르는 분 같아서 더 돋보였다. 실천이 없는 논리나 주장은 무용한 일이니 오직 실천에 옮겨야만 의미가 살아난다던 다산을 교황은 따르고 있는 것 같아 더 존경스러웠다. 태풍처럼 몰고 온 교황의 화두, 다산과 교황을 본받아 행동으로 옮겨 정의에 바탕을 둔 화해와 평화의 세상이 오게 하자.

천재지만 우직했던 스티브 잡스

다산의 개혁과 잡스의 혁신

세계적인 IT 천재 잡스가 세상을 떠났다. 애도의 물결이 전 세계로 번지면서 인간의 천재성이 발휘하는 창조행위가 인류사회에 미치는 영향이 어느 정도인가를 똑똑히 보여 주었다. 에디슨이나 포드의 전기와 자동차 혁명에 견주면서 인간의 능력이 극대화될 때 미치는 영향력도 여실히 보여 주었다. 그가 우리 인류에게 던진 짤막한 경구(驚句)들이 그의 죽음을 애도하는 과정에서 더욱 큰 의미로 부각되어 많은 울림을 선사해 주기도 했다.

"Stay hungry, Stay foolish"라고 그가 외쳤던 어떤 대학에서의 연설 내용이 두고두고 세상 사람들의 심금을 울리고 있다. "끊임없이 갈망하고 끊임없이 우직스러움을 유지해야"만 어떤 목적을 달성할 수 있다는 그의 인생관이 많은 사람들의 마음에 와닿는 이야기로 회자되고 있다.

잡스는 양부모 밑에서 자라야 했고, 정규교육을 받지 못하고 학교를 자퇴한 뒤 온갖 고초를 겪으며 젊은 시절을 보내야 했다. 사업에 대성하여 큰 기업의 CEO가 되었으나 자신이 만든 회사에서 밀려나는 뼈저린 아픔을 겪어야 했다. 그럼에도 그가 결코 좌절하지 않고 끝까지 버티며 끝내는 세계적인 창조자의 한 사람으로 우뚝 설 수 있었던 힘은 바로 'stay'라는 지속성과 항구성, 끊임없는 투혼에 있었다는 것을 그의 삶이 온전히 보여주었다.

잡스보다 200년 전에 태어난 다산 정약용의 인생관이나 철학에도 그에 못지않은 지속성과 항구성, 끊임없는 투혼을 발견할 수 있다. 천재성을 타고난 점에서도 그렇거니와 18년의 유배생활, 18년의 미복권 상태로 생을 마칠 수밖에 없었던 불우한 삶에서 그는 단 하루도 절망이나 좌절감을 느낀 적 없이 밤낮을 쉬지 않고 학문연구와 세상을 구하는 저술에 몰두했던 실학자였다. 역적죄로 처벌받아 세상의 버림을 받았고, 집안은 폐족이 되어 희망을 지닐 수 없는 불행한 처지에서도 그는 줄곧 새로운 세상을 만들 대안 마련에 일생을 바쳤다.

다산은 동양 유학의 핵심과제의 하나인 『중용(中庸)』에 나오는 '중용' 해석에 독창적이고 창의적인 해석을 내렸다. 주자학에서는 '용(庸)'을 '평상(平常)'으로 여겨 치우치거나 기울지 않은 보편성으로 해석했는데, 다산은 평상일 수 없음을 밝혀 "오래 버틸 수 있어야 귀하게 여긴다.(能久爲貴)"라고 설명했다. 『주역』의 '항구불이(恒久不已)'와 '자강불식(自强不息)'을 인용하여 '유상(有常)'의 개념으로 해석했다. 항구토록 그만두지 않고 쉼 없이 계속 노력하는 일로 해석하여 의욕을 끝까지 밀고감을 뜻한다고 설명하였다.

잡스는 '혁신'을 외쳤고, 다산은 '신아구방(新我舊邦)'이라 외치며 국가를 통째로 개혁하자고 주장했다. 개혁하지 않으면 나라가 망한다고 경고했다. 잡스의 위대함도 찬양해야지만 다산의 탁월한 선견지명에도 존경심을 표해야 하지 않을까. 우리 것, 내 것의 훌륭함도 찬탄하는 자존심을 키워야 한다.

우주인 닐 암스트롱

.... 정신의 승리자

1969년 인류 최초로 달에 착륙한 미국의 비행사 닐 암스트롱이
세상을 떠났다는 보도를 보았다. 향년 82세이니 아직 여생이 남
아 있을 법한데 별세했다니 삼가 고인의 명복을 빌어마지 않는
다. 그의 죽음에 애도사를 바친 오바마 대통령은 "닐 암스트롱
은 미국 영웅 가운데 가장 위대한 인물이다. 닐이 처음으로 달
표면에 발을 내디뎠을 때 결코 잊을 수 없는 인류 성취의 순간
을 만들었다."고 고인을 기렸다. 그러면서 1969년 7월 20일 '고
요의 바다'에 착륙하는 데 성공한 당시 38세의 닐이 "인간에겐
작은 발걸음이지만, 인류에겐 위대한 도약"이라는 명언을 남겼
다는 기사도 있었다.

그러나 그는 갔다. 살아생전에도 과묵하고 차분한 성격의 닐

은 만인의 존경을 받은 전문 우주항공사였으며, 생애의 대부분을 우주항공사라는 전문직 업무에만 몰두하면서 외도를 모르고 살았다는 칭찬을 받기도 했다. '가장 위대한 미국의 영웅'이라는 명성 때문에 정치계에 끌어들이려는 큰 유혹이 있었지만, 일체를 거부하고 전공분야의 일에만 정력을 기울였다는 점이 사후에 더욱 전 세계인의 흠앙을 받는 이유의 하나라고 생각한다. 조금만 유명세를 타도 금방 정계에 뛰어들어 권력과 명예를 누리려는 세속적인 인간들과 다른 그의 정신이 정말로 아름답고 멋지다.

다산 정약용을 닐 암스트롱과 비교해 본다. 다산은 애초 과거공부에 열중하여 문과에 합격하면 관계로 뛰어들어 권력과 힘을 얻어 세상을 한번 개혁해 보려는 욕망을 지녔다. 그래서 28세에 문과에 급제하자 바로 벼슬길에 올라 학자이자 개혁군주인 정조를 보필하여 나라를 통째로 뜯어고치려고 노력했다. 그러나 세상은 다산의 뜻을 용납하지 않아 고관대작에 오르지도 못하고 모함하고 질투하는 반대파의 참소에 걸려 감옥에 들어가 국문을 당하고, 끝내는 변방으로 유배되어 18년의 긴긴 세월을 모진 고난 속에서 보내야 했다.

세상은 돌고 돌아 57세의 다산은 귀양살이에서 풀려나 500여 권에 이르는 저술을 안고 고향으로 돌아왔다. 그해가 1818년인데 1819년 겨울, 나라에서 다산의 전문지식을 활용하려고 벼슬에 오르는 길을 열려고 했으나 반대파의 저지로 무산되었고, 1823년 9월 28일 62세의 다산이 다시 승지 벼슬의 후보로 낙점되었으나 또 그 반대파의 저지로 수포로 돌아가고 말았다. 자신의 의지와 아무런 관계없이 그의 재등용이 논의되었으나, 그는 끝내 벼슬에 오를 길이 막히고 말았다. 타의에 의한 벼슬길의 막힘, 그래서 다산은 더 유명한 인물이 되었다. 벼슬할 마음을 단절하고 학문에 생애를 걸었기 때문이다.

다산은 학자와 사상가로서의 독실한 정신으로 75세의 생애를 마쳤다. 고관대작을 지내지 못했지만 오히려 다산은 그의 학문적 수준과 사상의 위대함 때문에 훨씬 더 세상에서 추앙받는 현자(賢者)의 위상을 확보하였다.

미국의 국회의원이나 주지사를 지내지 않은 닐, 그런 고관대작보다는 전문 우주항공사의 이름이 더 빛나는 점을 생각하면 외도에 맛을 들인 오늘의 지식인들이 한번쯤 생각할 일이라 여긴다.

8부

학문에 바친
열정

독서 한 가지 일만은, 위로는 성현을 따라가 짝할
수 있고 아래로는 수많은 백성을 길이 깨우칠 수
있으며 어두운 면에서는 귀신의 정상(情狀)을 통
달하고 밝은 면에서는 왕도(王道)나 패도(覇道)의
정책을 도울 수 있어 짐승과 벌레의 부류에서 초
월하여 큰 우주도 지탱할 수 있으니, 이것이야말
로 우리 인간이 해야 할 본분인 것이다.

1표2서

.... **경세유표, 병든 나라를 개혁하는 법을 담다**

정치적 반대파의 음모와 참소로 인하여 억울하게 귀양 살던 정약용, 행여나 풀려날 날이 오겠지라는 기약 없는 세월을 보낸지 어언 17년, 생각하면 참으로 힘들고 고통스러운 긴 시간이었다. 여느 사람이라면 진즉 쓰러졌거나 시들어 버릴 세월이었지만 다산은 끝내 좌절하거나 굽히지 않고 힘든 유배생활을 오히려 학문을 연구하고 나라를 개혁할 정책을 입안할 기회로 삼아 밤을 낮으로 여기면서 긴긴 시간을 육경사서(六經四書)를 연구하느라 편히 쉴 시간을 내지 못했다.

17년에서 18년에 이르러 무려 230여 권에 달하는 대업을 마치자 자신의 의도대로 수기(修己)를 위한 경학 연구는 대체로 끝났다고 여기며, 새로운 분야인 경세학(經世學)에 관심을 기울여 새로운 연구와 집필을 시작했다.

바로 일표이서(一表二書)라 불리는『경세유표(經世遺表)』와
『목민심서』·『흠흠신서』를 저작하기 시작한 것이다.

그 첫 번째의 연구 결과가 바로『경세유표』라는 대작으로, 저
작의 기본 목표부터 세웠다. "신아지구방(新我之舊邦)"이라는
다섯 글자로 압축되는 내용이다. 오래된 우리나라를 새롭게 개
혁한다는 뜻이다. 그러면서 왜 나라를 새롭게 개혁하지 않으면
안 되는가의 이유도 참으로 자세하게 설명하였다.

지금 세상은 탐욕스러운 풍조가 극성하여 백성들이 초췌해졌다.
그윽이 생각해 보니 나라를 인간의 신체에 비유하면 털끝 하나인
들 병들지 않은 곳이 없다. 지금 당장 개혁하지 않는다면 나라는
반드시 망하고 말 것이다. 이런 상황에 어떻게 충신이나 지사로서
수수방관할 수 있겠는가. 貪風大作 生民憔悴 竊嘗思之 蓋一毛
一髮 無非病耳 及今不改 其必亡國而後已 斯豈忠臣志士 所能
袖手而傍觀者哉

지식인의 책무를 상기하면서 나라를 개혁하여 생민을 구제할
길을 연구하지 않을 수 없다는 입장을 말하고 있다.『경세유표』
의 서문에서 했던 말이다.

『경세유표』는 다산의 나이 56세인 1817년에 저술되었다. 당
시 조선은 당쟁과 세도정치로 국론이 분열할 대로 분열되었고,
하급 관리에서 고관대작에 이르기까지 착취와 탐학이 판을 치

면서 부정부패가 창궐해 있던 때였다. 권력에 짓눌려 인류의 대열에도 끼지 못하던 유배인, 다산은 그런 불우한 처지에서도 생민들의 처참한 모습을 차마 바라볼 수 없어, 뜻있는 선비로서 과거에 벼슬했던 충신으로서 바라보고만 있을 수 없어, 각고의 노력을 기울여 방대한 국가 개혁의 탁월한 안(案)으로『경세유표』를 저작한 것이다.

근세에 다산 연구의 최고 권위자로 꼽히는 위당 정인보는 "선생의 평생 대저(大著)는『경세유표』라는 하나의 책, 곧 대표이다."라고 말한 바 있다.

이 책에서 다산은 법제 개혁의 과제를 낱낱이 나열하였다. 맨 먼저 관제(官制)를 개혁하는 것으로부터 마지막 이용감(利用監)이라는 새로운 정부조직을 신설하여 기술 도입과 기술 개발을 통해 부국강병의 기틀을 마련하자는 열다섯 가지 과제를 제시하였다. 입시제도나 고시제도의 개혁, 공무원 고과평가 제도의 개혁, 토지제도의 개혁, 세금제도의 개혁 등 지금의 논리에 완전히 부합하는 내용도 있으나 시대의 차이로 현재에는 그대로 적용하지 못할 분야도 있다. 수정하고 보완하여 실행할 과제도 많기 때문에 그 책의 의미는 오늘이라고 해서 절대로 소홀하게 여길 수 없다.

『경세유표』의 절대적인 가치에 대한 위당 정인보의 탁월한 평가가 있다. 위당의 평가에는 오늘 우리가 참고해야 할 날카롭고 막중한 대목이 있다.

이 책은 바로 법도(法度)에 대한 초본인데 방법(邦法)이라 하지 않고 방례(邦禮)라 함에 벌써 깊은 뜻이 있다. 학문과 정치가 분립한 지 오래라 학문이 정치를 버려서 그 학문이 실(實)을 얻지 못하고 정치가 학문에 의거하지 아니하여 그 정치는 언제나 치도(治道)의 본(本)을 얻지 못하였으므로 이에 도(道)와 정(政)의 일치(一致)임을 밖으로 거론하였으니 이것만으로도 세상에 없는 고독한 학문적 결단임을 짐작할 수 있다.

그렇다. 실용(實用)을 떠난 학문 풍토로 학문 따로 정치 따로 놀아나 치도의 본(本)을 잃었던 그때, 다산은 실학으로 정치의 근본을 제시하고, 정치는 실학에 의거하여 본(本)을 찾아 나라다운 나라를 만드는 정치를 해야 한다고 주장했다는 것이다. 200년이 지난 오늘, 『경세유표』의 유훈을 이어받아 실익이 있는 학문, 실익이 있는 정치를 펼쳐야 한다.

.... **목민심서, 백성을 보살피는 방법을 담다**

『경세유표』에 이은 책이 바로 위대한 저작, 『목민심서(牧民心書)』이다.

성인의 시대가 멀어져 말씀까지 사라지자 성인의 도가 잠기고 어두워졌다. 오늘날의 정치 지도자들은 오직 자신의 이익을 취하기에만 급급하고 어떻게 백성들을 보살펴야 할 것인가를 알지 못한다. 이러하니 힘없는 백성들만 고달프고 곤궁하며, 멍울이 들고 피부까지 옴이 올라 연이어 도랑이나 골짜기에 버려지는데도 고위 공직자들은 때를 만났다 여기고 좋은 의복과 맛있는 음식으로 자기들만 살찌우고 있으니 어찌 비통하지 않겠는가.

이렇게 절규에 가까운 다산의 비통함이 바로 애국심으로 변하여, 어떻게 해야 제대로 백성들을 보살필 수 있는가를 정밀하고 꼼꼼하게 가르쳐 주는 『목민심서』를 저작하게 된 동기라고 책의 서문에서 밝혔다.

백성들을 보살피고 싶은 마음이야 간절하지만 유배 사는 죄인으로 몸소 실천할 길이 막혔기에 '마음의 책(心書)'이라고 이름을 지었다. 有牧民之心 而不可以行於躬也 是以名之

성노예로 전락하여 일본군의 위안부로 인생이 파탄난 할머니들의 원한이 하늘을 찌르고, 그 수많은 비정규직 노동자들이 무더기로 해직되어 일자리를 달라고 아우성치고 있으며, N포시대의 청년들이 직장을 얻지 못해 극단적인 선택에 마음을 기울이고 있으며, 정부의 경제정책 실패로 3대 조선사가 위기를 맞아 수많은 해고자가 배출되는 순간이 다가오고, 대기업들의 횡포에 골목상인들까지 문 닫기 직전에서 허덕이는 오늘. 다산의 마음을 읽어서 그런 문제 하나라도 해결해 주는 선량들이 된다면 어떨까. 비기(肥己)를 버리고 위민(爲民)으로 가야 하지 않을까?

############# 흠흠신서, 억울한 사람이 없기를 바라는 뜻을 담다

요즘 들어 20년 전에 번역했던『흠흠신서(欽欽新書)』를 개역하
는 작업을 하고 있다. 새로운 마음가짐으로 꼼꼼하게 읽어 가다
보니,『흠흠신서』또한 보통 책이 아님을 새삼스럽게 느끼게 된
다. 요즘처럼 인명이 천시당하고, 사람이 사람으로 취급받지 못
하는 세상에서 다산의 인명존중에 대한 생각을 접하며 감격스
러울 때가 한두 번이 아니다.

더구나 근일에 '재판거래다, 사법농단이다'라는 말들이 언론
에 자주 등장하는 때를 맞아 사람을 살리기도 하고 죽이기도 하
는 재판을 신중하고 정밀하게 해야 한다는 내용을 접하면서, 정
조대왕의 위대함과 다산의 뛰어난 법률지식에 감탄의 마음을
지니게 되었다.

『흠흠신서』제4편 '상형추의(祥刑追議)'라는 항목은 바로 정
조대왕이 최종 판결을 내린 판결문을 그대로 적은 글이어서, 그
때 정조라는 현명한 군주가 얼마나 신중하고 자상하게 재판에
임했는가를 정확하게 알아볼 수 있다.

그윽이 생각하건대 우리 정조대왕이 왕위에 있은 지 25년, 형사
사건을 신중하게 처리하고 죄수들을 불쌍하게 여긴 어진 정치는

역대 모든 임금들보다 월등하게 잘 하셔서 정밀하고 깊게 마음을 기울였으니 살리고 죽임에 억울함이 없었다. …欽恤之仁 度越百王 服念精深 生死無冤

억울함 없는 재판을 했던 정조의 어진 정치를 칭찬하는 대목이다. 다산은 『흠흠신서』 서문에서 이렇게 강조했다.

오직 하늘만이 사람을 살리기도 하고 죽이기도 하니 사람의 생명은 하늘에 매여 있다. 그런데 재판관이 또 그 중간에서 선량한 사람은 편안하게 살게 해 주고, 죄지은 사람은 잡아다 죽이게 하는 것이니, 이는 하늘의 권한을 현실에서 보여 주는 것이다.

재판관은 하늘의 뜻을 대행하는 사람이기 때문에 천심(天心)과 공심(公心)으로 재판을 해야지, 행여라도 하늘의 뜻이 아닌 사심(私心)이나 이권(利權)을 위한 재판을 한다면 천벌(天罰)을 면할 수 없다는 것이 다산의 뜻이었다. 다산은 또 말한다.

사람이 하늘의 권한을 대신 쥐고서 삼가고 두려워할 줄 몰라 털끝만 한 일도 세밀하게 분별해서 처리하지 않고서, 소홀하고 흐릿하게 하여 살려야 할 사람을 죽이기도 하고, 또 죽여야 할 사람을 살리기도 한다. 그러면서도 오히려 태연히 편안하게 지낸다.

재판을 거래하고 사법을 농단하고도 내가 무슨 죄가 있느냐고 태연하게 거짓말하는 재판관들을 떠올리게 하는 대목이다. 정치적 목적으로 자신들의 권한 강화를 위해 재판을 거래하고 사법을 농단한 사람들은 다산의 뜻에 따라 엄정한 처벌을 받아야만 한다. 다산은 『흠흠신서』의 저작 목적을 이렇게 말했다.

억울한 사람이 없도록 한다. 冀其無冤枉

억울한 사람이 없기를 바라서 지은 책이라고 했다. 재판거래와 사법농단에 관여한 법관들에게 묻는다.
"도대체 당신들은 어떤 목표로 재판을 했는가?"
백성들이 비참하게 울부짖는 소리를 듣고도 그들을 구휼할 줄 모르면 이거야말로 매우 큰 죄악이다. 다산의 말, 귀를 세우고 깊게 새겨들어야 한다.

학문하는 즐거움

◇ ◇

.... **진리의 실마리를 찾다**

유학사상에서 '정성'이라는 '성(誠)'의 글자가 지닌 의미의 넓고
큼은 어떤 글자와도 비교할 수 없을 만큼 무한하다. 그래서 『중
용』에서는 '불성무물(不誠無物)'이라 단언하여 정성이 없고서
는 사물(事物)이라는 것이 없어, 세상 자체가 존재할 수 없다고
까지 말했다. 또 '지성무식(至誠無息)'이라고 말하여 지극한 정
성을 바쳐야만 쉼, 즉 끊어짐이 없어 천도(天道)나 인도(人道)가
제대로 운행할 수 있다는 무서운 결론을 내렸다. 『중용』이라는
동양 지혜의 본산에 그런 내용이 담겼음을 생각하면 '성'이라는
글자가 유학에서 점하는 위치가 어느 정도인가를 바로 이해할
수 있다.

이러한 정신에 절대로 찬성하면서 자신의 학문적 업적을 이

룩한 다산 또한 큰 차이 없이 '정성스러움'이라는 글자에 큰 의미를 부여하고, 지극한 정성에 이르러야만 그래도 보람 있는 결과를 얻을 수 있다고 여겼다.

다산이 문과에 급제한 날 집에 돌아와 공무에 임해야 할 자신의 각오를 읊은 시에서 이미 '정성'의 본뜻을 넉넉하게 이해하고 있음을 보여 주었다. '공렴(公廉)'이라는 두 글자를 공직생활의 목표로 내걸고, 그것도 대충대충 처리하는 것이 아니라 온갖 '정성'을 다 바쳐서 공렴하겠다는 뜻의 "공렴원효성(公廉願效誠)"이라는 시 구절에서 바로 정성을 다 바치겠다는 각오를 표명한 것으로 보아도 그의 뜻을 읽을 만하다.

주자(朱子)는 『예기(禮記)』에서 『중용』과 『대학』 편을 분리하여 『논어』·『맹자』와 함께 '사서(四書)'라는 이름의 집주(集註)와 장구(章句)로 저술했다. 그 책이 우리나라에 전래되어 가장 중요한 교과서로 활용되었다. 『중용장구』라는 책의 서문은 주자의 글인데, 학자가 연구하고 공부하는 노력이 어느 정도에 이르러야 새롭고 의미 깊은 학설이 창조되는가를 명쾌하게 보여 주는 대목이 나온다.

나는 어린 시절 일찍이 『중용』을 읽었다. 그런데 의심스러운 곳이 있어서 반복하여 깊은 생각에 잠긴 지 여러 해가 되자 어느 날 아침 어느 순간 언뜻 해석의 요령을 얻어낸 것 같았다. 熹自蚤歲 卽嘗受讀 而竊疑之 沈潛反復 蓋亦有年 一旦 恍然似有得其要領者

의심을 품고 계속하여 사색에 잠기고 또 잠겨 진리를 찾아내고야 말겠다고 몇 년을 노력한 끝에, 어떤 진리의 실마리를 어느 순간에 찾아낸 것 같은 마음이 왔을 때에야 그런 내용을 종합해서 『중용』을 해석할 수 있었다는 이야기이다.

진리는 그렇게 해서 찾아내고 창조한다. 그렇게 하는 일이 학자의 길이고 창조의 길이다. 다산도 학문하고 연구하는 길을 여러 곳에서 설파했다.

수년 이래 아침부터 저녁까지 사색에 잠기고 산대를 붙잡고 댓가지를 줄지어 놓고 심혈을 거듭 기울였더니, 하루아침에 영대에 빛이 남을 문득 깨달았습니다. 數年以來 晝夜思索 握算列籌 積費心血 一朝忽覺 靈臺有光

형님인 정약전에게 보낸 편지의 한 대목이다. 몇 년 동안 아침에서 밤까지 사색에 잠기고 심혈을 거듭 바친 어느 날 아침 문득 영감이 떠오르며 알아내고 싶은 진리를 터득할 수 있었다는 내용이다.

.... **학문은 정성이다**

다산은 또 말한다.

수천 년 동안의 흐릿하고 깜깜하여 밝힐 수 없던 학문을 하루아침에 환하게 몽매함을 밝혀내면 어떤 유쾌함이 그와 같으며 어떤 즐거움이 그와 같겠는가? 數千年湮晦不明之學 一朝洞若發矇 何快如之 何樂如之 _『중용자잠』

알아내기 어렵고 해석하기 곤란한 부분을 사색에 침잠하여 끝내 그 부분의 의문점을 해결해 낸다면 세상에 어디 그런 유쾌함과 즐거움이 있겠느냐는 다산의 이야기에서 창의적인 학문연구의 즐거움을 우리는 느낄 수 있다.

다산이 강진의 유배지에서 사귄 이재의(李載毅)라는 학자가 있다. 경기도 죽산(竹山)에 살았던 이재의는 유배지에서 학문을 논하는 사이가 되어 생을 마칠 때까지 가장 가까이 지냈고, 가장 자주 만나 쉼 없이 학문을 토론하였다. 일치하지 않는 학문적 견해를 지녔으면서도 우정은 갈수록 돈독하여 참으로 모범적인 토론을 이어 가던 사이였다. 다산은 남인이고 이재의는 노론이었지만 당색에 구애받지 않고 참으로 깊고 넓은 학문적 토론에 열심이었다.

다산은 이재의에게 보낸 학술논쟁의 편지에서 자신이 지녔던 학문적 태도에 대하여 의미 깊은 내용을 토로한 적이 있다.

저는 학문사변(學問思辨, 博學·審問·愼思·明辨)의 공부는 성(誠)이 아니면 성립하지 않는다고 생각합니다. 조금이라도 거짓이 있다면 성이라 할 수 없다고 믿습니다. 그러므로 저는 경전을 연구하면서 오직 성만을 찾고 따르고 지키겠습니다. 그 옳은 것을 선택하여 지킬 때에 널리 고증하고 지혜를 다해 정밀하게 연구하여, 마음을 지니는 때에는 거울처럼 공허하게 하고 저울처럼 공평하게 하며, 뜻을 찾는 데에는 재판을 판결하고 수사를 진행하듯이 하지 않은 적이 없습니다. _「여홍 이재의에게 답함(答李汝弘載毅)」

이렇게 정성을 들이고, 이렇게 정성껏 연구하고 탐색하는 다산의 학문 자세에 거짓과 허위가 개재될 틈새는 없었다. 이름 높은 예술가들이 온갖 사위(詐僞)로 남을 속이는 일이 비일비재하고, 논문을 표절하여 거짓 박사가 판치는 요즘 세상에서 새삼스럽게 '정성'을 앞세운 다산의 학문 자세를 생각해 보게 된다.

학자는 학문연구에 몸과 마음을 바치는 사람이다. 풀리지 않는 의문점이 있다면 몇 년이고 사색에 침잠하여 반복해서 심혈을 기울이면 끝내는 어느 순간 영감이 떠올라 명쾌하게 해결의 실마리를 찾아낼 수 있다.

이렇게 학자들이 학문에 전심전력을 기울일 때에야 그 나라의 학술이 발전하고, 학술이 제대로 발전해야 노벨학술상의 수상자도 나오기 마련이다. 아직 노벨학술상을 받은 사람이 한 사람도 없는 우리나라, 진정한 연구와 사색이 너무 부족한 오늘, 언론 보도에는 논문표절이라는 단어가 수없이 회자되고 있으니, 이 나라의 학문은 언제쯤 제대로 갈 길을 찾을 수 있을까. 창의성 없는 학문, 남의 논문이나 표절하여 연구업적으로 제시하는 현실이 너무 안타깝다.

폐인이 되도록 연구했다

⋯⋯⋯ 붓과 벼루를 벗 삼아

다산 학문의 두 축은 경학(經學)과 경세학(經世學)이다. 경학 관계 저술이 무려 230여 권이 넘고, 경세학인 일표이서(一表二書, 경세유표·목민심서·흠흠심서) 또한 100권이 넘는 방대한 분량이다. 경학 연구를 통해 자신의 인격을 수양하고, 경세학 연구를 통해 국가와 민족에게 봉사할 능력과 자질을 기르겠노라는 목적의식에서 이룩된 학문연구였다.

다산은 특히 온갖 노력을 기울여 연구한 『주역사전(周易四箋)』과 『상례사전(喪禮四箋)』이야말로 자신의 가장 득의의 책이라고 설명하면서, 아들에게 보낸 편지에서 이 두 책만이라도 세상에 전해 줄 것을 간곡하게 당부했다. 그 두 책의 귀중함을 거듭 강조하고 그런 책을 저술하면서 자신이 겪었던 고통과 고난의 역경까지 눈물겹게 아들에게 토로하기도 했다.

　나는 임술년(1802, 유배 온 다음해) 봄부터 책을 저술하는 일에 마음을 기울여 붓과 벼루를 옆에 두고 밤낮으로 쉬지 않았다. 그 결과 왼쪽 팔이 마비되어 폐인이 다 되어 가고, 시력은 아주 형편없이 나빠져 오직 안경에 의존하고 있는데, 이것이 다 무엇 때문이겠느냐? 너희들이 내 저서를 전술(傳述)하여 명성을 떨어뜨리지 않을 것으로 여겼기 때문이다. _「두 아들에게 보여 주는 가계(示二子家誡)」

　천신만고의 고생 속에서 이룩된 저서이니 자식들이 그런 수준의 학문에 이르러 후세에 전할 수 있기를 바란다고 말했다.
　얼마나 정력을 기울여 저술한 책이기에 저술 과정에 팔이 마비되어 폐인의 지경에 이르고 시력이 나빠져 안경에 의지하지 않으면 글자를 볼 수 없는 지경에 이르렀다니 학문연구에 몰두하던 모습을 그냥 상상할 수 있을 것 같다. 그렇게 애쓰고 노력해서 저작한 저서가 제대로 세상에 전하지 않는다면 삶 자체가 너무나 허무하지 않겠느냐면서 더욱 간절하게 자식들에게 학문을 독려하고, 더 애절하게 자신의 책이 전하기를 기원했다.

　나 죽은 뒤 아무리 청결한 희생과 풍성한 음식으로 제사를 지내 준다 하여도 내가 흠향하고 기뻐하기는 내 책 한 편 읽어 주고 내 책 한 구절이라도 베껴 두는 일보다 못하게 여길 것이니, 너희들이 꼭이 점을 새겨 두기 바란다.

혹자는 자신의 저서가 후세에 전하기를 바라는 것만으로 이해할 수 있겠지만, 이런 글에는 다산의 다른 뜻도 들어 있다는 것을 알아야 한다. 『주역』이나 『상례』는 참으로 난해한 책이기 때문에 두 아들이 아버지 수준의 학문에 이르지 않고는 자신의 책을 진정으로 전술해 준다고 믿을 수 없기 때문에, 자신의 책을 전하라는 내용에는 두 아들의 학문연구를 독촉하는 간절한 뜻도 담겨 있다.

500여 권이 넘는 방대한 다산의 저술, 전하지도 못하고 읽어줄 사람도 없을 것을 그렇게도 염려했던 다산, 세월이 많이 흐른 오늘에도 진주나 보석 같은 다산의 저술은 민족의 지혜로 점점 더 알려져 가고 있으니, 이제 그런 지혜를 실천으로 옮기는 일만 남아 있다.

.... 아방강역고, 조선의 국토지리를 담다

신미년(1811) 겨울이라는 연대가 기록된 다산의 편지 한 통은 다산의 유배생활이 얼마나 힘들고 괴로웠으며 마음의 방황이 얼마나 컸던가를 말해 주는 좋은 자료의 하나이다. 흑산도에 귀양 사는 정약전 형님에게 다산초당에서 보낸 편지이다. 신유년(1801)에 시작된 귀양살이이니 만 10년이 되는 해이다. 이 무렵

『아방강역고(我邦疆域考)』10권의 저술을 마치고 형에게 자신의 심경을 아뢴 내용이다.

이 10권의 책만은 우리나라에서 결코 업신여길 수 없는 것인데, 그 시비를 분별할 수 있는 사람조차 찾을 길이 없으니 끝내는 이대로 티끌로 돌아가고 말 것만 같습니다. 분명히 이럴 줄 알면서도 오히려 다시 고달프게 애를 쓰며 그만두지 못하고 있으니 또한 미혹된 것이 아니겠습니까. _「형님께 올림(上仲氏)」

좋은 책인가 나쁜 책인가를 구별해 줄 사람도 없고, 유용하게 활용할 아무런 방책이 없는데, 부질없이 저술에 몰두하는 자신의 애달픈 심정을 토로하는 내용이다.

점차로 하던 일을 거둬들여 정리하고 이제는 마음공부(治心)에 힘쓰고 싶습니다. 더구나 풍병(風病)은 이제 뿌리가 깊어졌고 입가에는 항상 침이 흐르고 왼쪽 다리는 늘 마비 증세가 옵니다. 근래에는 또 혀가 굳어 말이 어긋나 스스로 살날이 길지 않은 것을 알면서도 한결같이 바깥일에만 마음이 시달리니 어찌 두려운 일이 아니겠습니까. 다만 고요히 앉아 마음을 맑게 하다 보면 세간의 잡념이 천 갈래 만 갈래로 어지럽게 일어나 무엇 하나 제대로 파악할 수가 없으니 마음공부로는 저술보다 나은 게 없다는 것을 다시 느낍니다. _위의 글 알아주는 사람도 써먹을 곳도 없는 저술, 더구나 온갖 질병에 시달리면서 멈추고 싶은 저술, 이러지도 저러지도 못하는 마음의 방황, 그래도 저술을 멈추고 생각에 잠기다 보면 오히려 온갖 잡된 생각에 마음의 갈피를 잡지 못하는 불안, 그래서 결국 책 쓰는 일에 매달릴 수밖에 딴 도리가 없던 다산, 그런 불행 속에서 500여 권의 저서가 탄생하고 말았다.

천재학자였지만 일반 속인들과 별 차이 없이 질병의 고통에 시달리고, 마음의 흔들림 속에서도 끝내 붓을 놓을 수 없던 불굴의 의지 때문에 다산은 끝내 대학자의 수준에 이르고 말았다. 이런 편지를 받은 형은 어떤 답서를 보냈을까. 전하지는 않지만 분명 격려를 아끼지 않으며 저술을 계속하라는 주문을 했으리라. 형제지기이던 두 학자는 서로 의지하며 고달픈 귀양살이의 고통을 극복할 수 있었을 것이다.

그렇게 만나고 싶고 보고 싶어 하던 두 형제, 한번 헤어진 뒤 끝내 얼굴을 맞댈 수 없었지만 주고받은 편지로 서로를 위로받으며 불후의 명저들을 남길 수 있었다. 그들은 아픔과 고통을 극복하며 조선 후기 실학의 꽃을 피웠는데 결실을 이루지 못했다. 통째로 개혁하자던 국가 개혁, 철저한 부패 방지, 만민평등, 지역차별 철폐, 기술 개혁 등 이제 후생들이 열매를 맺어야 할 일로 남아 있다.

조선전도를 제작하려 했으나

다산의 글을 읽다 보면 그의 폭넓은 학문에 놀라지 않을 때가 없다. 일반 유학자들이 크게 관심을 기울이지 않던 국토지리에 까지 참으로 해박한 지식을 지녔음을 알게 되면 감탄을 금할 수가 없다. 교통이나 통신이 지극히 불편하던 시절이어서 생활하는 곳에서 멀리 떨어진 지역이야 제대로 파악하기가 쉽지 않은 일인데 다산은 조선 전국의 국토와 지리에 밝았다. 더구나 서울에서 멀리 떨어진 함경도 끝의 지역까지 소상하게 파악하고 있던 점은 놀랍기 그지없는 일이다.

> 부령(富寧)은 본디 북옥저(北沃沮)의 땅으로 한 무제 때에는 현도군(玄菟郡)에 속하였고, 고구려 대무신왕이 이를 취하여 자기 땅으로 삼았으며, 발해(渤海) 때에는 동경(東京) 용원부(龍原府)에 속하였다. 금(金)나라 때에는 문수(門水) 이남을 옮겨 모두 내지(內地)로 삼았는데, 부령은 야라로(耶懶路)에 속하게 되었다. 고려 강종 때 석적환(石適歡)이 갈라전(曷懶甸, 지금의 함흥)과 알새(斡塞)를 순행(巡行)하고, 삼잔수(三潺水, 지금의 三水)에 부(府)를 설립하였으니, 이 일을 증험할 수 있다. _「부령 도호부사로 부임하는 이종영을 전송하는 서」

끝없이 이어지는 부령의 역사와 지리에 관한 지식을 누가 제대로 이해라도 하겠는가. 원(元)나라, 고려, 조선 초기까지의 모든 내용을 제대로 열거하여 부령의 역사·지리를 제대로 밝혀 준 다산은 목민관으로 가는 이종영(李鍾英)에게 당부한다. "도호부사는 부령부에 도착하면 지도(地圖)와 지지(地志)를 고증하고 열람해야 한다." 자기가 담당하는 고을의 역사와 지역 및 지도를 정확히 알고 있어야 한다는 충고를 겸하였다.

다산은 벼슬하던 시절 저술한 「지리책(地理策)」이라는 정책 건의서에서 국토지리를 제대로 아는 것이 통치에 절대 불가결하다고 강조하였다.

천하에 다 궁구할 수 없는 것은 지리이고, 천하에 구명하지 않을 수 없는 것도 지리보다 더한 것은 없습니다. 天下之 不可窮者地理 而天下之所不可明者 又莫如地理也

다산은 기회가 되면 조선의 전도(全圖)를 국가의 힘으로 제작해야 한다고 생각하고 준비를 하고 있었지만, 정조의 서거와 신유옥사의 발발로 모든 것이 수포로 돌아가고 말았던 아픔이 있다. 정조가 더 오래 살고 다산의 지혜가 합해져 조선전도가 제대로 제작되어 똑바로 독도 같은 지역이 밝혀졌다면 얼마나 좋았을까. 일본이 입도 벌리지 못하게 했을 거라고 생각하면 안타까운 일이다.

세종 때에는 김종서(金宗瑞)가 알목하 연변을 개척하여 비로소 석막의 옛 땅에 영북진(寧北鎭)을 두었다가, 말년에 이르러 도호부(都護府)로 승격하여 '부령'이라 부르고 육진(六鎭)의 하나로 삼았다. _「부령 도호부사로 부임하는 이종영을 전송하는 서」

역시 훌륭한 목민관이 되려면 관할지역에 대한 넉넉한 지식이 있어야 한다는 것을 다산에게서 배울 수 있다.

.... **문자학과 의학에도 밝았다**

「자설」이라는 글은 겨우 145자로 이뤄진 논문이며, 「의설」이라는 글은 겨우 132자로 구성된 참으로 짤막한 논문이다. 이 두 논문은 다산의 산문 중 가장 짧은 글임이 분명한데, 이 두 편의 글에는 다산의 학문에 대한 태도나 연구 방법이 어떤 것인가를 설명하는 내용이 충실하게 담겨 있다.

「자설」에는 글을 짓고 문장의 뜻을 이해하고 해독하려면 글자의 구성 원리를 알고 글자의 정확한 의미를 이해하는 일부터 시작해야 하기 때문에, 초급의 공부인 소학(小學)은 전적으로 글자 공부에서 완벽성을 얻어야만 글 짓고 문장을 이해하는 밑바탕이 된다는 내용이 담겨 있다. 그런데 당시의 학문 풍토가 그러하지 못하고, 고문(古文) 문장을 외우는 일부터 시작하는 이유로 온전한 글짓기와 문장 이해가 되지 못한다는 주장을 폈다.

「의설」은 약을 지어 환자를 치료하는 의원들이 약제의 본질을 파악하지 않고, 어떤 병에는 어떤 약제, 어떤 약제는 어떤 병에 좋다는 것만 알고 관례대로 약을 제조하기 때문에 각각의 질병에 해당되는 약재는 알지 못하여 제대로 치료할 수 없다며 당시의 의원들에게 일침을 가하는 내용이 담겨 있다. 동양의 의술인 한약 처방은 본디 그 기본이 『본초(本草)』에 있기 때문에 의학은 『본초』를 전문으로 습득하여 모든 초목의 성(性)·기(氣)·독(毒)·변(變)의 원리를 강구하여 명확하게 이해하고 있어야 환자들의 각각의 질병에 해당되는 약재를 사용할 수 있게 된다고 하였다.

문장 공부에는 자학이라는 기초학문이 튼튼해야 하고, 의학 공부에는 풀과 나무인 약제의 속성을 명확히 파악하는 본초 공부에 치중해야만 온갖 질병의 다양한 증세에 정확하게 사용할 수 있다는 주장은 참으로 옳은 내용이다. 기초과학 공부에는 등한하고, 응용과학에만 몰두하여 기본이 닦이지 않으면 자연과학이 부실할 수밖에 없다. 기초의학에 소홀하여 본질적인 의술이 발전하지 못하고 응용의술에만 의존하는 요즘 세상의 세태에서 다산의 두 논문은 시사해 주는 의미가 참으로 크다.

자학에 밝았기 때문에 뿌리가 튼튼하여 학자와 문장가로서 명성을 날릴 수 있었던 사람이 다산이었고, 본초학이라는 튼튼한 기초공부가 되었기 때문에 다산은 당대 최고의 명의로서 임금의 환후에 처방을 내리는 의원의 수준에 이를 수 있었다. 다산은 재야 의원으로서 익종의 환후와 순조의 환후에 궁중으로 초청받아 치료에 임한 사실이 있으니, 그가 당대 최고 의술에 이른 의학자였음은 너무나 명백한 사실이다.

대학가에서는 기초과학인 수학·물리·화학·생물 분야가 시들어 가고 응용과학만이 선망의 대상이 되고 있으며, 약리학이나 생리학의 학문보다는 성형의학이나 응용의술만 잘 나가는 오늘의 현실에서, 다산의 「자설」이나 「의설」은 모두에게 큰 자극을 주는 주장이 아닐 수 없다. 기초가 튼실하지 않고 어떻게 외형이 발전하는 세상이 될 수 있겠는가.

호고 호학 호아

공자의 호고와 다산의 호고

다산의 저서를 읽다 보면 다산이 가장 좋아했던 것이 무엇인가를 알아보려는 생각이 들 때가 많다. 정말로 다산은 무엇을 가장 좋아했을까를 생각하면서 얻어낸 결론은 대충 세 가지, 즉 호고(好古), 호독(好讀), 호아(好我)이다. 이제 그 세 가지를 하나씩 풀어서 이야기해 보자. 다산은 스스로 묘지명을 지으며 자신이 어떤 사람인가를 설명했다.

착한 일을 즐거워하고 옛것을 좋아했다. 樂善好古
_「자찬묘지명」

자신은 옛것을 좋아하는 사람이라고 명확히 밝혔다. 그런데 옛것을 좋아하는 '호고'는 아무나 하는 것이 절대로 아니다.『논어』에서 공자가 말한다.

옛것을 따라 하여 전하기만 하고 새로 지어 내지는 않으며, 옛날의 도를 믿고 옛것을 좋아하기를 아마도 옛날 어진 이에게 비길 만하다. 述而不作 信而好古 竊比於我老彭:述而

이 말에서 공자야말로 옛것을 좋아해서 성인이 된 사람임을 알 수 있다. 공자야 당연하지만 다산 정도는 되어야 옛것을 좋아하노라고 말이라도 할 수 있겠다는 생각이다.
공자는 또 '호고'에 대한 결정적인 이야기를 다시 한다.

나는 태어나면서부터 알았던 사람이 아니다. 옛것을 좋아하여 민첩하고 재빠른 마음을 써서 앎을 추구하는 사람이다. 我非生而知之者 好古 敏以求之者也

누군가가 공자에게 "선생님은 태어날 때부터 모든 것을 다 알고 태어난 사람이 아닌가요?"라고 묻자, 와락 화를 내면서 한 말이다. '호고'하여 재빠르게 학문을 구해서 알아낸 사람이지, 내가 무슨 천재라고 태어나면서부터 알았겠느냐면서 겸양의 뜻으로 답한 대목이다.
문제는 호고에서의 옛것이 무엇을 의미하는가이다. 요순이나 주공(周公) 같은 옛 성인들이 열어 놓은 도(道), 고도(古道)일 수도 있고, 사서육경(四書六經) 등 고전(古典)일 수도 있다. 골동품도 오래된 것일수록 값이 높고 귀한 물건이듯 옛것은 참으로 올바른 길을 제시해 줄 수가 있다. 그래서 다산은 법고창신(法古創新)의 올바른 길을 찾아가기 위해서 고도나 고전을 좋아하고 고대의 성인들을 사모하여 자신이 이루고자 하는 학문을 성취했다고 보인다.

조선 후기에 다산 정약용에 버금가는 학자로 추사 김정희를 거론한다. 글씨만 잘 썼던 서예가가 아니라 고경(古經)에도 밝은 경학자의 한 분이었다. 그가 전하는 친필 글씨에 "옛것을 좋아해서 때로는 끊어진 빗돌 하나라도 면밀히 살폈네.(好古有時搜斷碣)"라고 말하여 자신도 호고했음을 밝히고 있다. 새것, 새로 나온 것만 찾지 말고 우리도 이제는 옛것을 좋아하는 마음을 가져 보면 어떨까.

호학하여 글과 붓에 마음을 맡겼다

호고에 대하여 공자도 옛것을 좋아해서 성인의 지위에 오른 위대한 인물이 되었지만 다산 또한 옛것을 좋아해서 그만한 큰 학자가 되었다는 이야기를 했다. 이제 두 번째 다산이 좋아했던 호독(好讀), 즉 호학에 대한 이야기를 해보자. 다산의 '호학' 또한 공자의 '호학'과 무관하지 않다. 공자야말로 자신이 가장 좋아하는 것이 학문이었음을 여러 곳에서 명확히 밝히고 있다. 공자는 말한다.

조그마한 읍에도 반드시 나처럼 충신한 사람은 있겠지만, 나처럼 호학하는 사람은 없을 것이다. 必有忠信如丘者焉 不如丘之好學 也

그러면서 '호학'을 어떻게 해야 하는가도 자세히 설명했다.

음식을 배부르게 먹기만을 구하지 않고, 거처함에 편안함만을 구하지 않으며, 일은 민첩하고 말은 신중하게 하며, 도(道)가 있는 분에게 찾아가 올바름이 무엇인가를 질문하는 사람을 호학하는 사람이라고 한다.

다른 어떤 일이야 남들도 자신과 같은 일을 할 수 있겠지만 '호학'은 누구에게도 양보할 수 없이 자신이 가장 좋아하는 일이라고 밝힌 것이다.

공자의 '호학'은 다산에게는 '호독'인데, 다산은 모든 곳에서 너무나 독서를 권장하고 있기 때문에 '학' 대신 '독'이라고 말을 했을 뿐, 실제는 호학과 아무런 차이가 없다. 다산은 자신의 일대기 격인 「자찬묘지명」이라는 글에서 학문, 즉 책 읽기를 무척 좋아했노라고 했다. 그래서 다산은 유배지에서 보낸 편지에서도 아들들이 독서만 열심히 한다면 아무런 걱정이 없겠다며 아들들이 학문하기를 간절히 바랐다.

나는 천지간에 의지할 곳 없이 외롭게 서 있는지라 마음에 붙여
살아갈 것이라고는 글과 붓이 있을 뿐이다.

학문하는 일 아니고는 다른 할 일이 없다니, 글을 쓰고 책을
읽는 다산의 모습이 그려지기도 한다. 18년의 긴긴 귀양살이 세
월 동안 500여 권이 넘는 저술을 남겼으니, 다산이 얼마나 독서
를 좋아했고 학문에 빠져서 살았던가를 금방 짐작할 수 있다.

호아, 우리가 세계의 중심이다

문제는 '호아(好我)'이다. 내 것, 우리 것, 우리 학문, 우리 역사
를 좋아하지 않고서 저작한 책을 책으로 인정하지 않은 사람이
다산이다. 시를 지어도 우리나라 고사(故事)를 인용해야지 중국
것만 인용해서는 좋은 시가 아니라 했고, 『삼국사기』·『고려사』
등 우리의 역사자료, 우리의 민속과 풍속을 주제로 하지 않은
시는 시가 아니라고까지 극단적인 표현을 했던 점으로 보면, 다
산은 분명히 내 것, 우리 것, 우리 역사, 우리 땅을 그렇게 좋아
하고 사랑했다는 것을 알게 된다.

'나'나 '우리'라는 한자는 단수와 복수를 혼용해서 사용하는
'아(我)'와 '오(吾)'이다. 조선 후기 실학사상의 발전으로 자기 나
라의 문화와 역사를 되돌아보고 그런 것에 대한 새로운 인식이
확대되면서 '민족 자아(自我)'의 발견이라는 새로운 개념이 등

장하게 되었다.

자기 것에 대한 새로운 인식이 구체화되기 이전에야 '존주대
의(尊周大義)'·'존화양이(尊華攘夷)'라는 고정관념으로 중국은
높고 내 것은 낮다는 자기 비하에서 벗어나지 못하였고, 특히
병자호란 이후 '숭명배청(崇明排淸)'의 생각이 강화되고 '모화
사상(慕華思想)'이 사회의식의 주조를 이루면서 나에 대한 인식
은 매우 희박한 상태였다.

이러던 시기에 실학자들의 등장으로 자아발견의 인식이 강조
되고, 내 것에 대한 새로운 인식이 대두되었다. 실학사상을 집대
성한 다산에 이르면 모든 면에서 중국은 높고 우리나라는 낮다
는 생각을 분명하게 타파하는 수준에 이르게 된다.

우선 다산의 논리부터 살펴보자. 다산은 중국이라는 나라가
세계의 중앙에 자리 잡아 중앙에 있는 나라, 즉 중국(中國)이라
고 부르는 이름 자체에 문제가 있다고 지적한다. 그의 글 「연
경에 사신 가는 교리 한치응을 전송하는 서(送韓校理致應使燕
序)」를 보자.

동서남북의 중앙에 처음부터 차지하고 있는 지역이라면 가는 곳
마다 중국이 아닌 곳이 없다.

지구는 둥그니까 한 곳에 자리 잡은 나라는 그 나라가 있는
곳이 세계의 중앙이 된다고 하여, 중국만이 중앙에 있는 높고
훌륭한 나라가 아니라는 것부터 강조했다. 그래서 지역은 문제

될 것이 없고, 요·순·우·탕의 다스림과 공자·안자·자사·맹자의 학문이 있었기에 딴은 중국이라고 높일 수 있었지만, 지금이야 성인(聖人)들의 다스림이나 성인들의 학문을 우리나라에서 이미 다 얻어내 옮겨놓아 버렸는데, 중국이라고 치켜세울 이유가 없다고 주장했다.

다만 당시의 청나라는 서양과의 교류로 이용후생에 이로운 기술과 과학이 발달했으니 그것을 배우는 것은 의미가 있다고 했다. 그래서 시를 짓는 경우에도 중국의 고사(故事)만 인용하는 일은 절대로 안 되고 우리 시, 우리 문학을 창작하라는 뜻을 명확히 밝혔다.

남의 것, 남의 나라, 외국의 학문은 좋아하면서, 내 것, 우리 것을 한없이 천대하고 비하하는 요즘의 세태를 다산은 참으로 오래전에 꾸짖었다. 우리 정부가 행하는 외교는 무조건 싫고, 그렇게 잘못된 주장만 하는 일본과 미국은 좋다고 여기는 요즘 사람들, 그런 생각과 그런 행위로 어떻게 우리의 정체성을 확보해 갈 수가 있겠는가. 일본을 조금만 비판해도 한일관계를 망치는 외교라 비난하고, 미국의 어떤 잘못을 조금만 비판하면 한미동맹이 무너진다고 온갖 비난을 서슴지 않는 세상 사람들, 그렇다면 다산의 옛날 '호아'가 잘못된 것이었을까.

3호(호고·호독·호아)를 다 못하더라도 최소한 내 것, 우리 것을 좋아해야 한다. 그렇게도 우리를 무시하고 혐오하면서 나라 취급도 하지 않는 일본, 무엇이 그렇게 좋다고 그들의 편만 드는가. 미국의 좋은 점이야 함께해야지만, 모든 면에서 자기 나라

국익만 위하는데 조금 비판하면 뭐가 그리 큰일이 되는가. 내 것 우리 것을 좋아하고 사랑하여 우리 정부의 외교정책도 옳은 것은 지지해야지 잘못이라고만 비난하는 외국 선호의 정신에서 벗어나면 어떨까.

자기 얼굴을 정면으로 쳐다보고, 내 나라 우리 정부도 똑바로 지켜보면서 비판할 것을 비판하고 칭찬할 일은 칭찬하는 '호아'의 정신으로 돌아가 보자.

어떻게 읽을 것인가

.... 책에 담긴 의미를 잘 파악해야

중추가절(仲秋佳節), 참으로 좋은 계절이다. 들판에는 황금빛 벼이삭이 넘실대고, 온갖 과일이 빨갛고 노랗게 익었다. 보름달 이 밝고 둥그렇게 떠오르는 음력 8월 보름날, 그날이 진짜 가을 다운 저녁이기에, 세상에서는 그 저녁을 추석(秋夕)이라고 일컫는다. 덥지도 춥지도 않은 쾌청한 날씨에, 오곡이 풍성하게 무르익어 먹어도 먹어도 부족함이 없으니 얼마나 살기에 편하고 넉넉한 시절인가. 그래서 어떤 학자는 세속에서 전하는 "더도 말고 덜도 말고 추석날만 같기를 원하노라."라는 우리말을 한자로 "加也勿 減也勿 但願長似嘉俳日"(김매순, 『열양세시기(洌陽歲時記)』)이라고 표현하기도 했다.

마음대로 먹고 멋대로 편하게 살아가는 계절이지만, 이런 때에는 책을 읽고 연구에 전념하기도 해야 한다. 책을 어떻게 읽어야 할 것인가에 대해서 다산은 기회가 있을 때마다 표현을 달리하여 강조하고 또 강조했다.

책을 읽는다는 것은 그 책에 담긴 뜻과 의미를 찾아내는 일이다. 만약 의미를 찾아내는 것이 없다면 비록 하루에 천 권의 책을 읽는다 해도 담에다 얼굴을 맞댄 것처럼 아는 것이 없게 된다. 讀書者 唯義理是求 若義理無所得 雖日破千卷 猶之爲面墻也 _「시경강의 서(詩經講義序)」

의미를 알아내려면 어떻게 해야 하는가도 설명했다.

그렇지만 글자마다의 의미인 훈고(訓詁)에 밝지 못하면 따라서 뜻이 어두워진다. 혹 동(東)을 서(西)라 해석하면 뜻이 어긋나게 되니, 이런 이유로 옛날의 선비들이 경(經)을 해석할 때에 대부분 훈고를 급선무로 여겼다. 雖然 其字義之詁訓有不明 則義理因而晦 或訓東而爲西 則義理爲之乖反 玆所以古儒釋經 多以詁訓 爲急者也 _위의 글

글자의 명확한 의미를 파악한 뒤라야 문장의 의미를 파악하게 되고, 그래야 글 전체의 의미를 명석하게 이해하게 된다고 설명했다.

「시경강의 서」라는 글은 정조대왕이 『시경』에 관한 800여 조

목을 다산에게 묻고 다산이 답한 내용을 책으로 만들어 서문으로 쓴 글이다. 다른 경전도 그렇지만 유독『시경』에는 참으로 난해한 글자가 너무 많아 글자에 대한 명확한 의미를 파악하지 않고는 도저히 이해하기 어려운 책이다. 그런데 다산이 너무나 정확하고 올바르게 풀이하여 정조가 "백가(百家)의 말을 두루 인증하여 그 출처가 무궁하니 평소에 쌓은 실력이 참으로 넓고 깊지 않았다면 어떻게 이렇게 할 수 있겠는가?"라고 칭찬을 아끼지 않았다. 역시 책을 읽으려면 다산처럼 읽어야 하는 것이 아닐까.

.... 우국지사의 책을 읽어야 한다

다산의 저서를 읽다 보면, 문득 이런 멋진 대목이 있구나라는 감탄을 할 때가 많다.

모든 책에는 읽는 법이 따로 있다. 무릇 세상에 무익한 책이야 구름 지나고 물 흐르듯 읽어도 되지만 백성과 국가에 보탬이 되는 책이라면 반드시 문단마다 이해하고 구절마다 탐구하며 읽어야 한다. 讀書總皆有法 凡無益於世之書 讀之可如行雲流水 若其書有裨於民國者 讀之須段段理會 節節尋究 _「반곡 정공의 난중일기에 제하다(題盤谷丁公亂中日記)」

예사롭게 읽을 책도 없지 않으나 백성과 나라에 도움이 될 책이라면 글자마다 구절마다 따지고 밝혀서 정밀하고 세밀하게 읽어야 한다고 했다. 꼼꼼하게 정독(精讀)하여 저자의 깊은 뜻을 파악해야 한다는 주장이다.

고관대작의 저서야 나랏님 곁에 있어 언제나 소통이 가능한 상태에서 저술이 나오기 때문에 내용을 파악하기 어렵지 않지만, 초야의 선비나 신분이 낮은 벼슬아치의 삶은 위에서 명령하는 대로 따를 수밖에 없는 처지이기에 하늘과 땅을 요리하고 해와 달을 돌게 할 능력이 있다 해도 세상에서 활용할 방법이 없다. 그러니 입을 다물고 묵묵히 가슴 속에 담아만 두다 보면 울분이 쌓이는데, 마음에 숨겨둔 울분을 유분(幽憤)이라 하고, 유분을 풀어 글로 써서 후세에 전할 수밖에 없으니, 그것을 고심(苦心)이라 한다는 것이다.

여기에서 다산의 결론이 나온다.

소인배가 어떤 세력에 의탁하고 있는가를 알지 못하면 나라를 통치할 수 없고, 지사의 유분과 고심을 알지 못하고서는 나라를 통치할 수 없다. 不知小人之依 則不可以爲國 不知志士之幽憤苦心 則不可以爲國 _위의 글

바로 나라와 백성을 위해 보탬이 되는 책은 꼼꼼히 탐색하며 읽어서, 세력에 의탁하여 나라를 망치는 소인배의 동태를 알아내야 하고, 뜻있는 선비의 저서 속에 어떤 유분과 고심이 담겨

있는가를 제대로 파악해야만 나라를 제대로 다스릴 수 있다는 뜻이니, 독서의 중요함도 강조했지만 어떻게 책을 읽어야 하는가는 더욱 큰 일임을 깨달아야 한다고 주장한 것이다.

임진왜란 당시에 경상도 선산 부사(善山府使)로서 왜적과 싸운 일을 기록한 『반곡난중일기』 해제 글에 나오는 이야기이다. 반곡 정경달(丁景達)은 전라도 장흥 출신인데, 선산고을의 원님으로 전쟁을 수행하면서 느끼고 경험했던 것을 일기로 남겼다.

정경달의 후손이자 장흥 출신인 정수칠(丁修七)이라는 분이 이웃 고을 강진에 귀양 살던 다산의 제자였는데, 정수칠을 통해 『반곡난중일기』를 얻어 읽은 다산은 그 책의 해제를 통해 독서론을 펼쳤다. 나라의 올바른 통치를 위해서는 소인배가 어떤 세력에 빌붙고 있는가와 선비가 나라와 국민을 위해 어떤 유분과 고심을 지녔나를 파악해야 한다는 대목은 다산의 탁견임에 분명하다.

다산은 실학자였다. 국가나 사회, 인민이나 정치에 관한 책은 말할 것 없도 없고, 경제나 국방에 도움이 되는 책이라면 밑줄을 그어가며 읽어야 하고, 사전이나 옥편을 찾아가면서 정확하고 분명하게 읽어서 백성과 나라를 건질 방도를 강구해야 한다는 것이 다산의 뜻이었다.

권력에 짓밟히고 정권에 탄압받아 18년의 긴긴 유배살이 생활에서도 일각인들 하루인들 나라와 백성을 잊지 않으면서 그들을 도탄에서 건져내고 더 좋은 세상을 만들겠다는 의지로 그 많은 저서를 저작한 그의 본뜻을 그런 데서도 알게 해 준다. 역시 다산은 애국자였다.

독서를 한 뒤 반드시 기록을 남겨야

다산은 독서야말로 '기가(起家)', 즉 집안을 일으키는 근본이라고 했다. 불행을 만난 집안, 즉 "폐족으로서 잘 처신하는 방법은 오직 독서하는 일 한 가지밖에 없다."라고 하면서 "독서야말로 사람에게 있어서 가장 중요한 일이자 깨끗한 일이다."라고 했다. 다산이 아들이나 제자에게 보낸 유배지의 편지에는 곳곳에서 독서를 강조하고, 어떻게 책을 읽고 어떤 책을 읽어야 하는 것까지를 참으로 자상하고 정성스럽게 가르쳐 주고 있다.

우선 참다운 독서를 위해서 다산은 몇 가지 전제조건을 제시한다. 책을 읽고 공부를 많이 해서 똑똑한 사람이나 높은 지위에 오르겠다는 목표보다는 인간다운 인간이 되겠다는 생각부터 지녀야 한다는 것이다. 그래서 독서는 먼저 근본을 확립해야 하는데, 근본이란 바로 어버이에게 효도하고 형제 사이에 우애롭게 지내야 한다는 효제(孝弟)에 있다고 했다. 효제를 힘써 실천함으로써 근본을 확립하면 저절로 학문이 몸에 배어들어 독서는 어려움 없이 순조롭게 진행된다고 했다.

책을 읽는 방법에 대해서도 온갖 지혜를 동원해 제대로 설명해 준다. 책이 많지 않던 옛날에야 무조건 책을 암송하는 데 힘썼지만, 경사자집(經史子集), 참으로 책이 많아진 때에야 책을 어떻게 다 암송할 수 있겠느냐고 말하면서, 사서삼경 정도야 반드시 익숙하게 읽어야 하지만, 기록의 소중함을 더욱 강조했다.

그러나 모름지기 뜻을 강구하고 고찰하여 그 정밀한 뜻을 깨달을 때마다 곧바로 기록하는 일을 실천해야만 실제의 소득을 얻게 된다. 진실로 외곬으로 낭독하기만 한다면, 실제 소득은 없을 것이다. 然須講究考索 得其精義 隨所思 卽行箚錄 方有實得 苟一向 朗讀 亦無實得也 _「반산 정수칠에게 주는 말(爲盤山丁修七贈言)」

세상에 다산만큼 기록을 좋아한 사람은 없었다. 평생 동안 찾았거나 방문했던 곳에 시나 글을 남기지 않은 적이 없고, 읽은 책에 대해서도 느낀 바는 물론 책의 내용을 요약하여 반드시 기록으로 남겼다.

다산의 저서 500권은 대체로 그렇게 해서 저술된다. 사서육경을 면밀히 읽고 검토하다가 정밀한 뜻을 새로 발견하면 바로 기록하여 모은 경서연구 232권이 그렇게 해서 이룩된다. 2,500수가 넘는 시도 가는 곳마다 보고 느낀 것을 읊은 것이다. 제(題)·발(跋)·서(序)·기(記) 등 뛰어난 문(文)도 대체로 읽었던 책에 대한 기록이다. 그냥 읽기만 하고, 암송만 해서 무슨 소득이 있겠느냐는 말은 그렇게 해서 나온 말이다. 다산의 뜻이 참으로 깊다.

오직 독서만이 살길이다

················ 맑고 아름다운 책 읽는 소리

세상이 갈수록 변해 가고 있다. 책을 읽는 '독서'라는 단어가 아주 생소한 단어가 되어 가는 느낌을 버릴 수가 없다. 인터넷 세상이 되면서 책이나 신문이 사람들의 손에서 멀어지고 모든 것을 핸드폰 하나로 해결한다. 출판계도 고민에 빠지고 글을 써서 생활하는 서생들도 고달픔에서 벗어날 수 없는 세상이 되어 간다.

그런데 옛날이라고 해서 모두가 독서에 몰두하며 살아가지는 않았나 보다. 200년 전의 다산도 아들들에게 보낸 유배지의 편지에서 아들들이 책을 읽지 않음을 꾸짖고 책 읽기를 거듭거듭 당부하고 강권했다. 책을 읽어도 맛을 알고 의미와 뜻을 제대로 알게 읽어야 한다고 가르쳐 주었다.

독서라는 것은 사람에게 가장 중요하고 깨끗한 일일 뿐만 아니라 호사스러운 집안 자제들에게만 그 맛을 알도록 하는 것도 아니고 또 촌구석 수재들이 그 심오함을 넘겨다 볼 수 있는 것도 아니다. 그들이 책을 읽을 수 없다는 것이 아니라 뜻도 의미도 모르면서 그냥 책을 읽는다고 해서 독서를 한다고 할 수 없기 때문이다.

_「두 아들에게 보냄(寄二兒)」

이어 아들들에게 책을 읽지 않으면 글을 모르고, 글을 모르면 폐족에서 영원히 벗어나지 못한다고 무서운 경고를 내렸다. 독서하지 않으면 새나 짐승과 구별되지 않는다고 강조하며 책 읽기를 권장한 아버지 다산이다.

다산의 시 한 편은 책 읽는 소리가 얼마나 아름답고 맑은 소리인가를 읊어서 책 읽기의 중요함을 강조한다.

온 세상에 어떤 소리가 제일 맑을꼬	天地何聲第一淸
눈 덮인 깊은 산속의 글 읽는 소리일세	雪山深處讀書聲
신선이 옥을 차고 구름 끝 거니는 듯	仙官玉佩雲端步
천녀가 달빛 아래 거문고 퉁기는 듯	帝女瑤絃月下鳴
사람 집에서 잠시도 끊기면 안 되는 일	不可人家容暫絶
응당 세상일과 어울려서 이룩되는 일	故應世道與相成
북쪽 산기슭 오막살이 그 누구 집인고	北崦甕牖云誰屋
나무꾼조차 돌아감 잊고 정을 보내네	樵客忘歸解送情

_「산 북쪽의 글 읽는 소리를 듣고 짓다(賦得山北讀書聲)」

사람이 사는 집이라면 책 읽는 소리가 끊겨서는 절대로 안 되지만 세상살이 즉 세도(世道)와 함께 독서하는 일이 맞물려 가기 때문에 잘못된 세상에는 책 읽는 사람조차 없어져 간다는 내용이다. 세상에서 맑고 아름다운 책 읽는 소리, 세상이 잘못되어 가다 보니 그런 소리가 그칠까 걱정하는 다산의 뜻이 너무 깊다.

독서를 통해 사람이 짐승과 구별된다

다산은 귀양살이 18년 동안 수많은 가서(家書, 집으로 보낸 편지)와 가계(家誡, 집으로 보낸 교훈적인 글)를 남겼으며, 제자들에게도 편지 형식을 통해 교훈이 되는 이야기를 많이 해주었다. 그 대부분의 글은 『유배지에서 보낸 편지』라는 책에 실려 있다. 아들이나 제자에게 주는 글이기 때문에 권면(勸勉)의 내용이 주를 이루지만, 아버지와 스승의 입장이기 때문에 인간이 행해야 할 가장 큰 도리를 이야기하였고, 어떻게 살아야만 참다운 인간의 삶을 살아갈 수 있을 것인가에 대한 진지하고 진정 어린 내용이 담겨 있어 독자들로 하여금 큰 감동을 받게 하는 내용임에 분명하다.

편지 내용을 검토해 보면 참으로 많은 주문 사항이 있지만, 가장 많이 언급하면서 가장 강력히 강조했던 내용은 바로 '효제(孝弟)'와 '독서'에 대한 이야기였다. 새삼스럽게 논할 필요도 없이 "공자의 도는 효제일 뿐이다.(孔子之道 孝弟而已)"라고 단적으로 표현하여 유교의 목표는 효제를 실현하는 데 있다고 했으니, 효제의 중요성이 어느 정도인가를 금방 알게 해 준다. 효제 다음으로 언급하며 강조했던 내용은 바로 '독서'였다. 그렇다면 왜 독서를 해야 한다고 했을까.

만약 따뜻이 입고 배불리 먹는 데에만 뜻을 두고서 편안히 즐기다가 세상을 마치려 한다면 죽어서 시체가 식기도 전에 벌써 이름이 없어질 것이니, 이는 금수일 뿐이다. 그런데도 이같이 살기를 원할 텐가. 독서 한 가지 일만은, 위로는 성현을 따라가 짝할 수 있고 아래로는 수많은 백성을 길이 깨우칠 수 있으며 어두운 면에서는 귀신의 정상(情狀)을 통달하고 밝은 면에서는 왕도(王道)나 패도(霸道)의 정책을 도울 수 있어 짐승과 벌레의 부류에서 초월하여 큰 우주도 지탱할 수 있으니, 이것이야말로 우리 인간이 해야 할 본분인 것이다.

독서를 통해서만 사람이 짐승이나 벌레와 구별되고 인간이 우주를 지탱할 능력을 지닐 수 있으므로, 독서는 바로 인간의 본분이라는 결론에 이르고 있다.

############### 대학가에서도 서점이 사라지고 있다니

관청의 집무실에서 글 읽는 소리가 나면 이거야말로 맑은 선비라

할 수 있다. 政堂有讀書聲 斯可謂之淸士也

『목민심서』「율기」편에 나오는 말이다. 위정자가 바쁜 틈에
도 짬을 내서 성현들의 수준 높은 격언(格言)을 한두 마디씩 읽
고 외워서 가슴속에 깊이 젖어들게 하라는 의미라고 설명까지
곁들였다. 그렇다고 격무에 시달리는 위정자가 정무(政務)와 공
무(公務)는 팽개치고 아침부터 저녁까지 책만 낭랑하게 읊조리
라는 뜻은 아니라고 부언했다.
　이 이야기를 하면서 조선 중기의 유명한 대신으로 나라에 큰
공을 세운 완평부원군 이원익(李元翼)이 한 이야기를 예로 들었
다.

　나는 평상시에야 역시 책 읽기를 좋아하지만, 벼슬 살며 공무를
　집행하는 경우에는 책을 묶어서 책장에 넣어 버리고 마음을 공무
　에만 전념한다. 요즘 사람 중에는 고을을 맡아 다스리면서도 글을
　읽는다는데 나 같은 사람의 재주로는 감당 못하는 일이다.

　이런 원칙이 조선 후기에도 적용되었던 사례를 다산은 또 언
급하고 있다. 정조 때 무인(武人) 출신인 원영주(元永胄, 뒤에 함
경도 병사를 지냄)라는 사람이 장흥 부사(長興府使)로 있었는데,
당시 전라 감사였던 권엄(權儼, 뒷날 병조 판서)이 수령들의 평
가를 매길 때 원영주에게 상등(上等)의 평가를 하면서 '집무실
에서 책을 읽는다.'라는 이유를 들었다. 그런데 그런 보고를 받

은 정조대왕은 상등에서 하등(下等)으로 내리도록 명령을 내렸다는 것이다. 책을 읽는 일이 왜 좋지 않겠냐마는, 공무에 철저하지 않고서 책만 읽으면 선정을 베푸는 일이 아니라는 것이다. 그래서 다산은 더 명확한 해석을 보탰다.

글만 읽고 일을 보살피지 않는 사람이야 진실로 폄하되어야 마땅하다. 내가 말하는 독서란 때때로 성현의 경전에서 한두 구절씩을 읽어서 가슴 깊이 젖어들게 함으로써, 착한 마음이 감발(感發)하게 하도록 하려는 뜻이다.

맑은 선비(淸士)가 되는 일은 쉽지 않다. 공무에 매몰되어 전혀 책을 읽지 않는 것도 문제지만, 공무는 제쳐두고 책만 읽는 것도 문제이다. 요즘처럼 사람들이 책을 읽지 않는 세상에서는 그래도 책 읽기를 권장하는 일을 탓할 수 없다. 바쁜 가운데에도 틈틈이 성경현전(聖經賢傳)을 읽어서 마음을 맑게 하고 정신을 가다듬는 일이 왜 중요하지 않을까. 비록 공무에 약간 소홀함이 있더라도 집무실에서 책 읽는 소리가 우렁차게 울려 퍼진다면 그래도 봐 줄 만한 일이 아닐까.

지금 우리나라는 큰일이다. 이른바 세계에서 잘나가는 국가들이라고 하는 OECD 가입 국가 중에서 한국인의 독서율이 최하위라고 알려진 지 오래이다. 대학가에서 서점이 사라진 지 오래이고, 출판계 또한 책이 팔리지 않아 더할 수 없는 불황에 허덕이고 있음은 세상이 다 알고 있다. 책 만드는 사업은 사양길에 빠지고 말았다. 반인륜적인 범죄가 갈수록 증가하고 책 읽는 사람의 수효가 줄어들수록 다산의 효제와 독서 권장은 더욱 빛을 발할 수밖에 없다. 효제는 천륜(天倫)에 관계되어 인격의 수양으로 가능한 경우도 있지만, 독서야말로 안일의 욕심을 억누르고 골똘하게 노력하지 않으면 불가능한 일이다.

어찌하여 이렇게도 독서 인구가 줄어들고 있으며, 막말과 막된 일이 온 세상에 가득한 나라가 되었을까. 요즘처럼 독서 인구가 줄어들어 가는 나라에 장래의 희망이 있을까. 이웃 일본만 해도 노벨학술상 수상자가 20명이 훨씬 넘는데, 우리나라에 아직 한 사람의 수상자도 없는 것은 독서하는 사람이 줄어드는 이유 때문 아닐까. '사람의 본분'이라는 독서, 한 번쯤 생각해 보는 시간을 가져 보자.

이제 동지(冬至)가 가까워 온다. 긴긴 겨울밤이 우리를 기다리고 있다. 그런 긴 밤에 독서삼매경에 빠져 보면 어떨까. 성경이나 논어도 다시 읽고, 퇴계나 율곡의 책도 읽지만 연암이나 다산의 책은 어떨까.

9부

다산의 마음

점차로 하던 일을 거두고 이제는 마음공부에 힘
쓰고 싶습니다. 스스로 살날이 길지 않은 것을 알
면서도 바깥일에만 마음이 치달리니, 이는 주자께
서도 만년에 뉘우쳤던 바입니다. 어찌 두려운 일
이 아니겠습니까. 다만 고요히 앉아 마음을 맑게
하고자 하다 보면 세간의 잡념이 천 갈래 만 갈래
로 어지럽게 일어나 무엇 하나 제대로 파악할 수
가 없으니, 마음공부로는 저술보다 나은 게 없다
는 것을 다시 깨닫습니다. 이 때문에 문득 그만두
지 못합니다.

다산은 누구인가

.... **영특했고 학문을 좋아했다**

조선 시대, 흔히 있던 일은 아니지만, 자신이 자신의 생애를 기록하는 글을 죽기 전에 남기는 경우가 있으니, 요즘의 표현으로 하면 생전에 자서전을 짓는 격이다. 그런 경우 '자서(自序)'니, '자전(自傳)'이니, '자지(自誌)'니, '자명(自銘)'이라고 부르는데, 다산의 자찬묘지명은 바로 '자지'에 해당하는 글이다. 일반적인 경우는 사후에 후손이나 제자, 아니면 생전에 알고 지내던 문인이나 학자에게 청탁하여 생애를 기록하는 글을 짓는 것이지만, 어떤 경우 살아 있는 동안에 자신이 자신의 생애를 기록하기도 했다.

다산은 하도 험악한 세상을 살았고, 늘 죽음의 위협을 벗어나지 못하고 살았던 분이어서 사후의 일도 안심하기가 어려워 아예 생전에 자신의 일생을 자신이 기록해 두어야겠다고 여겨서 그런 글을 지었던 것으로 보인다. '묘지명'이란 지석(誌石)에 새기거나 구워서 묘 안에 넣어 오래 전하게 하려던 글인데, 형편에 따라 글만 지어 놓고 묘 안에 넣지 못하는 경우도 많았다. 그래서 다산은 광중본(壙中本)과 집중본(集中本) 두 편의 묘지명을 지었다. 광중본은 묘 안에 넣는 글로 간략하게 일생을 서술하였고, 집중본은 문집에 실어 전하도록 자신의 삶과 이력, 학문과 사상까지 상세하게 기록한 그야말로 자서전이었다.

다산은 자신의 사람됨이 어떠했나를 광중본에 참으로 간략하게 썼다.

어려서는 영특했고 커서는 학문을 좋아했다.
그 사람됨은 착함을 즐겨하고 옛것을 좋아했는데 행동에는 과단성이 있었다. 幼而穎悟 長而好學 其爲人也 樂善好古而果於行爲

길고 긴 글의 집중본에는 "어려서는 영특하여 글을 제법 잘 지었다.(幼而穎悟 頗知文字)"라고 표현했다.

그렇다면 다산은 자신의 성품으로 세 가지를 열거한 셈이다. 첫째 어려서는 영특했다는 것, 둘째 커서는 학문을 좋아했다는 것, 셋째 착함을 즐기고 옛것을 좋아했다는 사실이다. 타고난 천품으로 영리했다는 것 말고는, 호학·호고·낙선이라는 세 가지가 있었던 셈이다. 다산이라는 위인이 되는 데는 그런 조건이 작동되었다고 볼 수 있는데, 아무리 영특한 재주를 타고나더라도 학문을 좋아하지 않고, 옛것을 좋아하지 않으며, 착함을 즐겨하지 않으면 학자나 위인이 될 수 없다는 뜻으로도 볼 수 있다.

자신의 학문과 사상을 서술하였으며, 벼슬하고 연구하던 시절과 유배의 고통 속에서 저술에 매진하던 그 부지런함과 성실함을 숨김없이 기록했지만, 역시 인간이 인간으로서의 역할을 제대로 해내려면 다산처럼 호학·호고·낙선의 세 조건을 멀리해서는 안 된다는 생각이 든다. 다산의 집중본 묘지명을 읽어가노라면 어떻게 그렇게 지난 일을 빠짐없이 기록해서 자신의 삶을 명확하게 밝힐 수 있었을까 놀랍기만 하다. 호학·호고·낙선이라는 성품에 근면과 열성까지 합하고, 좌절을 모르던 용기까지 보태져서 그런 위인이 되었으리라.

.... 요순정치의 복원을 꿈꾼 17세 소년

다산은 어린 시절부터 큰 꿈을 지니고 살았다.

나의 큰 꿈은 대부분 성호 선생을 사숙하는 가운데 깨달아졌다.
余之大夢 多從星湖私淑中 覺來 _『사암연보』

요순시대의 복원을 위해 일생 동안 학문을 연구했던 성호의 유저를 읽으면서 자신의 큰 꿈이 세워졌노라고 말했다. 다산은

16세에 성호의 유저를 읽었노라고 말한 바 있다.

내 나이 스무 살 때에는 우주간의 모든 일을 다 깨닫고 그 이치를
완전히 정리해 내려 했다. 서른, 마흔 살이 되어서도 그런 의지가
쇠약해지지 않았다. 신유옥사(1801)를 당한 뒤에는 백성과 나라
에 관계되는 모든 일, 즉 전제(田制)·관제(官制)·군제(軍制)·세제
(稅制) 등으로만 생각을 좁히고, 경전 연구에 있어서는 혼잡스러
운 것들을 모두 파헤쳐 바로잡아 가장 정통의 옛 유교 원리로 돌
이키려는 생각이 있었다. _「학유에게 주는 가계」

귀양살이를 마치고 돌아온 4년째인 1822년 다산은 오래전에
세상을 떠난 중형(仲兄) 정약전의 일대기를 묘지명이라는 문체
를 빌려 기술한다.

옛날 무술년(1778년) 겨울 아버지께서 화순 현감으로 계실 때 나
와 중형이 동림사(東林寺)에서 책을 읽는데 40일 만에 『맹자』 한
질을 모두 읽었다. 미묘한 말과 뜻에 인정해 주심이 많았다. 얼음
물로 세수하고 이를 닦으며 눈 내리는 밤 밤잠을 못 이루고 이야
기를 나누었으니 요순군민(堯舜君民)에 관한 내용이었다.

17세, 21세의 다산 형제가 온 세상을 개혁하여 요순시대를 만
들어 보자는 담대한 토론을 밤새우며 했다는 내용이다.
고려시대의 포은 정몽주, 조선을 건국한 태조대왕, 그 뒤의

조광조나 이이 같은 정치가들이나 유학자들, 그들의 최종 목표
는 요순시대를 복원하여 지상의 유토피아 국가를 이루는 데 있
었다. 『맹자』는 공자를 이어 유학을 발전시킨 맹자의 저술이다.
『맹자』의 근본 목표도 요순시대, 인의(仁義)의 세상을 구현하자
는 뜻으로 저술한 경전이다. 『서경』은 3황5제의 천하 국가를 통
치하는 대경대법(大經大法)이 담긴 책으로, 요순정치를 실현할
방법을 가르쳐 주는 내용이다.

1778년, 그때만 해도 천주교 문제는 거론도 되지 않았고, 아
버지가 고을의 원님이니 사또의 자제인 두 형제는 귀공자 대접
을 받으며 아름답고 고요한 절간에서 학문을 닦던 시절이다. 음
력으로 11월 무렵이니 한창 겨울, 밖에는 눈이 내리고 잠을 이
루지 못하던 형제는 『맹자』와 『서경』에 대한 경전을 토론했다.
썩고 병든 조선이라는 나라를 통째로 개혁해서 만인이 평등하
게 살아가는 나라, 모두가 배고픔 없이 마음 편하게 살아가는
세상, 사회적 약자일수록 국가의 배려로 불편 없이 살아가는 세
상, 붕당정치를 멈추고 정쟁을 뛰어넘어 오직 공론만 주장하고
편론(偏論)은 행세할 수 없는 세상을 만들자던 형제의 꿈이 얼
마나 아름답던 시절인가.

세상은 돌고 돌아 시파와 벽파의 당쟁이 격화되고, 공서파와
신서파의 당쟁이 살육전으로 치달으며, 끝내 두 형제는 역적죄
인으로 전락, 오랜 귀양살이로 전전하는 신세가 되었다. 그러나
다행히 두 형제의 저서는 남아 그 저서를 통한 요순시대 만들기
의 꿈은 살아 남았다. 그 두 사람의 아름다운 꿈을 살리는 의미

에서라도 이념 갈등, 지역 갈등, 분단의 갈등, 정쟁 등을 극복한다면 얼마나 좋을까. 아름다운 두 형제의 대담한 꿈이 그립기만 하다.

############### **다산의 얼굴**

일생 동안 다산의 저서를 읽으면서 살아가지만, 세상에 궁금한 것은 다산의 얼굴 모습이다. 그분의 시나 글을 읽으면서 마음속으로 상상하면서 얼굴 모습을 그려 보지만 생각으로만 뱅뱅 돌 뿐, 그의 참모습을 그려낼 수 없는 것이 참으로 아쉽다.

그만한 인물이고 큰 학자였으면서도 그분의 진짜 초상화가 전하지 않는 게 이해하기 어렵다. 신유옥사 이후 오랫동안 역적죄인의 신세였고, 집안조차 폐족이 된 상태라서 떳떳하고 당당하게 초상화 진본을 남길 수 없었다고 이해할 수도 있겠고, 1925년 을축년의 대홍수로 한강 상류가 범람하여 다산의 가옥은 물론 마을 전체가 황무지로 변해 버린 이유도 있겠고, 6·25 이후 전란을 겪느라 집안이 풍비박산된 탓도 있기 때문에 초상화가 전하지 못함을 짐작해 보기도 한다.

지금 몇 개의 다산 초상화가 전하는데, 먼 뒷날 상상해서 그린 그림일 뿐 참모습은 알아낼 방법이 없다. 다만 기록에 다산의 얼굴 모습에 대한 언급이 있으니 한 번 살펴보겠다. 다산 자신이 초고를 만들었고 뒷날 다산의 현손(玄孫, 고손자) 정규영

(丁奎英)이 편찬하여 정리한 『사암선생연보』에 의하면, 지금 국보로 지정된 공재의 자화상과 다산의 얼굴 모습이 많이 닮았다 하였으니, 참고할 만한 내용이다.

고산 윤선도의 증손 공재 윤두서는 다산에게 외가 증조이자 화가이다. 공재의 조그마한 초상화가 전하는데 다산의 얼굴 모습이나 수염이나 머리털이 비슷하게 닮았다. 그래서 다산은 문인들에게 언제나 "나의 정분(精分, 정신과 모습)은 외가에서 받은 것이 많다." 라고 말했다.

다산이 세상을 떠난 뒤에, 다산 생전에 자주 만나 시를 짓고 글을 읽었던 후학의 한 사람인 동번 이만용(李晚用)이 다산의 죽음에 부치는 만사에 "천상세계 백발노인 정씨 신선(瑤都皓髮 姓丁仙)"이라는 표현이 있는데, 다산의 노년 얼굴은 백발의 신선 모습이라는 뜻이다. 하얀 수염에 하얀 머리의 신선 같은 모습을 상상할 수 있다.

가장 상상하기 좋은 표현이 하나 또 있다. 천주교 문제로 온 갖 비방과 모략에 시달리던 35세의 다산은 정조의 배려로 충청도 홍주목의 금정도 찰방이라는 좌천의 벼슬살이를 하게 된다. 귀양살이 같은 고통을 겪고 몇 달 만에 다시 풀려서 서울에 돌아오자 부모님 묘소에 성묘 가려고 충주를 찾아간다. 그 행차에 다산은 가까운 집안 아저씨이자 당대의 국가 원로격인 74세의 해좌 정범조(丁範祖)를 방문한다. 그때 해좌가 다산을 칭찬하며 증정한 시에 "근심 걱정 겪었어도 그 얼굴은 마냥 옥과 같고 눈과 같네(憂患依然玉雪顔)"라고 표현하여 다산의 얼굴이 옥설(玉雪)과 같다고 표현했다.

어려서는 공재 윤두서의 자화상 모습을 닮았고, 늙어서는 신선 같은 호호백발의 모습, 한창 젊은 30대에는 옥이나 눈과 같이 고운 얼굴이었다니 그런 기록에서 다산의 모습을 상상할 수 있다. 그런 기록 이외에 다산 자신이나 어느 누구도 다산의 모습을 전하는 기록은 없다. 정범조의 묘사인 중년의 '옥과 눈' 즉 그렇게 아름답고 고운 모습을 지닌 사람이 다산이었다고 우리가 상상하면 좋을 것 같다.

다산(茶山)과 사암(俟菴)

동양 3국인 조선·중국·일본 세 나라에서는 선비나 스님에게는 대체로 호(號)가 있어, 이름 대신에 호를 사용했다. 어떤 경우 한 사람의 선비에게 수십 개의 호가 있기도 했으나, 대개는 한두 개, 아니면 3~4개의 호를 사용하는 사람이 많았다. 특히 유명한 선비는 유명도의 높낮이에 따라 아무리 많은 호가 있어도 누구의 호라는 것을 금방 알아보면서 세간에 널리 알려졌다. 추사 김정희의 경우 정말로 많은 호가 알려졌으며, 추사·완당·과로 등 말만 나오면 모두 김정희의 호라는 것을 금방 알아차리기도 했다.

정약용의 호도 상당히 많이 알려져 있다. 자신이 자서전에서 밝힌 호는 공식적으로 '사암(俟菴)'이지만, 자신이 지내던 서재의 이름을 '여유당(與猶堂)'이라 명명하고 「여유당기(與猶堂記)」를 지어 명명한 이유까지 밝혔기 때문에 '여유병옹(與猶病翁)'이라는 호칭도 공식적인 다산의 호임이 분명하다. 또 다산은 자신이 살던 마을이 한강 가에 있고, 한강의 옛 이름을 '열수(洌水)'라고 여겨 '열수옹(洌水翁)', '열초(洌樵)', '열상노인(洌上老人)' 등의 호를 썼다.

강진에 내려와 귀양 살던 시절에는 그 지방에 대나무가 울창했기 때문에 대나무의 곧고 바른 지조를 상징하려는 뜻에서인지 '탁옹(籜翁)', '균암(筠菴)'이라는 호도 사용하였다. 그러한 자신의 의지와는 아무런 관계없이 남들이 불러 주어 가장 잘 알려진 호가 되어 버린 것은 바로 '다산'이다.

봄(1808)에 다산으로 옮겨 거처하였다. 다산은 강진현 남쪽에 있는 만덕사라는 절의 서쪽에 있는데, 처사 윤단(尹慱)의 산정(山亭)이 있는 곳이다. 다산공은 다산으로 옮긴 뒤 대(臺)를 쌓고, 못을 파고, 꽃나무를 열 지어 심고, 물을 끌어다 폭포를 만들고, 동쪽 서쪽에 동암(東菴)과 서암(西菴) 두 암자를 짓고, 서적 1,000여 권을 쌓아 두고 글을 지으며 스스로 즐기며 돌 절벽에 '정석(丁石)' 두 글자를 새겼다. _『사암선생연보』

강진군 도암면 만덕리 귤동 마을의 뒷산인 다산에 '다산초당'

을 짓고 한가롭게 살아가던 처사 윤단의 초당으로 옮겨 살면서 자연스럽게 다산에서 살아가는 정약용이라는 뜻으로 '다산'이라는 호로 그냥 불리고 말았다. 이런 이름이나 호칭은 누가 인위적으로 바꿀 수 없다. 자신의 호가 '사암'이라고 분명히 밝혔으니 '다산'보다는 '사암'이라고 호칭해야만 진정한 다산의 호라고 주장한다고 해서 누가 따라 주겠는가. 근래 다산보다는 사암이라는 호로 불러야 한다고 주장하는 사람들이 있어서 해두는 말이다.

더구나 다산에 살면서 지천으로 자라던 자생 차에 마음이 끌려 그렇게도 차를 즐기는 다인(茶人)이 되었던 선생으로 봐서라도 다산은 참으로 어울리는 호임에 분명하다. 호란 남들이 불러 주지 않으면 호가 될 수 없다. 자연스럽게 남들이 불러 주어 호가 되어 버린 선생의 호를 누가 인위적으로 바꿀 수 있는가. 사암, 다산, 열초 등 생각나는 대로 불러 드리면서 선생을 그리워한다면 아무 문제가 없을 것이다.

뉘우칠 줄 모름이 진짜 허물이다

성인이냐 광인이냐

1800년 6월, 일세의 현명한 군주 정조대왕이 49세를 일기로 붕어하고 말았다. 한때 천주교에 관계했다는 이유로 반대파의 모함과 비방에 시달리던 정약전·정약용 두 형제는 유일한 이해자이던 정조조차 세상을 떠나자, 아무런 희망이 없어 짐을 챙겨 고향인 마재로 낙향하고 말았다. 그 무렵 정약전은 자신의 서재 이름을 '매심재(每心齋)'라 부르고, 다산은 '여유당(與猶堂)'이라는 당호로 불렀다. 정약전은 자신의 서재 이름에 대한 '기(記, 해설하는 내용)'를 글 잘하는 아우 다산에게 지어 달라고 부탁했다.

그러면서 정약전은 '매심'이라고 이름 지은 이유를 설명해 주었다.

매심(每心)은 글자를 합하면 '회(悔, 후회하고 뉘우침)'라는 글자가 되니 잘못을 후회하며 뉘우치는 삶을 살아가려는 뜻이다.

이에 다산은 주공(周公)과 공자 같은 성인들의 말씀을 인용하면서 성인이라도 잘못이 없을 수 없지만, 후회하고 반성하여 다시는 그런 잘못을 저지르지 않으면 성인이 되는 데 아무런 지장이 없음을 강조하는 내용의 '기'를 지었다. 주공과 공자의 말을 인용한 대목이다.

성인이냐 광인(狂人)이냐는 뉘우칠 줄 아느냐 모르느냐의 차이일 뿐이다. 비록 주공 같은 성인의 아름다운 재질을 지니고도 교만하고 뉘우칠 줄 모르면 성인일 수 없는데, 그 이외의 사람들이야 말해서 무엇하랴.

다산 정약용은 참으로 많은 글을 남겼다. 경학(經學)에 관한 연구서가 230여 권에 이르고, 경세학(經世學)인 일표이서(一表二書, 경세유표·목민심서·흠흠신서)도 120여 권, 그 이외의 온갖 종류에 관한 저술도 셀 수 없이 많아 도합 500권이 넘는 방대한 저서를 남겼다. 그런 많은 저술 속에는 이론과 언어로만의 글이 아닌, 자신이 실천하고 실행했던 이야기를 꼭꼭 첨부했기 때문에 공허한 이야기에 그치지 않는다. 실천 의지가 높은 사람이 읽어 보면 모두에게 실행과 실천의 지침서 구실을 해 주는 책이 다산의 저서이다.

특히 정조대왕 생전에 벼슬하면서 임금에게 말로 글로 올린 다산의 정책건의나 개혁적인 조치들은 거의 완벽할 정도로 부실함이 없어 임금의 극찬을 받았던 점으로 보면, 다산은 평소에 잘못을 저지르거나 해서는 안 될 일을 했던 적이 없었던 것으로 보일 정도이다. 특히 아들이나 제자들에게 보낸 편지의 내용을 읽어 보면 현자(賢者)의 수준에 올라 만인에게 스승의 역할을 해낼 정도의 내용이 많아, 잘못하는 일은 하지 않았던 사람으로 우뚝 서 있는 것이 사실이다.

성찰하며 겸허하게 살리라

그러했던 다산이지만, 자신이 어떤 사람이고 자신은 얼마나 많은 잘못을 저지르고 살았는가를 기록한 자서전적인 「자찬묘지명」 두 편이나, 자신의 당호인 「여유당기(與猶堂記)」나 정약전의 서재에 대한 「매심재기」 등에는 반성하고 뉘우치고 회개하며 살아갈 수밖에 없다는 말을 거듭거듭 실토하는 대목이 나온다. 세상에서 그렇게 현명한 사람도 그처럼 뉘우치고 반성하면서 살아간다는 이야기에 우리 모두는 정신을 번쩍 차리지 않을 수 없다.

다산은 1822년 61세의 회갑을 맞아 자신의 일대기인 「자찬묘지명」을 저술한다.

무릇 평생 동안 지은 죄가 너무 많아 가슴속에 회한이 가득하다. 금년은 내가 태어난 임오년(1762년)을 다시 맞은 해이므로 이른바 회갑을 맞은 것이다. 다시 태어난 것처럼 한가히 세월 보내는 일을 그만두고 아침저녁으로 성찰하는 데 힘쓰면 하늘이 내려주신 성품을 회복할 수 있을 것이니 지금부터 그렇게 살아간다면 큰 잘못이 없으리라. _「자찬묘지명」 광중본

많은 죄악을 뉘우치면서 성찰하는 삶을 살아가겠다니 이런 겸허한 삶이 부러울 뿐이다.

나는 임오년에 태어나 지금 임오년을 만났으니 갑자(甲子)가 한 바퀴 돈 60년의 돌이다. 무엇으로 보더라도 죄를 회개할 햇수다. 수습하여 결론을 맺고 한평생을 다시 돌려 내가 금년부터 몸을 닦아 실천한다면 명명(明命)을 살펴서 나머지 인생을 끝마칠 것이다. _「자찬묘지명」 집중본

다산 같은 어진 이도 반성하고 회개하고 뉘우치면서 성찰을 거듭했다니, 오늘의 고관대작들과 비교해 보면 어떤 차이가 있을까. 역사를 후퇴시키고, 인권을 말살하고, 한 개인의 일생을 파탄시킨 무서운 죄악을 저지르고도 눈 한번 깜짝지 않고 당당하고 떳떳하게 살아가는 사람들을 다시 바라보게 된다. 두렵고 무서울 뿐이다.

그렇다. 반성하고 후회하여 잘못을 뉘우친다면 허물을 벗어

날 수 있지만, 죄악을 저지르고 헌법적 가치를 짓밟아 놓고도 반성하고 후회할 줄 모르는 사람은 인간이기를 포기한 사람임에 분명하다.

이 나라의 근현대사를 되돌아보면 공자나 다산의 생각에서 벗어나 반성하고 후회하며 잘못을 뉘우칠 줄 모르는 사람들이 세상을 주도하는 나라가 되고 말았으니 이런 통탄스러운 현상이 천하 어디에 있을 수 있는가.

유배지가 서재로

.... 이제야 겨를을 얻었다

새해를 맞고도 환희나 희망보다는 괴롭고 힘들며 위태롭다는 말들이 무성하다. 그렇다고 우리가 낙망의 늪으로 빠져 들어가야 되겠는가. 희망도 찾고 위기도 극복하면서 살아갈 힘을 얻어야 한다.

그렇다면 살아갈 희망과 힘을 어디서 얻을 수 있을까. 바로 다산이다. 다산을 읽고 배우면 거기에는 반드시 희망과 꿈이 있고 위태로운 위기를 벗어나 새롭게 살아가는 꿈을 실현할 수 있다.

1801년, 19세기가 시작되던 허두에 모략과 중상, 시기와 질투의 비운으로 다산은 천리 타향 바닷가 강진으로 유배를 당한다. 40세의 나이로 한창 인생의 꽃을 피워야 할 시기에 하늘이 무너지는 위기와 낙망의 불운을 당했다. 여느 사람 같으면 비탄에 빠져 살아갈 희망조차 잃을 순간이었지만, 다산은 거기에서 좌절하지 않고 꿋꿋하게 참으며 곧고 바르게 다시 일어서는 용기를 발휘했다. 넘어졌다 다시 일어서는 오뚝이처럼 참으로 대단하게 그는 부활할 수 있었다. 18년의 유배가 그를 살려냈다.

약용이 바닷가로 귀양을 오자, 어린 시절에 학문에 뜻을 두었던 것을 생각해 냈다. 20년 동안 세상의 험한 길에 빠져 지내느라 옛 성현들의 대도에 대하여 더 알지를 못했다. '이제야 겨를을 얻었다.'라고 생각하며 흔연스럽게 스스로 기뻐했다. 鏞旣謫海上 念幼年志學 二十年沈淪世路 不復知先王大道 今得暇矣 遂欣然自慶 「자찬묘지명」

절망의 나락에서 이제야 겨를을 얻었다고 기뻐하며 옛 성현의 대도를 연구하여 학문적 업적을 남기자고 다짐했던 그의 용기가 얼마나 슬프면서도 위대한가.

반대파가 그렇게도 죽이고 싶었던 다산. 그는 절대로 죽을 수가 없었기에, 부활할 용기와 인내심이 있었기에, 학문적 대업을 이룩하여 역사적으로 영원토록 살아 있게 되었다. 위기와 절망에서 좌절하지 않고 다시 새롭게 살아날 철학과 용기를 지닌 사람은 결코 죽지 않는다. 괴롭고 힘들고 비통하기 그지없더라도, 위기를 기회로 여겼던 다산처럼 우리도 일어나야 한다. '다시 일어나자'라는 새해의 화두로 일어서야 한다.

어떤 시인은 보리는 밟을수록 더 새파래진다고 했다. 아무리 짓밟히고 억누름을 당하더라도, 당해 본 경험이 많은 우리 국민은 일어설 용기를 지닌 국민이다. 다산을 읽고 배우면서 그것을 행동으로 옮긴다면 우리에게는 반드시 희망이 있다.

.... 괴로움은 즐거움의 뿌리

속담에 '고진감래(苦盡甘來)'라는 말이 있다. 온갖 고난을 겪고 나면 행복한 순간이 오는 경우가 있다는 뜻일 것이다. 75세로 세상을 떠난 다산의 일생을 살펴보면 온갖 괴로움 끝에 가끔은 큰 즐거움을 맛보던 때가 있었음을 알아볼 수 있다. 28세까지 모든 노력을 기울여 과거 공부에 전력을 바치다가 끝내 문과에 급제하는 영광을 안았고, 좋은 성적으로 합격한 다산은 정조의 온갖 칭찬을 받으며 벼슬길이 열리기도 했다.

23세에 천주교 서적을 읽었고, 한때 천주교에 빠져 사람들의 비방과 혐오를 뒤집어쓰면서 괴로운 나날을 보낼 때도 있었다. 끝내는 천주교 문제로 무고를 당해 감옥에 갇히고 국문을 받으며 생사의 기로에서 신음할 때도 있었으며, 18년이라는 혹독한 유배살이로 생애의 귀중한 시간을 괴롭게 보내야 할 때도 있었다. 그러나 학문적 대업을 이룩한 유배살이는 뒷날 다산을 다산으로 대접받을 수 있는 행복을 안겨 주기도 했다.

즐거움은 괴로움에서 나오니, 괴로움이란 즐거움의 뿌리이다. 괴로움은 즐거움에서 나오니 즐거움이란 괴로움의 씨앗이다. 「우후이중협에게 준 증별시첩 서(贈別李重協虞候詩帖序)」

다산은 이처럼 인생의 고락(苦樂)은 돌고 돌면서 삶이 진행되고, 화복(禍福)도 고락처럼 뿌리와 씨앗으로 연결되면서 한평생이 지나간다고 했다. 18년의 모진 유배살이, 정말로 큰 괴로움이었지만, 그는 끝내 귀양살이가 풀려 고향에 돌아오는 기쁨과 즐거움을 누리게 된다. 그런 기쁨이나 즐거움도 잠시, 그는 역시 외롭고 괴로웠다. 자신의 저서를 알아봐 주고 읽어 줄 사람이 없음을 한탄하는 때도 있었다.

수많은 저서를 안고 돌아온 지 3년, 함께 읽어 줄 사람이 아무도 없네. 抱歸三年 無人共讀 「정언 한익상에게 보낸 편지」

그러던 무렵 참으로 기쁘고 행복한 순간이 찾아왔다.

박복한 운명으로 거의 죽어가는 나이에 어떻게 이렇게 후한 칭찬을 받게 되었는지 모르겠습니다. 감격스럽고 유쾌하기 그지없어 처음으로 세상을 살아가고픈 마음이 들었습니다. 不知薄命不死 何以得此於垂盡之年也 感戢愉快 始有生世之意

감격스럽고 유쾌하여 인생을 더 살아가고픈 마음이 들었다니, 다산 일생에 이렇게 진한 표현을 했던 때가 있었던가.

1822년 정월 29일 당대의 학자이자 문장가인 안동 김씨 명문 집안 김매순(金邁淳, 1776~1840)이 다산의 저서를 극찬한 편지를 받고 너무 기뻐서 쓴 답서에 나오는 대목이다. 『매씨상서평』 이라는 다산의 『서경』에 대한 경학 연구서를 읽은 독후감을 김매순은 "유림의 대업(大業)이 이보다 더 클 수가 없도다."라고 서평을 썼다.

옳고 바르게 살며 괴로움과 고통을 당했지만, 손에서 책을 놓지 않고 연구에 연구를 거듭한 다산에게는 그런 칭찬이 따랐고, 마침내 다산은 18년의 귀양살이 노고가 한순간에 풀리듯, 이제는 더 살고 싶은 생각이 들 정도로 기쁘고 유쾌하다니 얼마나 큰 행복이고 즐거움이던가. 화와 복, 즐거움과 괴로움은 그렇게 돌고 도는 것이 인생이다.

마음 다스리는 공부

⋯⋯⋯⋯ 죽는 날까지 마음공부에 힘쓰리라

다산의 강진 귀양살이 15년째인 1815년은 다산이 54세이던 초
로의 시절이다. 그 무렵이면 대체로 육경사서(六經四書)에 대한
심층분석이자 자기대로의 새로운 학설을 주장한 경학(經學) 공
부는 마무리 단계에 이르렀다. 그러던 시절, 다산은 파란 많은
자신의 일생을 회고해 보면서, 경학을 통한 수기(修己)의 공부
를 점검해 보면서, 삶의 목적이자 꿈이던 '마음 다스리는 공부
(治心之術)'에 대한 깊숙한 사념에 빠지게 된다. 어떻게 해야 학
문연구의 결과가 마음과 행동으로 가능한 실천의 단계에 이를
수 있느냐에 대한 고민이었다.

마음속에 참으로 미미하게 존재하는 도심(道心)을 계속 확충
해 가면서, 위태롭기 짝이 없는 인심(人心)을 제어하여 금수와

다른 높은 수준의 인격으로 승화시켜 도심이 지배하는 마음으로 이끌어 가게 해야 한다는 것이 그의 가장 큰 관심사였다. 그래서 그 무렵 연구한 마음공부의 결실인 『심경밀험(心經密驗)』이라는 책을 저술한다. 저술한 해가 바로 1815년이고 5월 그믐날에 지은 서문까지 실려 있다. 마음 바깥의 행위규범으로는 『소학(小學)』이라는 책을 최고로 여겨 『소학지언(小學枝言)』이라는 책을 저술하고, 마음공부의 핵심에는 『심경(心經)』이라는 책을 꼽고, 두 책을 통해 현인이 되는 길을 찾기에 이르렀다.

『소학』과 『심경』 두 책만이 모든 경서 중에서 뛰어난 책이다. 두 책을 진정으로 연구하여 마음을 가라앉히고 제대로 실천해야 한다. 『소학』으로 나의 바깥 행실을 독려하고, 『심경』으로 나의 내부 마음을 다스릴 수 있다면 아마도 현인이 되는 길이 있을 것이다.

『심경밀험』에서 이렇게 말하며 "이제부터 죽는 날까지 마음공부에 온갖 노력을 기울이고 싶은 뜻이 있다."라고 설파한다. 동양 유교철학의 심도 깊은 연구 결과를 총동원하여 마음이란 어떤 것이며, 성품이란 어떤 것인가에 대한 고급 논리들을 모두 동원하고 자신이 연구한 경학 이론을 통합하여 인심과 도심에 대한 결론을 내리고, 어떻게 해야 "능히 실천할 것인가? 실천하지 못할 것인가?(嗟乎能踐否乎)"라고 한탄 어린 이야기까지 했다.

마음공부(治心之工)에 매달리던 다산의 노력은 여러 곳에서 나타난다.

점차로 하던 일을 거두고 이제는 마음공부에 힘쓰고 싶습니다. 스스로 살날이 길지 않은 것을 알면서도 바깥일에만 마음이 치달리니, 이는 주자께서도 만년에 뉘우쳤던 바입니다. 어찌 두려운 일이 아니겠습니까. 다만 고요히 앉아 마음을 맑게 하고자 하다 보면 세간의 잡념이 천 갈래 만 갈래로 어지럽게 일어나 무엇 하나 제대로 파악할 수가 없으니, 마음공부로는 저술보다 나은 게 없다는 것을 다시 깨닫습니다. 이 때문에 문득 그만두지 못합니다.

1811년 흑산도에 사는 둘째 형님께 보낸 장문의 편지에 있는 내용이다. 그때 벌써 마음공부의 중요함을 알았으면서도 복잡한 심사를 가누지 못해 저술 작업에 몰두할 수밖에 없다는 고백을 했던 것이다. 그러니 경학 연구도 대체로 마친 1815년에 『심경』연구서를 저술하고는 결론을 맺었다.

이제부터는 죽는 날까지 온갖 힘을 마음공부에 기울이고 싶다. 심경을 연구하는 것으로 경학공부를 마치려고 하는데, 과연 실천이 가능할지 안타까운 생각이 든다.

물욕, 권력욕, 명예욕 등 온갖 욕심에 사로잡힌 인간, 어떻게 해야 그런 욕심을 이기고, 격조 높은 인격에 이르러 현인의 길로 들어갈 수 있을까. 다산처럼 마음공부에 여생을 바치고픈 생각이 저절로 일어난다.

옛말에 "인심은 아침저녁으로 변한다.(人心朝夕變)"라는 말이 있다. 일정한 항심(恒心)을 지니지 못하여 악할 수도 선할 수도 있는 마음, 그래서 위태롭기만 하다. 도심(道心)이란 인간이라면 본디부터 좋아할 수밖에 없는 성품이니 하늘이 명령한 성품이어서, 그 성품대로 따를 수만 있으면 도심이 되는데, 도에 이르려면 무한한 자기 노력과 수양과 많은 교육을 받아야 한다는 것이다. 이런 논리가 『중용』의 천명(天命)은 성(性), 성대로 따름이 도(道)이고, 도를 닦음이 교육이라고 했다는 것이다.

신자유주의가 세상을 뒤덮고 있는 오늘의 세계, 수단 방법 가리지 않고 경제적 발전만 이루고, 수단 방법 가리지 않고 권력만 잡으면 최고가 된다는 잘못된 신화에 빠져 있는 현실이 지금의 인류가 살아가는 세상이다. 도심까지는 아니더라도 사리와 상식에 맞는 방법으로 돈을 벌고, 사리와 상식에 맞는 방법으로 권력을 얻는다는 생각을 하려면, 역시 지금의 인류도 다산처럼 마음공부에 정신을 기울여야 할 것 같다.

어디가 삶이고 어디가 죽음인가

.... **형님이 보고 싶어 산에 오르다**

자유를 박탈당해 보지 않은 사람은 말할 자유와 신체의 자유가 얼마나 소중한가를 실감나게 느끼지 못한다. 정치적 이유로 감옥에 갇혀 말과 신체의 자유를 잃었을 때를 경험해 본 사람은 그것의 가치가 어느 정도인가를 정확하게 이해할 수 있다. 독재에 반대했다고, 정치적 견해가 다르다고, 자신들의 정책이나 주장에 반기를 들었다고 인신이 구속된 슬픈 경험을 가졌던 사람은 '자유'라는 단어가 얼마나 귀중하고 값있는 것인가를 알 수 있다.

　다산과 중형 정약전, 이미 사교인 천주교에서 마음을 끊었고 천주교를 믿지 않는다고 판결이 났지만, 젊은 시절 한때 그것을 믿고 선전한 바가 있다는 이유로 두 사람은 멀고 외딴곳에서 귀양을 살라는 유배명령을 받았다. 어떤 대신(大臣)의 사감이 작용하여 모두가 석방을 주장했으나 그 대신의 고집으로 귀양살이를 떠났다. 1801년의 일이니 1803년이면 세 해째이던 해, 흑산도에 귀양 살던 형님이 보고 싶어 다산은 처음으로 골방에서 나와 강진 읍내의 뒷산에 올랐다. 바다를 바라보며 형님이 계신 곳을 짐작이라도 하면서 사모의 정을 달래려는 뜻이었을 것이다.

1803년의 음력 9월 9일이라는 날짜가 기록된 시의 제목은 「9일에 보은산 정상에 올라 우이도를 바라보다」이다. 간단한 해설이 있다.

꼭대기에 올라 서쪽으로 바다를 바라보니, 산들이 얽혀 있고 안개구름 사이로 나주(羅州, 흑산도가 소속된 고을)의 여러 섬들이 역력히 보였다. 다만 어떤 섬이 우이도인가를 구별하지 못했다. 그날 따라온 승려가 보은산은 우이봉이라고도 부르며 정상의 두 봉우리는 형제봉이라고도 부른다고 했다. 나는 생각했다. 바다를 사이에 두고 양쪽이 모두 우이봉인데 서로 바라만 보고, 특별히 이름도 형제봉인데 그것도 우연한 일이 아니어서 슬픔만 떠올라 기쁨도 없이 돌아와 시를 짓는다.

사람 눈의 힘은 멀리는 못 보니	人眼之力苦不長
백 걸음 밖의 얼굴도 분간 못 하네	百步眉目已微芒
더구나 막걸리 같은 안개구름 끼어 있어	況復雲霾濃似酒
눈앞의 섬들도 자세히는 못 보네	眼前島嶼猶難詳

먼 곳을 오래 본들 무슨 소용 있으랴	瓊雷騁望嗟何益
괴로운 마음 쓰라린 속을 남들은 모른다네	苦心酸腸人不識
꿈속에서 서로 보듯 안개속 바라보다	夢中相看霧中望
눈에서 흐르는 눈물 마르자 하늘땅이 깜깜하네	目穿淚枯天地黑

정약전이 소흑산도라고 부르는 우이도에서 거주했는데, 다산
이 오른 강진읍의 뒷산이 우이봉이고, 영원히 만나지 못하는 정
상의 두 봉우리가 형제봉이라니 하도 기가 막혀 산에서 내려오
고 말았다는 내용이 시에 담겼다. 유배객인 갇힌 자들의 서러움
이 글과 시의 행간에 묻어나는 내용이다. 죄 없이 귀양 살던 다
산 형제, 남인이었기에 집권층인 반대파에게 당하던 서러움이
지금의 우리 가슴에도 절절이 스며 온다.

.... **반대파의 집요한 추격**

이렇게 모진 아픔을 견디며 유배생활을 했건만 반대파는 집요
하게 다산을 죽음의 함정으로 몰아넣으려 온갖 음해와 모함을
가했다. 1801년 40세에 걸려든 신유옥사 이래, 18년의 귀양살
이 동안, 그리고 해배 뒤인 69세의 1830년에 이르기까지 반대
파의 공작은 집요했다.

자서전 격인 「자찬묘지명」이나 『연보』에도 몇 개의 기록이 있
지만, 당시의 『승정원일기』나 『실록』에도 빠짐없이 사실을 기

록하고 있어, 사신(死神)을 무릅쓰고도 끄떡없이 공부와 저술에 생애를 바친 다산의 굳은 의지와 인내심을 넉넉하게 알아볼 수 있다. 1801년 음력 2월 29일 유배지 경상도 장기현으로 출발하여 3월 9일 장기에 도착하고, 그 다음날인 3월 10일부터 기거할 장소에서 유배살이를 시작했다.

도착 3일 뒤인 3월 13일자 『승정원일기』에는 장령 권한위(權漢緯)가 귀양 간 정약전·정약용 형제를 붙잡아다 다시 국문하여 죽여야 한다는 계(啓)를 올렸다는 기록이 있다. 이미 확정판결을 받고 유배 간 사람을 다시 국문하자는 번거로운 짓은 하지 말라고 각하했지만, 그때 이래 귀양살이가 끝날 때까지 끊임없이 계와 상소는 이어졌고, 해배 뒤에도 온갖 음모와 비계(祕啓)로 다산을 죽여야 한다는 주장이 끊임없이 이어졌다. 첫 번째 옥사에서 털고 털어도 천주교와는 '절의(絶意)'했음이 확인되어 죽여야 한다는 온갖 비방을 묵살하고 귀양을 보냈는데, 무슨 원한이 그렇게 심하고, 무슨 앙심이 그렇게도 깊어 계속 죽여야 한다고 했을까.

1801년 3월 13일 이후 16~27일까지, 4월 2·3·4일, 7월 11일, 9월 16일 등 1년 내내 이어졌고, 1808년에는 3월에서 11월까지 날마다 죽여야 한다는 계가 올라왔다고 『승정원일기』는 기록하고 있다. 해배되던 1818년 8월 중순에 명령이 내려지는데, 8월 17일 자에도 정언(正言) 목태석이라는 자가 다시 유배지로 보내자는 상소를 올리기에 이르렀다.

해배 뒤인 1827년 10월에도 윤극배라는 자가 참혹한 무고로 다산을 죽여야 한다고 했으나 받아들여지지 않았고, 1830년 69세에도 윤극배는 또다시 날조된 사실로 다산을 죽여야 한다고 하여. 다산이 공포와 불안에서 벗어나지 못하게 하는 악행을 저지르기도 했다.

세월이 지나고, 세상과 역사가 바뀌었으나 한번 품은 앙심과 흑심을 삭이지 못하고 끝까지 죽이기만을 바라는 인간의 마음은 어디서 오는 것일까. 설사 잘못한 일이 있더라도 그만한 세월, 그만한 역사가 변했다면 그냥 두기라도 해야 하건만, 특별한 잘못도 없이 억울하게 당한 사람에게 그렇게 가혹한 저주와 증오를 이어갈 이유가 어디에 있었을까.

그렇다고 다산처럼 강한 의지와 굳은 신념을 지닌 사람이 꺾일 이유가 있을까. 죽음을 무릅쓰고도 포기도 좌절도 없이 세계적 수준의 학문적 업적을 이룩한 다산, 끝내는 문도(文度)라는 시호를 하사받아 최고의 학자로 대접받았으며, 실학의 집대성자로 온 국민의 추앙을 받기에 이르렀다.

지금의 세상에도 하찮은 일로 온갖 비방과 저주에 시달리는 사람이 있다. 다산의 예에서 보았듯이, 이제는 모두 놓아 주어 증오와 저주의 늪에서 벗어날 길을 열어 준다면 어떨까. '필부의 의지'는 꺾을 수 없다는 것을 알아야 한다.

기다릴 줄 아는 지혜

◇

살얼음을 밟은 듯 조심하며

근래에 유독 다산의 지혜가 매우 높은 경지에 이르렀음을 언급하는 사람들이 많아졌다. 다산이 생존해 있던 당시에도 직접 만났거나 저술을 접한 사람치고 그의 높고 뛰어난 학문 수준에 경탄을 발하지 않은 사람이 없지만, 탄생 250주년을 맞는 올해는 많은 언론매체에서 특별히 자주 다산에 관한 기사를 쏟아내고 있다. 옳고 바르게 살고 진리탐구를 위해 생애를 바친 그의 독실함 때문에 세월이 가도 그에 대한 찬사가 그치지 않음은 너무나 당연한 일이다. 인간이 처한 환경으로는 최악의 상태인 귀양살이라는 혹독한 고난 속에서도 끝내 좌절이나 절망에 빠지지 않고 당당하게 버티며 이겨낸 결과로 얻어진 복이라고 여겨져, 그분의 삶에 경의를 표하게 된다.

그렇다면 어떻게 다산은 그렇게 훌륭한 지혜를 터득할 수 있었을까. 많은 이유가 있겠지만 다산은 일찍부터 '사(俟)'라는 글자 하나를 가슴 속에 담아 놓고 살았다. '기다린다'라는 그 글자를 가장 의미 깊게 생각하고, 자신의 아호(雅號)를 '사암(俟菴)'이라 자호(自號)하였다. 한창 벼슬하던 시기를 지나 유락(流落)한 때로부터는 그의 일생을 관통하는 모든 논리가 '기다림'이라는 말로 귀결되고 있다. 『경세유표』라는 책 이름의 유(遺)라는 글자는 죽은 뒤라도 기다릴 테니 제발 국가정책으로 활용해 달라는 뜻이고, 『목민심서』라는 책 이름의 '심(心)'이라는 글자도 당장 실행은 못 하지만 마음으로라도 백성들을 보살펴야 한다는 뜻이니 실행할 수 있을 때를 기다리겠다는 의미가 담긴 것이다.

나를 알아주건 죄를 주건　　　　　　　　　知我罪我
뒤에 올 학자들이 기다려지네　　　　　　　以俟來後

이런 구절에서도 '기다린다'는 다산의 넉넉한 마음이 담겨 있다. 주자의 「주역오찬(周易五贊)」에 화운(和韻)한 글의 한 대목이다. 그렇다고 감나무 아래서 입을 벌리고 감이 떨어지기를 기다린다는 속담 같은 기다림은 절대로 아니었다.

성인이 주역을 연역했음은　　　　　　　　唯聖演易
마음을 깨끗이 씻으려 함이니　　　　　　　于以洗心
하늘의 큰 명을 우러러보며　　　　　　　　對越景命

얇은 얼음을 밟듯 깊은 연못에 임한 듯하라	冰履淵臨
순결하고 고요하고 정미하여야만	潔靜精微
그때야 마음에 얻음이 있으리라	乃有心得

천명을 따르며 마음을 깨끗이 씻고 살얼음을 밟고 깊은 물가에 서 있는 것처럼 조심하고 삼가며 고요한 마음으로 정확하고 치밀하게 연구를 거듭해 가야만 얻는 것이 있지, 그냥 기다린다고 얻어지는 것이 아니라는 것을 분명히 말하고 있다.

40세에 귀양살이를 시작하여 18년을 지내고 고향에 돌아와 18년, 36년을 기다리며 연구에 연구를 거듭하다가 75세에 세상을 떠난 분이 다산이다. 그 긴 기다림으로 끝내는 학문적 대업을 이룩하여 후세의 학자들이 그를 극찬하기에 이르렀다. 자기만이 가장 훌륭한 사람이고 자기만이 가장 잘났다고 떠드는 사람들, 빠른 성공만을 바라지 말고, 제발 다산처럼 기다리는 지혜도 가져 보면 어떨까.

다산과 추사는 과연 천재인가

⋯⋯⋯⋯ **복사뼈에 구멍이 나도록 학문연구에 매진한 다산**

세계적인 천재 에디슨은 명언을 남겼다. "천재는 1퍼센트의 영감과 99퍼센트의 노력이다." 보통 사람의 말이라면 믿기지 않는 이야기이지만, 천재가 본인 스스로 했던 말이니 믿을 수밖에 없다. 굳이 긴 설명 필요 없이 아무리 뛰어난 천재라도 땀 흘리는 노력을 기울이지 않고는 창조가 어렵다는 뜻이다.

조선 후기에 아무도 이견을 말하지 못하고 그렇다고 모두가 동의하는 일의 하나는 다산 정약용과 추사 김정희가 천재였다는 사실이다. 추사는 다산보다 24세 연하로, 다산의 둘째 아들 정학유와 동갑내기 친구였다. 다산이 75세로 세상을 떠난 1836년에는 추사 나이 51세로, 문과에 급제해 병조 참판을 지내며 당대의 석학으로 이름을 크게 날렸다.

여러 문헌을 살펴보면, 당대의 뛰어난 학자로 다산과 추사를 병칭하는 경우가 많다. 두 분에 대해서는 우열을 가릴 수 없이 만인이 인정하는 천재이자 대학자였다.

다산은 추사의 높은 재주와 실학(實學)에 견주어도 단지 나을 뿐만 아니다. 비단 우리나라 근세의 1인자일 뿐만 아니라, 비록 중국에 놓아 두더라도 기효람(紀曉嵐), 완운대(阮雲臺)의 바로 아래에 있어도 남음이 있을 것이다. _『지수염필(智水拈筆)』

홍한주의 평가이다. 다산과 추사는 나란하지만 그래도 1인자로서 조금이라도 추사보다는 나은 점이 있다면서, 저 중국의 기효람·완운대와도 나란할 정도라는 평이다.

이런 평이야 자기의 주관적인 평이겠지만, 어쨌든 당대에 추사와 다산은 그렇게 뛰어난 학자이자 천재로 대접받았다는 점만은 인정하게 된다. 그러한 천재들이었지만, 그들이 그만한 학문적 업적을 남겼던 이유로는 천재만의 뛰어남에서가 아니라, 99퍼센트의 피가 나고 땀이 흐르는 각고의 노력이 있었다는 것을 이야기하지 않을 수 없다.

강진의 유배살이 동안 다산은 많은 제자를 길러 냈다. 그중에서 뛰어난 제자 황상(黃裳)은 누구와 주고받은 편지에서 믿기 어려운 비화를 전해 주었다.

우리 선생님은 너무도 공부를 열심히 오래도록 했기 때문에 '복사

뼈에 구멍이 세 번이나 뚫렸다.(踝骨三穿)'

요즘처럼 책상과 의자의 사용이 보편화되지 않은 시절이어서, 발과 발을 포개고 방바닥에 앉아서 책을 읽고 글을 쓰노라면, 온종일 복사뼈가 방바닥에 밀착하기 때문에 닳고 닳아 구멍이 뚫리고 말았다는 것이다. 그것도 한 번이 아니라 무려 세 번이나 그랬다니, 학문연구에 다산이 기울인 노력이 어느 정도였던가를 단적으로 설명해 주는 이야기이다. 다산초당에서 무려 500권이 넘는 저서를 마쳤으니 그만한 노력 없이는 불가능한 일이었을 것이다.

70년 동안 천 자루의 붓을 닳게 만든 추사

추사의 평생 친구는 이재 권돈인(權敦仁)이다. 벼슬이 정승에 오르고 학문도 높았지만 서화에도 조예가 깊었기에 추사와 유독 막역한 사이였다. 추사의 문집을 보면 특별히 이재에게 보낸 편지가 매우 많다.

나의 글씨는 비록 말할 것도 못 되지만, 70년에 걸쳐 10개의 벼루를 갈아 닳게 했고, 천여 자루의 붓을 다 닳게 했다. 吾書雖不足言 七十年 磨穿十硏 禿盡千毫

이 무서운 이야기를 자신이 발설하였다. 열 개의 벼루가 먹을 가느라 닳아 구멍이 뚫리고, 천여 개의 붓을 몽당붓이 되게 닳도록 글씨를 썼다니, 얼마나 모진 노력을 기울였으면 그런 정도이겠는가.

그렇다. 경학자 다산은 수백 권의 경학 연구서를 저작했고, 서예가 추사는 '추사체'라는 서체까지 창조해 내느라 얼마나 땀흘리는 노력을 기울였겠는가. 다산과 추사 같은 천재들이 그만한 노력의 대가로 그만한 업적을 이뤄 냈음을 생각하면, 99퍼센트의 노력만이 창조의 밑바탕이 된다는 것을 정확히 알 수 있다. 천재일수록 더 노력해야지, 천재성만으로 창조가 어렵다는 것을 그런 데서 알게 된다. 다산의 귀양살이, 추사의 귀양살이, 그런 불우한 환경 속에서도 끊임없는 노력으로 대업을 이룩한 그들에게 숭모의 뜻을 표하지 않을 수 없다.

다산의 지혜

.... 미관말직으로 좌천당했지만 최선을 다해 봉직

1795년은 정조의 재위 19년째의 해이다. 그때 다산은 34세, 임금의 신임을 크게 받아 한창 벼슬길이 열리던 때였다. 그해 정월, 사간(司諫) 벼슬에서 정3품 당상관에 올라 동부승지에 제수되었다가, 며칠 뒤 병조 참의로 옮겨 임금을 호송하여 화성 행차에 참여했다. 혜경궁 홍씨를 모시고 화성에 이른 정조는 대형 잔치를 베풀었다. 다산은 그런 행사를 적극적으로 주선하면서 임금의 최측근에서 온갖 총애를 독차지했다.

기쁨도 한때, 세상에 큰 난리가 났다. 그해 3월 20일 다산은 우부승지로 옮겨 임금과 함께 국사를 제대로 처리하려던 참인데, 중국인 주문모라는 신부가 우리나라에 몰래 들어와 북한산에 숨어 지낸다는 소식이 알려져 세상이 요란해졌다. 다산은 아

무런 관련이 없었으나, 반대파는 정약용이 주문모 입국에 관여되었다면서 온갖 악담과 비방을 그치지 않았다. 그런 유언비어와 가짜뉴스에 임금도 괴로워하다가 3품의 벼슬이던 다산을 7품의 금정도 찰방으로 좌천시키고 말았다.

그해 7월 26일 발령을 받은 다산은 충청도 청양현에 있는 금정도 찰방으로 부임한다. 그가 거처하던 관청은 오죽헌이라고 부르던 곳이다. 오죽헌이라는 거소에 대한 글이 「오죽헌기(梧竹軒記)」이다.

귀양살이 같은 좌천의 벼슬, 죄 없이 당하는 억울함을 안고 갔지만 다산은 이런 직책도 최선을 다해 수행해야 한다는 목표를 세우고, 힘들고 괴로운 직책을 수행하는 데 훌륭한 지혜를 발휘했다.

미관말직의 벼슬이지만 여기에도 즐거움이 있다면서 삼락(三樂)을 이야기한다. 역마(驛馬)를 관리하는 직책이 찰방이라는 벼슬이어서, 밖으로 나가려면 언제나 빠른 말을 탈 수 있는 즐거움, 금정도 찰방 예하에는 작은 소속 역이 몇 군데 있는데 그런 곳의 산수를 구경 갈 때에는 속역에 많은 음식이 준비되어 있어 충족하게 먹을 수 있는 즐거움이 있다고 했다. 마지막 즐거움은 큰 고을 목민관들과는 다르게 조그만 지역이어서 쌀이나 소금을 처리하는 일이나 소송사건을 처리하기가 간편해서 즐거움을 누릴 수 있다고 했다. 때문에 좌천의 불행을 넉넉히 이겨낼 수 있다고 말했다.

또 세 가지의 괴로움이 있는데, 말들이 병들어 건강한 상태가 아니면 찰방의 죄가 되고, 역부(驛夫)들의 노역이 고르지 않아 원망이 있어도 찰방의 죄이고, 역을 이용하는 공직자들이 법을 어기고 제멋대로 행동하여 말과 사람을 고달프게 할 때 그들의 잘못을 바로잡지 않으면 찰방의 죄이니, 이 세 가지가 괴로운 일이라고 했다.

여기서 다산의 지혜가 나온다. 세 가지의 즐거움을 제대로 누리기 위해서는 반드시 지켜야 할 세 가지의 괴로운 일을 철저히 이행하여 죄에 걸리지 않도록 해야 한다는 것이다. 즐거움에 빠져 판단력 없이 반드시 이행해야 할 찰방의 임무를 수행하지 못한다면 누릴 수 있는 즐거움을 만끽할 수 없다는 다산의 생각이 건전해 보인다.

괴로움에서 즐거움이 나오고, 즐거움에서 괴로움이 나올 수밖에 딴 도리가 없는 인간사, 귀찮고 괴롭고 힘든 일을 철저히 수행할 때에만 즐거움을 누릴 수 있다는 다산의 지혜에 우리도 마음을 기울여야 할 것 같다. 이러한 마음으로 공직 의무를 철저히 수행했기에 금정도 찰방이 끝난 뒤 다산은 많은 칭찬을 받을 수 있었다.

.... 수원 화성을 짓다

다산의 지혜를 말하면서 수원 화성을 빼놓을 수 없다. 수원은 경기도의 도청 소재지로, 경기도를 대표하는 큰 도시이다. 수원에는 유명한 유적도 많고 역사적 기념물이 즐비하지만, 그 모든 것 중에서도 특별히 유명한 것은 '화성(華城)'이라는 아름답고 견고한 성이다. 오래전 유네스코 세계문화유산으로 등재되어 세계인이 감탄하는 성이 되었다. 그런데 이 성은 조선의 정조임금과 다산을 빼놓고는 이야기할 수 없는 국보급 문화재이다.

1792년 음력 4월 9일, 진주 목사로 근무하던 다산의 아버지 정재원이 근무지 현장에서 별세한다. 그해 5월 다산 형제들은 진주로 달려가 충주의 하담 선영으로 아버지를 반장(返葬)한다. 장사를 마친 다산 형제들은 고향 마현으로 돌아와 곡하고 여막을 짓고 거처한다.

아끼는 신하가 상을 당했다는 소식을 들은 정조는 경연의 신하들에게 장례는 제대로 치렀으며, 슬픔을 이기고 건강은 제대로 회복하였는가를 묻기도 했다. 그러면서 정조는 다산에게 상중이지만 책 읽고 글 쓰는 일은 폐할 수 없다면서 국가의 대역사인 수원성의 규제(規制)를 지어 올리라는 명을 내렸다.

『사암선생연보』에는 그때 임금이 내린 명령이 기록되어 있는데, 왜 다산에게 성제(城制)에 대한 글을 올리도록 했는지 그 이유가 기록되어 있다.

기유년(1789) 겨울 배다리를 놓은 역사(役事)에 정약용이 그 규제를 만들어 공을 이루었으니, 그를 불러 집에서 성(城)의 규제를 만들어 바치게 하라.

그래서 다산은 집상 중에 여러 옛사람의 좋은 성제를 참고하고 훌륭한 제도만을 취하여 초루(譙樓)·적대(敵臺)·현안(懸眼)·오성지(五星池) 등의 법도를 조목조목 나누어 정리하여 바쳤다.

성제를 바치자 임금은 또『도서집성』과『기기도설』을 내려주면서 인중(引重)과 기중(起重)의 법을 강(講)하라고 명하였고, 다산은「기중가도설(起重架圖說)」이라는 기중기·거중기 등의 사용법까지 올렸다. 그런 사용법에 의해서 활차(滑車)와 고륜(鼓輪)이 작은 힘으로 크고 무거운 물건을 잘도 옮겨놓게 되었다. 요즘으로 보면 도르래의 원리, 지렛대의 원리를 통해 제작된 기중기와 같은 것으로, 인력이 적게 들면서 큰 공역을 마칠 수 있게 되었다. 성을 쌓는 일이 끝나자 기쁨을 이기지 못한 임금은 큰 칭찬을 아끼지 않았다.

다행히 기중기를 이용하여 경비가 4만 냥이나 절약되었다. 幸用起重架 省費錢四萬兩矣

이렇게 보면 수원의 화성은 다산의 지혜와 능력이 발휘되어 완성된 성이다. 애초에는 10년을 공기(工期)로 잡았으나 기계의 활용으로 2년 9개월 만에 완성되었으니, 이 또한 매우 다행한 일이다. 당시 일부 신하들은 경비가 과다하고 오래도록 공사를 하다 보면 백성들의 피해가 크다고 반대 의견을 제시했지만, 다산의 공으로 빠른 공사 적은 비용으로 마쳤으니 얼마나 다행한 일인가. 경기도, 수원, 화성 역시 다산을 말하지 않고는 거론하기 어려운 곳임을 이런 데서 알게 된다.

아사고인

옛사람 생각하며 나를 달래네

희망이 없는 삶처럼 불행한 삶은 없다. 희망을 잃지 않으려면 미래를 밝게 바라보는 용기를 지녀야 한다. 다산의 글을 읽다 보면, 다산은 어떻게 그렇게 훌륭한 용기를 지닐 수 있었는지에 대한 감탄을 감출 수 없을 때가 많다. 인생의 막장에 이른 감옥 생활, 희망이라고는 엿볼 수 없는 그 긴긴 유배생활, 잘 풀리리라는 아무런 대책이 없을 때에도 다산은 용기를 잃지 않고 학문 연구에 채찍질을 가했고, 아들들에게도 절대로 용기를 잃어서는 안 된다고 거듭거듭 독려의 편지를 보냈다.

신유교옥(辛酉敎獄, 1801)이라는 그런 혹독한 화란을 당하여 두 형님과 자신, 매형 이승훈 등 온통 가족 전체가 감옥에 갇히고, 재판 결과 형님 한 분과 매형은 참수를 당하고 두 형제는 돌아올 기약 없는 먼먼 곳으로 유배를 당한다. 마흔의 나이에 첫 번째의 귀양지는 경북 포항 곁의 장기현이라는 곳이다. 생애에 가장 불행하던 그때 지었던 다산의 시를 읽어 보면 희망을 잃지 않았던 그의 용기를 알아볼 수 있다.

옛사람 생각하다 보면 한유라는 분 생각나네	我思古人思韓愈
불교사상 공격한 죄로 남방으로 귀양갔다오	坐攻佛法謫南土
한유는 팔천 리 먼곳으로 귀양갔는데	韓愈八千餘里謫
그는 천 리 나는 백 리이니 옛과 지금의 차이네	彼千我百殊今古
이제는 떠돌이 신세의 슬픔일랑 말하지 말고	自今勿言萍梗悲
옛날 분 생각하며 사람 그릇이나 키워야겠네	我思古人恢器宇

_「아사고인행(我思古人行)」

참으로 힘들고 괴로우며 어려울 때, 자신의 불행보다 더 큰 불행을 딛고 일어섰던 옛사람을 생각하는 것, 그것이 바로 다산의 용기이다. 당나라의 대문호 한유는 불교를 비판했다는 이유로 8천 리 먼 남방으로 유배를 갔는데, 자신은 겨우 서울에서 800리 떨어진 장기로 귀양왔으니, 고통의 크기로는 비교가 안 된다는 의미를 시에 담은 것이다. 극도의 고난에 처해, 더 어려운 고난을 이겨 낸 옛 사람을 회상하면서 자신의 고난을 극복해 내겠다는 뜻이다.

불행을 당하고도 좌절할 줄 모르던 다산의 모습을 회상해 보면, 우리도 불행을 극복할 용기를 지녀야 한다는 생각을 하게 된다. 북풍한설 몰아치던 유배 초기의 강진 시절, 주막집 골방에 거처를 정하고도 비탄에 빠지지 않으며 "하늘이 나에게 겨를을 주었다. 이제부터 마음껏 책을 읽고 글을 쓰자!"라고 결심하였듯이, 그는 오뚜기처럼 넘어졌다 다시 일어서는 용기의 사나이였다. 삶이 고달프거나 힘들 때, 일이 뒤틀려 어려움에 봉착할 때는 옛날 훌륭한 분들의 지혜와 용기를 생각하며 힘을 얻어야 한다. '아사고인(我思古人)' 네 글자의 묘미를 잊지 말고 절망에서 지혜와 희망을 찾았던 다산을 기억하자.

불행 속에서도 인간의 품위를 지켜야

사람이 태어나서 감옥에 들어가는 일처럼 불행한 일은 없다. 감옥보다 더 무섭고 고통스러운 곳은 지옥이다. 그래서 다산은 말한다. 지옥이야 사람이 죽은 뒤에 가는 곳이지만, 살아 있는 동안에 가는 감옥은 지옥과 비교되기 때문에 '양계(陽界)의 귀부(鬼府)'라고 말하여 감옥은 산 사람의 지옥이라고 했다. 지옥과 감옥 다음으로 힘들고 고통스러운 일은 귀양살이이다. 창살 없는 감옥이 바로 유배살이기 때문에 산 사람이 당하는 고통과 불행은 감옥 다음으로 유배살이다.

다산은 감옥에 갇히기도 했지만 참으로 긴긴 유배살이를 했다. 그런 불행과 고통의 세월에도 다산은 결코 좌절하거나 낙망하지 않고, 학문이라는 대업에 생을 걸고 노력한 결과 세상에서 우러러보는 대학자로 우뚝 서기에 이르렀다. 감옥살이를 해 본 사람이면 알 수 있는 일이지만, 감옥 생활도 초창기의 생활이 참으로 힘들기 마련이다. 아무리 고통스럽고 힘든 생활이지만 세월이 약이라고 시간이 지나다 보면 고통과 불행이 심신에 익혀지면서 다소 견디는 힘을 얻을 수 있기 때문에, 징역이 조금 풀린다는 말로 세월의 고마움을 말하기도 한다.

다산의 일생을 살펴보면 강진 유배살이 중에서도 가장 힘들고 고통스러운 때는 유배 초기의 주막집 생활이었다. 낯설던 초기인 데다 불편한 일이 한두 가지가 아니었지만 다산의 의지는 참으로 강해서, 그런 불편과 고통을 이겨 내면서 자신의 삶을 성찰하며 새로운 학문의 길을 걸을 수 있었다. 다산은 정말로 대단한 분이었다.

'사의재'란 내가 강진에서 귀양살며 거처하던 방이다. 생각은 마땅히 맑아야 하니 맑지 못하면 곧바로 맑게 해야 한다. 용모는 마땅히 엄숙해야 하니 엄숙하지 못하면 곧바로 엄숙함이 엉기도록 해야 한다. 언어는 마땅히 과묵해야 하니 말이 많다면 곧바로 그치게 해야 한다. 동작은 마땅히 후중해야 하니 후중하지 못하다면 곧바로 더디게 해야 한다. 이런 이유로 그 방의 이름을 '네 가지를 마땅히 해야 할 방(四宜之齋)'이라고 했다. 마땅함이란 의(義)에 맞도록 하는 것이니 의로 규제함이다. 자신을 성찰하려는 까닭에서 지은 이름이다. 「사의재기」

1803년 11월 10일이라는 지은 날짜까지 기록하였다. 유배 초기 절망과 좌절에서 헤어나기 어렵던 시절, 어떤 어려움과 고통 속에 살아가더라도 인간됨과 인간의 품위를 잃지 않고 곧고 바른 선비로서 살아가겠다는 다짐이었다. 선비다운 품격을 갖추려면 생각·용모·언어·동작 등 최소한 네 가지만은 의에 맞도록 규제해야 가능한 일이라는 데 동의하지 않을 수 없다.

고난 속에서도 인간의 품위유지를 위해 성찰을 거듭하던 다산을 거울로 삼아, 네 가지에라도 품격 높은 행위를 하는 지도자들을 보고 싶다. 남만 헐뜯고 비방하며, 품위라고는 보여 주지 않는 지도자들, 「사의재기」라도 한 번 읽을 것을 권한다.

성인 아니면 현인이라도

율곡의 결심, 다산의 근심

기독교인이라면 예수 같은 성인이 되고 싶은 꿈을 꾸면서 살아
가고, 불교신자는 석가모니 같은 성인이 되는 꿈을 버리지 못하
고 살아간다. 그렇다고 일반인으로 성인이 되는 것이 그렇게 쉬
운 일은 아니다. 유교를 신봉하거나 유학(儒學) 공부를 하는 사
람들이야 당연히 공자 같은 성인이 되기를 꿈꾸지만, 공자는 요
(堯)나 순(舜), 주공(周公) 같은 자기 이전의 성인이 되는 꿈은
버리지 못했기 때문에 공자의 제자 안연(顏淵)은 순(舜)임금 같
은 성인이 되겠노라는 각오를 가슴에 품고 살아갔다.

조선의 대현(大賢) 율곡 이이는 한창 젊은 시절에「자경문(自
警文)」이라는 글을 지어 굳은 결심을 토로한 바 있다.

우선 뜻을 크게 품어 성인이 되겠다는 것으로 준칙을 삼아야 한다. 털끝만큼이라도 성인의 경지에 미치지 못하면 나의 평생사는 끝나지 않았다고 여기겠다. 先須大其志 以聖人爲準則 一毫不及聖人 則吾事未了

그렇다. 뜻을 크게 품고 요순이나 주공이 되겠다는 공자는 만인이 우러러보는 성인이 되어 '지성(至聖)'에 이르고, 안연이나 맹자도 성인급에 올라 '복성(復聖)', '아성(亞聖)'이라는 호칭을 얻었다.

죽은 뒤에 문도(文度)라는 시호를 받다

다산도 성인이 되고 싶은 꿈을 버린 적이 없다. 다산의 일생 공부와 학문연구는 어떻게 해야 요순정치를 펼 수가 있고 성인의 등급에 오를 수 있을 것인가에 있었다.

어려서는 성인 배울 생각했는데	弱齡思學聖
중년에는 차차 현인되기 바랐네	中歲漸希賢
늙어가니 보통사람임도 달게 여기나	老去甘愚下
근심 걱정 밀려와 잠 못 이루네	憂來不得眠

_「걱정이 밀려오다 12장(憂來 十二章)」

나이 들어가면서 꿈의 폭이 좁아져 갔음을 스스로 고백하는
시를 읊었다. 그러나 다산은 여러 곳에서 나이가 들어가면서
'희현유로(希賢有路)'라는 말을 사용하여 현인 되는 희망은 버
리지 못하고 살아가고 있음을 실토했다.

1910년 다산 사후 74년째에 나라가 끝내 망했는데, 망국 직전
순종황제는 다산이 현인에 가까운 학자의 지위에 이르렀음을
국가가 인정하는 '문도(文度)'라는 시호를 내렸다.

'보통사람'이라는 용어를 사용했지만 시의 원문에는 '우하(愚
下)'라는 어리석고 우둔한 사람이라는 말을 했다. 지금 우리가
살아가는 세상에는 참으로 많은 '우하'의 인간들이 우주를 지배
하며 살아가고 있다. 성인이나 현인의 수준이야 생각조차 하지
않고 어떻게 해서라도 높은 지위에만 오르고, 어떤 수단과 방법
을 동원해서라도 돈만 많이 벌면 성인 대접도 현인 대접도 받을
수 있다는 속물 인간들이 득실거리는 세상이 오늘이다.

다산 같은 현인도 자신을 '우하'라 생각했는데, 우리 같은 속
물 인간들은 우리를 무엇이라고 표현해야 할까, 우리 모두 속물
근성에서 벗어나 '인양자(人樣子)' 즉, 인간의 기본 모습과 착한
품성을 지닌 인간으로 살아갈 수 있다면 얼마나 좋을까. 우하에
서 현인으로, 현인에서 성인으로 올라간 옛 어진 이들의 길을
따라 우리 함께 그런 길을 가 보면 어떨까.

인정은 혹한의 추위도 녹인다

.... **없는 사람이 걱정이다**

대설(大雪)이 다가오자 어김없이 북풍한설이 몰아치면서 본격적인 추위가 몰려왔다. 기후 변화로 잘 맞지 않던 절서(節序)가 어떤 때는 이렇게 정확하게 들어맞기도 한다. 이런 날씨를 맞으면 어린 시절 동네 어른들의 말씀이 생각난다. "추위에 얼어 죽는 사람이 있다면 마을의 수치다."라는 아주 평범한 이야기이다. 또 우리 할머니께서 자주 말씀하시던 이야기도 생각난다. "아무리 추위도 있는 사람이야 살아남지만 없는 사람이 걱정이다."

살을 에는 차가운 추위, 휘몰아치는 눈보라, 가진 자들이야 어떻게라도 이겨 내겠지만, 가지지 못한 사람들의 고통이야 감당하기 어려운 것은 옛날이나 지금이나 한가지일 것이다. 다산은 이런 추운 날, 천 리 밖 바닷가 강진에서 귀양 살며 고향에 두고 온 두 아들에게 편지를 쓰고 또 써서 보냈다.

여러 집에서 여러 날 밥을 끓이지 못하고 있을 텐데, 너희는 쌀되라도 퍼다가 굶주림을 면하게 하고 있는지 모르겠구나. 눈이 쌓여 추위에 웅크리고 앉아 있는 집에는 장작개비라도 나눠 주어 따뜻하게 해 주고, 병들어 약을 먹어야 할 사람들에게는 한 푼이라도 쪼개어 약을 지어 일어날 수 있도록 도와주는지, 가난하고 외로운 노인이 있는 집에 때때로 찾아가 무릎 꿇고 모시어 따뜻하고 공손한 마음으로 공경스럽게 대해 드리고, 근심과 걱정이 있는 집에 가서는 얼굴빛을 달리하며 깜짝 놀라는 눈빛으로 그 고통을 나누고 잘 처리할 방법을 함께 의논해야 할 것인데 잘들 하고 있는지 궁금하구나.

이런 아버지의 편지를 받은 아들들이 방안에 그대로 앉아 펑펑 쏟아지는 눈이나 바라보며 있을 수가 있었을까. 휘몰아치는 북풍한설에 따뜻한 방에 앉아 자신들의 안락만 느끼며 지내고 있었을까. 아마도 두 아들은 추위를 무릅쓰고 마을을 한 바퀴 돌면서, 아버지의 요구대로 힘없고 약하며 가난하고 배고파 견디기 힘든 이웃들에게 뭐라도 온정을 베풀어 아버지의 채근에 조금이라도 응답했으리라 믿는다. 그렇지 않고서야 다산의 아들이라고 말이라도 할 수 있겠는가.

있는 사람이야 어떻게라도 큰 불편 없이 살아가겠지만 문제는 없는 사람, 가난한 사람, 사회적 약자일 것이다. 경제대국에 진입해 있고, 산업화를 이룩해 부자 나라가 되었다고 자랑하지만, 아직도 우리의 주변에는 추위와 찬바람에 견디기 힘들어하는 사람이 많기만 하다. 이런 때야말로 그런 어려운 사람들에게 인정을 베풀어 혹한을 견디도록 도와주는 것이 가장 훌륭한 일이다.

다산의 편지를 읽다 보면, 그분의 따뜻한 인정과 인도주의 정신이 눈에 보이는 듯 또렷해진다. 어제는 영하 7도, 오늘은 영하 8도, 갈수록 추워지는 요즘, 우리도 안방에 앉아서 자기만 편하다고 만족해하지 말고 이웃을 한번 챙겨 보는 마음을 지녀야겠다. 그것이 바로 인간된 도리이자, 다산의 지극한 충고를 잊지 않는 길이다. "있는 사람이야 아무리 추워도 괜찮지만, 문제는 가난한 사람들"이라던 우리 할머니 말씀을 잊어버리지 않아야겠다.

보답을 바라지 말아라

다산은 또 아들들에게 이런 편지를 보낸다.

남을 도와주고 마음속에 보답받을 생각을 갖지 않도록 해라. 뒷날 너희에게 근심 걱정할 일이 있을 때에 다른 사람이 보답하지 않더라도 부디 원망을 품지 말고 바로 미루어 용서하는 마음으로 '그분들이 마침 도울 수 없는 사정이 있거나 도와줄 힘이 미치지 않기 때문이구나.'라고 생각할 뿐, 가벼운 농담일망정 '나는 전번에 이리저리 해 주었는데 저들은 이렇구나!' 하는 소리를 입 밖에 내뱉지 말아야 한다. 만약 이러한 말이 한 번이라도 입 밖에 나오면 지난날 쌓은 공과 덕이 하루아침에 재가 바람에 날아가듯 사라져 버릴 것이다.

참으로 한 걸음 더 깊이 들어간 의미심장한 다산의 권고가 아닐 수 없다. 그러나 이런 일이 어디 쉬운가. 조건 없이 보답을 바라지 않고 그냥 어려운 처지의 사람에게 도움을 주는 일은 절대로 쉽지 않다. 주고 나면 받고 싶고, 도움을 주면 도움을 받고 싶은 생각이 인간의 상정임을 부인할 수 없다. 그러나 이런 상정을 넘어 조금이라도 형편이 나은 쪽에서 어려운 쪽을 도와주는 일이 우주의 진행원리처럼 당연한 인간의 일이라고 생각할 때에만 가능한 마음이다.

옛날 미풍양속의 대명사 격이던 '향약(鄕約)'에 '환난상구(患難相救)'라는 항목이 있다. 어려운 처지에 놓인 사람은 서로가 도와 구제해 주어야 한다는 뜻이다. 어려운 사람을 도와주라는 인간의 직분을 말하면서 도와주되 보답을 바라지 말라는, 한 발자국 더 깊이 들어가는 다산의 마음이 우리의 마음을 흔든다.

가난해도 걱정하지 말아라

◇   ◇

.... **즐거움은 급하게 누리지 않아야**

하늘은 공평하여 한 곳으로만 치우치지 않고, 하늘은 정직하여
누구를 결코 속여먹지도 않는다. 자기 혼자만 영원토록 즐거움
에 도취해서 살게 해 주지도 않지만 혼자만 복을 받아 영생토록
부하고 후하게 살라는 법은 없다는 것이 다산 정약용의 확신이
었다. 그의 「사잠(奢箴)」이라는 글을 읽어 보면, 인간의 마음에
자리잡은 사치하고 싶은 생각을 버리지 않고는 영원한 즐거움
과 그치지 않을 복을 누리기는 어렵다고 단언한다.

> 즐거움은 치우치게 주지 않고   樂無偏畀
> 복도 한쪽으로만 후하게 안 주네   福罔偏篤
> 즐거움은 급하게 누리지 않아야   樂不亟享

늙도록 오래 누릴 수 있고	延及耄昏
복은 한꺼번에 다 받지 않아야	福不畢受
더러는 후손에까지 내려간다네	或流後昆
보리밥이 딱딱해 맛없다고 말게	毋曰麥硬
앞마을엔 밥 짓지 못하는 집도 있네	前村未炊
삼베옷 거칠다 말게	毋曰麻麤
누구는 그것도 없어 붉은 살이 보이네	視彼赤肌

사치스럽게 입고 먹는 사람이 검소하게 입고 먹는 사람보다 즐거움과 복을 더 많이 누릴 수 없다고 말하면서, 사치를 줄이고 검소하게 살기를 권장하는 다산의 뜻이 높다. 비단옷을 입고 고기를 먹는다고 즐거움과 복을 누릴 수 없다고 하면서, 열 집에서 먹을 음식을 왜 한 입에 다 넣으며, 한 달 동안에 먹을 것을 왜 아침과 저녁 사이에 다 먹어 치우느냐고 질책한다.

세계적인 경제 위기에 우리나라도 예외는 아니다. 가난하고 힘들게 살아가는 사람들이 급증하는 요즘, 어떻게 해야 고루 나누어 먹고 모두 함께 즐기며 복을 받을 수 있을까를 생각해야 하는 때가 되었다. 혼자만 즐기고 큰 복을 받으면서 자신의 가족과 자녀들만 편하고 복되게 살려는 생각에서 벗어나, 모두를 생각해서라도 먹는 것 입는 것에 검소함을 따르고, 사치는 배격하라는 다산의 잠언을 기억할 시기이다.

　누구는 춥고 굶주리는데

누구는 비단옷에 옥 같은 쌀밥인가
자기가 짠 비단도 아닌데
왜 오색의 비단옷 입는 건가
자기가 사냥한 짐승도 아닌데
왜 살찐 고기 도마에 가득 놓고 먹는가

어려운 때일수록 위화감을 줄이기 위해서라도 조금은 사치를 줄이고 검소한 의복을 입는 낮은 마음의 자세를 지녀야 하지 않을까. 「사잠」은 그래서 지은 글이라 생각한다.

·········· 청빈을 강조한 다산의 말은 헛구호인가

하지만 세상 모든 사람의 가장 큰 꿈은 부귀(富貴), 곧 부자가 되고 귀한 벼슬아치가 되는 일이다. 옛날과는 다른 자본주의 시대가 극점으로 가면서, 만인의 욕구는 바로 부자가 되는 일이다. 그렇게 좋은 부자이지만, 서양의 성인 예수는 "부자가 천당에 가는 일은 낙타가 바늘구멍에 들어가기보다 더 어렵다."라고 말하여 부자는 결코 천당에 갈 수 없다는 높은 교훈을 가르쳐 주었으니, 믿어야 될 이야기일까. 동양의 성인 공자는 『논어』에서 "군자는 도를 걱정해야지 가난을 걱정해서는 안 된다.(君子憂道不憂貧)"라고 말했다. 다산도 그의 제자 윤종심(尹鍾心)에게 준 글에서 "너는 비록 가난하지만 그런 걸 걱정하지는 말아라(汝雖

貧 其勿憂)"라고 말했다.

그렇다면 성인들의 말씀이나 다산의 말씀과 오늘 모든 인간이 추구하는 일이 이렇게 상반되고 있으니, 혼란스러운 마음을 정리하기 어렵다. 돈과 재산이 없으면 먹고 살아갈 수 없는데, 돈과 재산이 없는 가난한 삶이야 걱정하지 말라고 했으니 우리네의 생각과는 다르다. 동서양 구별 없이 부자를 존경하기보다는 청빈하게 살아가는 선비를 존경하는 일이야 막을 수 없는 보편적인 인간의 마음이다. 이런 보편적인 인간의 마음이 세(勢)를 타면서 생각지 않던 새로운 일들이 벌어지고 있다. 한국의 부자란 땅이 많고 집이 많은 사람이다. 기업 하는 사람들이야 기업의 규모에 따라 부의 정도가 구별되지만, 일반인이야 땅과 집이 부의 척도임은 의심의 여지가 없다.

세상이 맑고 깨끗해지려는 징조인지, 세상에 귀하고 높은 벼슬아치로서 집을 많이 소유한 부자에게는 불이익을 준다는 보도들이 나오고 있으니, 이 무슨 변고인가. 부동산으로 부를 축적하는 일은 절대로 일어나지 않는 세상을 만들겠다는 최고 통치자의 발언이 나오면서, 살고 있는 집이 아닌 재산으로서의 집은 모두 매각해야 한다니, 가난하게 살아가는 사람들에게는 그래도 괜찮은 소식이 아닐 수 없다. 아무리 '부귀'를 숭상하는 세상이라도, 부와 귀를 함께 향유하는 것만은 두고 보지 않겠다는 내용이니, 환영하지 않겠는가. 천당에 들어가 예수님을 만나기 위해서도, 높은 도(道)의 실현을 위해서도, 가난만은 걱정 말라는 다산의 뜻을 존중해서라도, 청빈을 실천해야 한다.

진정한 선비정신

◇   ◇

.... 닭을 길러도 사대부답게 하라

조선 500년에 국민을 긍정적인 인간으로 설명하는 상징적인
말은 '선비'라는 단어이다. 순수한 우리말인 '선비'는 달리 표현
하면 '유자(儒者)'나 '사대부(士大夫)'이다. 그래서 '선비정신'이
니 '사대부의 마음'이라는 말이 교양을 갖춘 지식인의 정신을
미화하는 말로 자리 잡게 되었다. 때문에 혹자는 조선사람이 우
리 민족에게 남겨 준 대표적인 유산의 하나는 바로 '선비정신'
이라고도 한다.

  다산이야말로 가장 바람직한 인간의 정신을 선비정신이라 여
기고, 유배지에서 아들들에게 보낸 편지나 가계(家誡)에서 '선
비의 마음(儒者心肚)'이나 사대부의 기상을 지녀야 한다고 거듭
거듭 당부하고 경계했다.

사대부의 마음가짐이란 마땅히 광풍제월(光風霽月)과 같이 털끝만큼도 가린 곳이 없어야 한다. 무릇 하늘이나 사람에게 부끄러운 짓을 아예 저지르지 않는다면 자연히 마음이 넓어지고 몸이 안정되어 호연지기(浩然之氣)가 저절로 우러나올 것이다. 만약 포목 몇 자 동전 몇 닢 정도의 사소한 것에 잠깐이라도 양심을 저버린 일이 있다면 이것이 기상을 쭈그러들게 하여 정신적으로 위축을 받게 되니, 너희는 정말로 주의하여라. _「또 두 아들에게 보여 주는 가계(又示二子家誡)」

이 얼마나 옳고 바른 이야기인가. 하늘이나 사람에게 부끄러운 일을 저지르지 않는 것이 첫째로 중요하다는 이야기를 했다. 사소한 것에 잠깐이라도 양심을 저버린 일이 있다면 이것이 기상을 쭈그러들게 하여 정신적으로 위축을 받아 호연지기가 자리할 틈이 없게 만들어 버린다니, 이 얼마나 무서운 일인가.

그래서 다산은 아들에게 보낸 편지 곳곳에서 아들들이 선비가 되고 사대부의 마음을 지닐 수 있기만 간절히 바랐다. "둘째 문장(文牂, 학유)이 선비의 마음씨만 지닐 수 있다면 내가 다시 무슨 한이 있겠느냐."라고 아들을 채찍질하였으며, "양계(養鷄)를 해도 사대부답게 하라."라고 권하면서 농사일도 품격 높게 해야 사대부다운 농사일이 된다고 했다.

먼 뒷날의 이야기이지만, 학연·학유 다산의 두 아들은 정말로 훌륭한 선비로 성장하여 추사 김정희, 이재 권돈인 등 당대의 명사들과 어울리면서 사대부의 기상을 유감없이 발휘하는 수준에 이르렀다. 아버지의 가르침은 그렇게 큰 효과를 낼 수 있었다.

·············· 선비도 의식주를 해결할 능력을 갖춰야

아무리 깨끗하고 청렴한 선비라도 먹지 않으면 죽게 되어 있고, 입지 않으면 추위에 견디지 못하고, 거처할 집이 없다면 살아갈 방법이 없는 것이다. 그래서 실학자 다산은 지혜로운 선비가 되어야지 안빈낙도(安貧樂道)만 주장하다가 극단적인 사태에 이르는 어리석은 선비가 되면 안 된다고 강조했다. 중국 『사기』의 저자 사마천의 격언을 인용하면서 자신의 견해를 피력한 바가 있다.

태사공(사마천)은 말했다. 늘 가난하고 천하면서 인의(仁義) 말하기만 좋아한다면 역시 부끄러운 일이라고. 공자의 제자들은 재리(財利)에 대한 이야기는 부끄럽게 여겼으나 자공(子貢) 같은 제자는 재산 늘리는 일에 주저하지 않았다. 물욕과 권력욕에서 초탈했던 소부(巢父)나 허유(許由)의 절개도 없으면서 몸을 누추한 오막살이에 감추고, 명아주나 비름으로 배를 채우며, 부모와 처자식을 헐벗고 굶주리게 하며, 벗이 찾아와도 술 한 잔 권할 수 없으며, 명절 무렵에도 처마 끝에 달아맨 육고기는 보이지 않고, 유독 공사(公私)의 빚독촉하는 사람들만 대문을 두드리며 꾸짖고 있다면,

이거야 세상없이 졸렬한 짓으로 지혜로운 선비는 하지 않을 일이다. _「윤윤경에게 주는 말(爲尹輪卿贈言)」

선비란 깨끗하고 청렴해야 하며 높은 도덕성을 지녀야 한다. 그렇다고 먹지도 않고 옷을 입지도 않으며 잠을 자지 않을 수야 없다. 최소한 자신의 의식주 문제는 명확하게 해결한 뒤에야 청렴도 있고 도덕성도 있다는 것이 다산의 생각이자 사마천의 뜻이다. 임금이 되어 달라는 소리를 들었다고 깨끗한 개울에 나가 귀를 씻으며 세상을 등진 소부나 허유가 아닌 바에야 고고한 척 자랑하다가 부모나 처자식을 굶긴다면 어떻게 되겠느냐는 반문에 바로 올바른 선비가 지녀야 할 마음이 나타난다는 것이다.

여기에 선비의 정당성이 있다. 소부나 허유가 아니니 그냥 재리를 탐하여 수단과 방법을 가리지 않고 돈 버는 일만 해서도 안 되며, 배는 고파도 마음만 높이 먹고 생산적인 일에 손을 놓아서도 지혜로운 선비가 될 수 없다는 것이다. 찾아오는 벗에게 술 한 잔 권할 수 없고, 명절에 조상에게 제사 지내고 가족들과 즐겁게 먹을 음식도 없다면 그런 사람은 선비일 수 없다는 이야기가 바로 공자나 맹자가 주장한 유학의 본뜻이다.

공맹(孔孟)의 유학에 근본을 둔 다산은 언제나 의식주를 제대로 해결하지 못하는 선비는 지혜로운 선비가 아니라고 했으니, 오늘의 우리도 지혜로운 선비이기 위해서는 다산의 뜻을 따라야 하겠다.

오늘의 현실을 되돌아보면 마음이 너무 쓰라리다. 선비도 없고 선비의 마음을 지닌 사람은 찾아내기가 참으로 어렵다. 더구나 사대부의 기상을 지니고 헌헌장부로서 호연지기를 만천하에 보여 주는 사람은 더더구나 찾기 어렵다. 조그마한 이익에 사로잡히고 쥐꼬리만 한 권력에 양심을 파느라 인간성까지 상실하여 거짓말을 입에 달고 사는 사람들만 세상에 가득하여, 그 아름답고 훌륭하던 선비의 나라는 자취를 감춰 가고 있으니 어떻게 하면 좋을까. 물욕과 권력욕에 양심을 버린 군상들이 지도자가 되어 높은 자리를 차지하고 떵떵거리며 살아가고 있으니 '선비'라는 단어와 '선비정신'을 지닌 지도자가 더욱 그리워지기만 한다.

학문을 하려면 뜻이 굳세야

.... 작은 악습부터 고쳐 나가라

조선 500년을 대표하는 학자로는 누가 뭐라 해도 퇴계와 율곡
이다. 이 두 분의 학문까지 모두 포용하고 실학의 논리까지 합
해서 '다산학'을 이룩한 다산 정약용 또한 조선의 대표적인 학
자의 한 사람이다.

율곡은 『격몽요결(擊蒙要訣)』 '혁구습(革舊習)' 장에서 비록
학문에 뜻을 두고도 학문하는 일에 용감하게 나아가지 못하는
이유가 구습(舊習), 즉 잘못된 습관인 악습이 가로막고 있기 때
문이라면서 구습의 조목을 나열하여 그것을 철저히 끊어 내야
만 학문의 길에 들어갈 수 있다고 했다.

다산은 아들에게 보낸 편지에서 『주서여패(朱書余佩)』라는
책을 저술하라고 당부했다. 그 책에 '혁구습' 장을 두라고 하면

서 고쳐야 할 구습, 즉 악습이 어떤 것인가를 나열하고, 그 내용은 율곡의 혁구습 장을 변형한 내용이라면서, 율곡의 주장과 자신의 주장에 큰 차이가 없다고 설명했다. 그것은 두 사람 모두 인간이 악습을 못 버리면 뜻을 세우고도 학자로 가는 길을 갈 수 없다는 생각을 지녔다는 뜻이다.

다산이 열거한 조항은 이렇다. 눕기를 좋아하는 것(嗜臥), 농담 좋아하는 것(戱言), 성질내고 화 잘 내는 것(忿怒), 바둑·장기 좋아하는 것(博奕), 권모술수를 쓰는 일(權詐), 속이기를 좋아하는 것(欺騙)과 같은 종류가 바로 오래되고 잘못된 습관이라고 열거했다.

다산이 열거한 내용은 결코 거창하거나 특별한 것이 아닌, 일반인이 항상 저지르기 쉬운 아주 평범한 것을 악습이라고 여기고 그런 것을 고칠 수 있어야 학문의 길이 열린다는 뜻이다. 그러면서 다산은 율곡의 '혁구습'에는 전제조건이 있다고 했다.

> 율곡은 성인이 되겠다고 스스로 기약하여 뜻을 세웠으며, 그 뜻을 세워야 학문을 하게 된다.

'혁구습'을 해야 성인이 되겠다는 뜻을 세울 수 있고, 뜻을 세워야만 참다운 학자가 될 수 있다는 뜻으로 해석하여 악습을 고치는 일에서 학문을 하게 되고, 학문을 제대로 해야 성인의 지위에 오르게 된다는 단계를 설정했다고 보인다.

인권이다, 인간의 자유다, 구속받아서는 안 된다는 등 자유분

방만이 사람이 살아가는 일이라고 믿고 어떤 일에서도 속박받지 않겠다는 생각이 지배하는 오늘, 율곡이나 다산의 구습을 고치고 바꿔 경건하고 공손한 자세를 가져야 학문의 길이 열린다는 주장은 먹혀들어 갈 방법이 없다. 그렇다면 율곡·다산 같은 대학자들이 학자가 되는 길이라 말한 대로는 살아갈 사람이 없으니, 이제는 참다운 학자가 나올 수 없다는 결론에 도달하게 된다.

바르게 앉거나 서지 못하고 눕기나 좋아하고, 희희덕거리는 농담이나 즐기고, 바둑이나 장기만 좋아하고, 권모술수나 부리고, 남을 속이기나 좋아하고서 어떻게 오묘한 진리를 터득하는 학문을 할 수 있을까. 참다운 학자가 많이 배출되기를 고대하는 우리의 현실, 율곡이나 다산의 뜻에 따라 마음자세와 행동거지를 경건하고 공경스럽게 지녀 좋은 세상을 만들 학자들의 지혜가 샘물처럼 솟아나기를 기대하는 것이 잘못일까. 생활태도와 습관을 고치는 일에 마음을 기울여야 한다.

다산 정약용 영정

월전 장우성이 그린 다산 표준 영정(1974). 한국은행 소장

1762년(영조 38) 1세

음력 6월 16일 경기도 광주군 초부면 마현리(지금의 남양주시 조안면 능내리)에서 아버지 정재원, 어머니 해남 윤씨의 4남 1녀 가운데 4남으로 출생.

1765년(영조 41) 4세

천자문을 배우기 시작하다.

1767년(영조 43) 6세

아버지가 연천 현감으로 부임하자 그곳에 따라가 아버지에게 교육을 받다.

1768년(영조 44) 7세

5언시를 처음 짓다. 천연두를 앓은 흔적이 오른쪽 눈썹 위에 남아 스스로 삼미자(三眉子)라는 별호를 칭하고, 10세 이전의 저작을 모은 시집을 『삼미집』이라 부르다.

1770년(영조 46) 9세

어머니 해남 윤씨가 세상을 뜨다.

1771년(영조 47) 10세

본격적으로 아버지에게 수학하며 경서와 사서를 많이 읽다.

1776년(영조 52) 15세

2월에 풍산 홍씨와 혼인. 장인 홍화보는 무과 출신으로 후일 승지에 오른다.

1777년(정조 1) 16세

성호 이익의 유고를 처음 읽고 성호를 사숙하다. 채제공, 이가환, 권철신 등 성호학파의 인사들과 교제하기 시작.

가을에 부친이 전라도 화순 현감으로 부임하여 함께 화순으로 내려가다.

1778년(정조 2) 17세
둘째 형 약전과 화순현 동림사에서 맹자를 읽고「동림사독서기」를 쓰다.

1779년(정조 3) 18세
형 약전과 서울에서 과문(科文)의 여러 체를 공부하고, 성균관에서 유생들에게 보이는 시험인 승보시에 합격하다.

1780년(정조 4) 19세
경상도 예천 현감으로 부임하는 아버지를 따라 내려가 반학정에서 글을 읽으며「반학정기」를 짓고, 진주 촉석루를 유람하며「진주의기사기」를 짓다.

1781년(정조 5) 20세
서울에 살면서 과시(科詩)를 익히다.

1783년(정조 7) 22세
성균관에 들어가다. 2월 세자책봉 경축으로 열린 증광감시(增廣監試)에서 형 약전과 함께 경의(經義) 초시(初試)에 합격, 4월에 회시(會試)에 합격하여 진사가 되면서 정조를 처음으로 알현.
9월 큰아들 학연이 태어나다.

1784년(정조 8) 23세
정조에게『중용강의』80여 항목을 바쳐서 정조가 감탄하다.
이벽(형 약현의 처남)을 따라 배를 타고 두미협을 내려가면서 서교(西敎)에 관한 얘기를 듣다.
6월 반제(泮製)에 뽑히다.

1785년(정조 9) 24세
10월 정시(庭試)의 초시에 합격하다.

다산의 마음을 찾아

1786년(정조 10) 25세

2월 별시(別試) 초시에 합격하다.

7월 둘째 아들 학유가 태어나다.

1789년(정조 13) 28세

1월 반제에 합격하고 곧바로 전시(殿試)에 나아가 차석으로 합격했으나 뒤에 수석으로 승급되다.

3월 7품관인 희릉 직장에 제수되고, 당하문관 중 문학이 뛰어난 자를 뽑아 쓰는 초계문신에 임명되다.

초계문신으로 『대학』을 강의하여 이를 『희정당대학강의』로 정리하다.

5월 부사정(副司正)으로 옮기고, 6월에 가주서(假注書)에 제수되다.

겨울에 배다리의 제작규제를 만들어 공을 세우다.

12월 셋째 아들 구장이 태어나다.

1790년(정조 14) 29세

2월 예문관 검열에 임명되다.

3월 한림피선 과정 문제로 해미현으로 귀양, 귀양지에 이른 지 6일 만에 풀려나다.

7월 사간원 정언과 이어서 사헌부 지평에 제수되다.

1791년(정조 15) 30세

5월 사간원 정언이 되고, 10월에 사헌부 지평이 되다.

겨울에 『시경강의』 800조를 지어 올려 정조에게 칭찬을 받다.

1792년(정조 16) 31세

봄에 홍문관 수찬에 제수되다.

4월 9일 진주 목사로 있던 아버지 정재원이 임소에서 별세하다.

5월 광주에서 여막을 짓고 거처하다.

겨울에 수원 화성을 설계하고, 기중기와 녹로를 고안하여 수원성 축조에 이용하다.

1794년(정조 18) 33세

아버지의 삼년상을 마치다.

10월 홍문관 수찬에 제수되고, 경기 암행어사가 되어 보름간 네 개 고을을 사찰하다.

1795년(정조 19) 34세

1월 사간원 사간에 제수되다. 품계가 통정대부에 오르고, 동부승지에 제수되다.

2월 병조 참의에 제수되어 임금의 수원행차 때 시위하다.

1796년(정조 20) 35세

12월 병조 참지에 제수되고, 우부승지를 거쳐 좌부승지에 올랐다가 부호군으로 옮겨지다.

1797년(정조 21) 36세

6월 동부승지를 사퇴하는 사직상소를 올리다. 이 상소는 「변방사동부승지소」로 천주교 관계의 전말을 밝힌 유명한 상소다.

황해도 곡산 부사에 제수되다.

겨울에 『마과회통(麻科會通)』 12권을 완성하다.

1799년(정조 23) 38세

5월 형조 참의에 제수되다.

6월 권철신과 정약전 등과 관련하여 무고를 받자 「사형조참의소」를 올려 7월에 체직을 허락받고 벼슬길에서 멀어지다.

12월 넷째 아들 농장이 태어나다.

1800년(정조 24) 39세

6월 28일 정조가 승하하다.

고향에 돌아와 은거하며 형제들과 모여 경전을 강(講)하다. 당호를 여유당(與猶堂)이라고 짓고 「여유당기」를 쓰다. 『문헌비고간오』를 저술하다.

1801년(순조 1) 40세

2월 책롱(冊籠) 사건으로 이가환, 이승훈, 홍락민 등과 함께 의금부에 체포되어 하옥되다. 셋째 형 약종은 사형에 처해지고 둘째 형 약전은 신지도로 유배, 약용은 경상도 장기로 유배되다.

10월 「황사영백서」사건으로 다시 투옥되다.

11월 약전은 흑산도로, 다산은 강진으로 이배되다.

1803년(순조 3) 42세

봄에 예서『단궁잠오』 6권을 완성하다.

여름에 「조전고」를 저술하다.

겨울에『예전상의광』 17권을 완성하다.

1804년(순조 4) 43세

봄에『아학편훈의』를 완성하다.

1805년(순조 5) 44세

여름에『정체전중변』 3권을 완성하다.

겨울에 보은산방에서 지내며 혜장과 함께『주역』연구에 몰두하다.

1807년(순조 7) 46세

7월 학문의 후계자로 여기던 형 약전의 아들 학초의 부음을 받고 묘갈명을 쓰다.

『상례사전』 50권을 완성하다.

겨울에『예전상구정』 6권을 완성하다.

1808년(순조 8) 47세

봄에 윤단의 산정(다산초당)으로 옮기다.

제자들과 토론하면서『주역』에 대해 묻고 답한 내용을 정리하여『다산문답』을 완성하다.

겨울에『제례고정』이라는 예서를 완성하고『주역심전』 24권을 탈고하다.

1809년(순조 9) 48세
봄에 『예전상복상』, 『상례외편』 12권을 완성하다.
가을에 『시경강의』를 산록하다. 내용은 『모시강의』 12권을 첫머리에 놓고, 따로 『시경강의보유』 3권을 지었다.

1810년(순조 10) 49세
봄에 『시경강의보』 12권, 『관례작의』, 『가례작의』를 완성하다.
학연의 청으로 해배 명령이 났으나 공서파(홍명주, 이기경)의 반대로 석방되지 못하다.
겨울에 『소학주관』을 저술하다.

1811년(순조 11) 50세
봄에 『아방강역고』를 완성하다.
겨울에 「예전상기별」을 쓰다.

1812년(순조 12) 51세
봄에 『민보의』를 완성하다.
겨울에 『춘추고징』 12권을 완성하고, 「아암탑문」을 짓다.

1813년(순조 13) 52세
겨울에 『논어고금주』 40권을 완성하다.

1814년(순조 14) 53세
죄인명부에서 이름이 삭제되고 의금부에서 관문을 발송하여 석방시키려 했으나, 강준흠의 상소로 가로막히다.
여름에 『맹자요의』 9권을 완성하다.
가을에 『대학공의』 3권, 『중용자잠』 3권, 『중용강의보』를 완성하다.
겨울에 『대동수경』 2권을 완성하다.

1815년(순조 15) 54세
봄에 『심경밀험』과 『소학지언』 두 책을 완성하다.

1816년(순조 16) 55세
봄에 『악서고전』 12권을 완성하다.
6월 정약전이 흑산도에서 작고하다.

1817년(순조 17) 56세
가을에 『상의절요』 완성. 『방례초본』 저술을 시작했는데 끝내지 못했고 후에
『경세유표』로 개명했다.

1818년(순조 18) 57세
봄에 『목민심서』 48권을 완성하다.
여름에 『국조전례고』 2권을 완성하다.
8월 이태순의 상소로 유배에서 석방되어 고향인 마재 본가로 돌아오다.

1819년(순조 19) 58세
여름에 『흠흠신서』 30권을 완성하다.
겨울에 『아언각비』 3권을 완성하다.

1821년(순조 21) 60세
9월 맏형 정약현 작고.

1822년(순조 22) 61세
회갑년을 맞이하여 「자찬묘지명」을 짓다.

1823년(순조 23) 62세
9월 승지 후보로 낙점되었으나 얼마 후 취소되다.

1827년(순조 27) 66세
윤극배가 상소하여 다산을 무고하였으나 실현되지 못하다.

1830년(순조 30) 69세
5월 약원(藥院)에서 익종 탕제의 일로 아뢰어 부호군에 단부되다.

1834년(순조 34) 73세

봄에 『상서고훈』과 『지원록』을 개수하고 합하여 모두 21권으로 만들다.

가을에 9권이던 『매씨서평』을 개정하여 10권으로 완성하다.

11월 순조의 환후가 급박해 명을 받고 출발했으나 홍화문에 이르러 초상이 났음을 듣고 이튿날 고향으로 돌아오다.

1836년(헌종 2) 75세

회혼일인 2월 22일 본가에서 병으로 서거하다.

4월 1일 여유당 뒷동산에 안장.

1910년(융희 4)

7월 18일 정헌대부 규장각 제학을 추증(追贈)하고 문도공(文度公)의 시호를 내리다.

다산의 마음을 찾아